Katharina Pommer

Das Kind in mir kann mich mal!

KATHARINA POMMER

Das Kind in mir kann mich mal!

Lass dich von deiner Vergangenheit nicht tyrannisieren – du bist unkomplizierter, als du denkst

GOLDEGG VERLAG

Umschlaggestaltung: Kathrin Steigerwald, Hamburg unter Verwendung eines Fotos von Adobe Stock/Cagkan
Rechte Autorinnenfoto: Alexander Gigele
Lektorat: Rebekka Haindl | Wörtereule Lektorat & Korrektorat

Der Verlag und seine Autoren sind für Reaktionen, Hinweise oder Meinungen dankbar. Bitte wenden Sie sich diesbezüglich an verlag@goldegg-verlag.com.

Der Goldegg Verlag achtet bei seinen Büchern und Magazinen auf nachhaltiges Produzieren. Goldegg Bücher sind umweltfreundlich produziert und orientieren sich in Materialien, Herstellungsorten, Arbeitsbedingungen und Produktionsformen an den Bedürfnissen von Gesellschaft und Umwelt.

ISBN: 978-3-99060-302-4

Unter den Linden 21 • D-10117 Berlin
Telefon: +49 800 505 43 76-0

Goldegg Verlag GmbH, Österreich
Mommsengasse 4/2 • A-1040 Wien
Telefon: +43 1 505 43 76-0

E-Mail: office@goldegg-verlag.com
www.goldegg-verlag.com

Layout, Satz und Herstellung: Goldegg Verlag GmbH, Wien
Printed in the EU

Für dich, Leo

Du warst mir der beste Papa, der du sein konntest.
Danke für alles. Für die Höhen und die Tiefen.
Gute Reise und bis irgendwann, deine Tochter.

Inhaltsverzeichnis

Deine Vergangenheit kann zu deinem Tyrannen werden

»Ich sehe das Meer mit seinen Wellen und denke nach. Jeder Augenblick, der gut, schön und wahr war, ist versucht, von den Dramen und Schlägen des Lebens überschattet zu werden. Wie das Ufer, das so lange Halt gibt, bis es von den Wellen überwältigt wird. Ich ziehe mich in ein Schneckenhaus zurück, merke, wie ich abstumpfe, an weniger Glück glaube und immer mehr von all dem Leid auf dieser Welt wahrnehme. Doch dann berühren mich die Wellen des Ozeans ganz sanft, das Ufer erinnert an die zahlreichen Felsen, das Land dahinter, und der Wind des Lebens jagt einen Ruck durch meine Seele. So nicht! Steh auf, richte dein Haupt und gib dich dem Leid nicht hin. Du bist zu mehr bestimmt, als das Leid dir jemals geben könnte. Frauen, Männer, Liebende, Nährende, Streuner und Suchende – das Leben muss gut, wahr und schön bleiben dürfen, trotz allem – damit wir den Frieden in uns und mit allem wiederfinden können.«

Drei Wochen vor Abgabe dieses Buches bei meinem Verlag erhielt ich zwei Anrufe mit Hiobsbotschaften, die wohl niemand von uns jemals bekommen möchte.

Beim ersten spazierte ich gerade mit meiner kleinen Tochter übers Gras, pflückte Gänseblümchen und schaute nichtsahnend in die Maisonne dieses herrlichen Sonntags, als mich einer meiner drei jüngeren Brüder aufgeregt anrief und mir mitteilte, dass mein Papa mit erst 61 Jahren und nur vier Tage nach seinem Geburtstag, von der Leiter gefallen und dabei schwer verunglückt war. Ich war schockiert, überrascht, verängstigt, 700 km entfernt und wusste: *»Ich muss sofort zu ihm.«*

Beim zweiten, wenige Tage zuvor, saß ich gerade mit meiner Familie im Auto, als ich einen Anruf meines Frauenarztes erhielt. Die meisten Frauen wissen, dass das nicht die besten Telefonate sind und meist Unangenehmes beinhalten. Er teilte mir eine sehr beunruhigende Diagnose mit und ich war auch hier schockiert, überrascht, verängstigt und wusste: *»Ich muss was tun.«*

Ich werde diesen einen Sonntag im Mai und den langen Weg von Deutschland nach Österreich niemals vergessen. Mir ging meine gesamte Kindheit durch den Kopf, mit allen ungesagten, aber auch gesagten Worten und jeder klitzekleinen Begegnung zwischen mir und meinem Papa. Plötzlich war jede noch so unwesentliche und scheinbar vergessene Erinnerung und die damit verbundene Emotion wieder präsent und forderte mich dazu auf, ihr eine neue Bedeutung zu geben.

Ich betete dafür, dass mein Papa so lange auf mich warten würde, bis ich bei ihm war und ihm all das noch sagen konnte, was ich ihm mitgeben wollte. Als ich bei ihm war, lag er bereits im Koma. Während ich ihn da liegen sah, fehlten die Worte, alles wurde still in mir und ich fing an zu singen. Ohne großartig darüber nachzudenken, summte ich »Stille Nacht, heilige Nacht« und streichelte seine kühle Schulter. Das Leben ist endlich, am meisten im Angesicht des Todes.

In Folge hielt ich meinem Papa am Dienstag die Hand, als der Hirntod einsetzte und lag am Donnerstag selbst auf dem OP-Tisch. Mir wurde sowohl am Sterbebett meines Vaters als auch auf dem OP-Tisch wieder einmal mit aller Härte bewusst, wie kostbar dieses *eine* Leben ist, das wir haben. Wir wünschen uns eine gute, schöne, wahre Zeit – wenn wir sie schon nur einmal erleben dürfen.

Unser eines, kostbares Leben schenkt uns aber nicht immer nur, was wir uns wünschen, erwarten und verdienen. Viele von uns leiden unter unserer Vergangenheit, Erlebnissen, die uns schmerzen und Tagen, die uns selbst aus der Erinnerung heraus noch immer Angst bereiten. Das Leben bringt uns, so bitter das auch ist, sämtliche Facetten und alle Höhen und Tiefen mit und fragt uns jedes Mal nur eines:

»Was machst du nun mit mir, wie gehst du mit mir um?«

Es gleicht ab und zu auch einer stürmischen Reise auf See, bei der wir uns nichts sehnlicher wünschen, als endlich zurück ins kuschelige, warme Bettchen zu huschen, alles hinter uns zu lassen und neu, ganz von vorne anzufangen. Hätte das Leben einen Resetknopf, so wäre er von vielen schon gedrückt worden. Niemand von uns will leiden, und doch erleben wir täglich so viel davon, dass es ab und zu kaum zu ertragen ist.

Manches Mal konfrontiert uns das Leben mit Ereignissen, die alles von uns fordern, und ich bin mir sicher, an niemandem ist dieser Kelch bisher vorübergezogen. Einer von vier Menschen leidet an einer psychischen Erkrankung, und nicht selten liegen diese in schwer verdaulichen Ereignissen der Vergangenheit. Wir alle empfinden diese Ereignisse anders und gehen unterschiedlich mit ihnen um, aber eines ist sicher: Wir können sie weder löschen noch einfach aus unserer Erinnerung wegzaubern, noch so tun, als wären sie nie da gewesen. Die Vergangenheit ist und bleibt ein Teil von uns und brennt sich unterschiedlich in die Erinnerung ein. Bei den einen als Tragödie, bei den anderen als Schicksalswende, wo am Ende doch noch alles gut wurde. Es gibt Momente im Leben, die unliebsame Emotionen aus unserem Innersten herauskitzeln und immer wieder abspulen: Trauer, Wut, Scham, Angst, Zorn und Ekel. Sie ziehen wie Tyrannen an uns und rufen unendlich laut: *»Na was machst du jetzt mit mir?«*

Diese unangenehmen Gefühle und Erinnerungen auszublenden, geht vielleicht eine Zeitlang gut, aber irgendwann klopfen sie so lange an unsere Tür und manchmal hämmern sie sogar dagegen, machen uns Angst und tun das so lange, bis wir dem Tyrannen namens Vergangenheit aufmachen und sagen: *»Okay, was gibts?«*

Die Vergangenheit kann zum Tyrannen werden, so wie alles andere Unliebsame, mit dem wir im Leben konfrontiert werden. Sie kann Vorhaben blockieren, Gedanken beherrschen, in unsere Familie, sogar über mehrere Generationen, und vor allem in unsere Partnerschaften eingreifen – ja, sie kann sogar unsere Gesundheit belasten und den Schlaf rauben. Vor allem wenn wir bisher keinen Weg finden konnten, sie zu überwinden, damit abzuschließen oder sie in Frieden ruhen zu lassen.

Jeder Moment ist im nächsten bereits vergangen. Jeder dunkle Augenblick, der gelebt wurde, hat das Potenzial, zum Tyrannen der Zukunft zu werden. Deshalb reicht im Grunde ein einziger Moment, um unser weiteres Leben zu beherrschen. Es ist nicht immer das, was passiert ist, das uns belastet, sondern häufig all das, was eben nicht passiert ist, was wir uns aber gewünscht oder gebraucht hätten. Ab und an ist es auch die Art und Weise, wie unser Umfeld, die Menschen, die wir lieben oder gebraucht hätten, mit gewissen Ereignissen umgingen, die uns belastet. Im Moment befindet sich im Grunde sogar die ganze Welt in einem Augenblick, der das Potenzial in sich birgt, zum Tyrannen zukünftiger Generationen zu werden.

Wenn wir im Laufe des Lebens nicht lernen, Vergangenes zu bewältigen und an den dunklen Augenblicken der Gegenwart zerbrechen, trübt sich der zuversichtliche Blick in die Zukunft, aber auch auf das Hier und Jetzt. Es trübt sich auch das Vertrauen in unsere Mitmenschen und in uns selbst.

Eine schwierige Kindheit oder eine belastende Vergangenheit fordert uns immer wieder dazu auf, ihr die Stirn zu bieten, sodass sie uns und unser Leben nicht beherrscht. Doch das ist meist leichter gesagt als getan. Manches Mal gleicht das einem »Goliath-gegen-David«-Kampf. Denn wir fühlen uns im Angesicht des Schicksals oft klein und machtlos, wie damals als Kind. *»Das Kind in mir kann mich mal«* ist die Metamorphose des kleinen, hilflosen Davids zum machtvollen Sieger über das scheinbar Unmögliche.

Der Krebs, aber auch der plötzliche Unfalltod meines Vaters hatten das Potenzial, mich, mein Leben, meine Familie und die Zukunft zu beherrschen. Die Ereignisse waren so mächtig und groß wie Goliath, und ich fühlte mich im ersten Moment klein und schmächtig wie David. Das, obwohl ich seit knapp 20 Jahren als Familien- und Paartherapeutin arbeite und es doch eigentlich »besser wissen müsste«. Doch gleichgültig, welchen Hintergrund wir haben, das Leben fordert einen jeden. Ich fühlte mich, wie damals als Kind, wenn etwas Erschreckendes passierte, erst einmal ohnmächtig, klein und hilflos.

Es dauert für uns alle eine gewisse Zeit, um fordernde Geschehnisse zu verarbeiten, wieder Hoffnung zu finden und Kraft zu schöpfen. Es dauert, bis wir in sie »hineinwachsen« und sagen können: *»Das ängstliche Kind in mir kann mich* *mal – ich werde diese Herausforderung, trotz allem, überwinden können und mich nicht von ihr kleinhalten lassen!«* Wenn wir wissen wie, gelingt es uns zumindest etwas leichter und bestenfalls auch schneller. Doch das »Wie« kann zu einer zermürbenden Suche werden, gerade dann, wenn ein Goliath vor uns steht. Wir könnten versucht sein zu glauben, der Goliath wäre hier, um uns zu vernichten. Ein Goliath kann ausbrennen, ermüden und verzweifeln lassen, vor allem, wenn wir denken, wir wären hilflos und viel zu klein.

Das Leben kennt per se weder Gerechtigkeit oder Fairness, es macht auch keine Unterschiede zwischen Menschen, es ist einfach. Es sagt sich nicht: *»Du bist schön, lieb, brav und gut, du bekommst auch nur Schönes, Liebes, Braves und Gutes«* oder *»Du bist hässlich, unliebsam, böse und ungehorsam, du bekommst auch nur all das.«*

Was wir aus diesem Leben mit all seinen Goliaths machen, entscheiden ab einem gewissen Zeitpunkt im Leben einzig und allein wir selbst. Als Kind waren wir den Goliaths meist ausgeliefert und in ihrer Überwindung abhängig von anderen, doch irgendwann wurden wir »groß«, entwickelten uns weiter und erkannten bestenfalls, dass selbst ein David die Fähigkeiten bilden kann, den Goliath zu überwinden. Unser Schicksal wendet sich häufig, mit der Bedeutung, die wir ihm geben und keiner fiktiven Allmacht, die uns in »Gut« oder »Böse« einteilt.

Religion, Politik, das Gesetz der Anziehung, Wissenschaft und Spiritualität versuchen, das Geschehen zu erklären, damit wir Orientierung und Halt, aber auch eine Erklärung für Unliebsames finden. Das ist bis zu einem gewissen Grad sinnvoll und wichtig, denn viele Menschen finden durch ihren Glauben Trost.

»Erklärungen« sind jedoch nicht immer für jeden von uns tröstlich, sinnvoll oder antwortgebend. Denn selbst wenn wir eine rationale Erklärung für schreckliche Begebenheiten, die uns zustießen, haben, heißt das nicht zwangsläufig, dass wir dadurch das Erlebte versöhnlich annehmen, akzeptieren oder loslassen können. Manches Mal braucht es eben mehr, um die Vergangenheit nicht mehr als Tyrann wahrzunehmen, der einen jederzeit packen und mit sich reißen kann. Was genau dir dabei hilft, werden wir versuchen, gemeinsam in diesem Buch zu ergründen.

Das Leben flüstert uns zu: »*Ich bin einfach – wie du mit mir umgehst, liegt letzten Endes in deinen Händen.*«

Alle Schicksalsschläge haben das Potenzial, dass wir daran zerbrechen – sie können uns aber auch dabei helfen, unser Leben wieder anders schätzen zu lernen und zu erkennen: »*Ich habe nur das eine, lass es mich genießen und wahrhaftig leben, was auch immer passiert (ist).*« Doch für genau dieser Erkenntnis gibt es weder eine Anleitung noch ein Rezept. Diese Erkenntnis erschließt sich jedem, der auf der Suche nach ihr ist, auf eine andere Weise. Für die einen ist es eine erfüllende Partnerschaft, ein sinnstiftender Beruf, für die anderen das Halten der Hand eines lieb gewonnen Menschen oder ein bezaubernder Sonnenuntergang. Wie gern würde ich das eine Rezept, das dabei hilft, die Vergangenheit zu überwinden, in diesem Buch skizzieren. Wenn es dieses geben würde, wäre schon längst ein Autor vor mir auf die Idee gekommen, es zu publizieren. Die Tatsache, dass es nicht allgemeingültig existiert, ist eine, die wir im ersten Schritt annehmen lernen müssen, ehe wir uns auf den Weg machen können, dem Tyrannen die Stirn zu bieten.

Ich schreibe jedes Wort in diesem Buch mit sehr viel Achtsamkeit meinen Mitmenschen gegenüber, die Schicksalsschläge erlebt haben, die uns beinahe das Herz aus dem Leib reißen, und dem Bewusstsein, wie heikel das Thema ist, dem ich mich mit diesem Buch angenommen habe. Behutsam wählte ich jedes Wort und behutsam gehe ich mit dem Schicksal und auch mit dir als Leser oder Leserin um.

Ich habe selbst einiges erlebt, das schwer zu verdauen war und im Laufe der letzten 17 Jahre, in denen ich als Therapeutin mit unzähligen Menschen arbeiten durfte, Lebensgeschichten gehört, die schon beim Zuhören so betroffen machten, dass wir achtgeben müssen, dem Leben und vor allem den Menschen zugewandt zu bleiben. Mir wurde, wie vielen anderen auch, mehrfach im Leben vor Augen geführt, wie kostbar das Hier und Jetzt ist. Wie viel Heilung, Chance, Potenzial und Möglichkeit in jedem Augenblick unseres Lebens liegt und wir im Grunde immer wieder dazu aufgefordert werden, dem Guten, Wahren und Schönen erneut unser Ja zu schenken.

Im Ja liegt das Potenzial, das eigene Schicksal zu wenden.

Es macht einen großen Unterschied, ob wir sagen: »*Die Welt ist ein harscher und ungerechter Ort*« oder ob wir sagen: »*Die Welt ist ein freundlicher Ort, trotz allem.*« Wenn wir davon ausgehen, dass alles und jeder gegen uns ist, fühlen wir uns anders, als wenn wir davon ausgehen, dass es trotz zahlreicher Ungerechtigkeiten und Grausamkeiten auch noch das Gute, Wahre und Schöne gibt. Auch für uns.

Letzten Endes geht es darum, sich zu entscheiden, mit welchen Gefühlen wir unser Leben verbringen möchten. Denn eines ist sicher: Mit Groll, Hass, Scham und Wut im Herzen lebt es sich anders als mit Zuversicht, Mitgefühl und Liebe. Häufig denken wir, unsere Gefühle würde ein anderer verursachen und wir wären ihnen hilflos ausgeliefert. »*Das Kind in mir kann mich mal*« bedeutet: »*Jetzt entscheide ich, wie ich mich fühle und nicht mehr andere!*« Auch wenn wir das Gefühl haben, der Schmerz, das Leid oder die Verletzung dient nur dem Zweck, uns die Luft zum Atmen zu rauben. Selbst im Angesicht des größten Schreckens sind wir dazu in der Lage, darüber zu entscheiden, wie wir letzten Endes damit umgehen wollen. Ob etwas »das Ende« oder »der Anfang« ist, entscheiden wir selbst.

Anita, 56, erzählt: *»Als mein Mann starb, dachte ich, ich würde seinen Tod niemals überwinden können. Es fühlte sich an, als wäre auch ich mit ihm gegangen. Ich hatte für nichts mehr Kraft und auf nichts und niemanden Lust. Ich wollte nur noch bei ihm sein und vermisste ihn so sehr, dass ich oft nicht mehr atmen konnte. Der Schmerz war so groß, dass ich mir nicht vorstellen konnte, ohne ihn wieder glücklich sein zu können. Irgendwann saß ich auf der Terrasse unseres Hauses und sah diesen Regenbogen, genau in dem Moment, als unser Sohn in meinem Bauch strampelte. Ich weiß nicht, was in diesem Moment passierte, aber ich fing langsam wieder an, ›zurück‹ ins Leben zu kommen. Ich hatte den Eindruck, mein Sohn würde mir damit sagen: ›Mama, ich bin da und Papa nicht wirklich weg. Geh, leb weiter und zeig mir all das Schöne dieser Welt.‹ Ich wollte leben, bis der Tod mich eines Tages wieder mit meinem Mann verbindet.«*

Oft laufen wir nach Schicksalsschlägen oder unangenehmen oder gar grausamen Ereignissen dem Guten, Wahren und Schönen im Leben davon – entweder aus Angst vor einem erneuten Schicksalsschlag, oder weil Schuld- oder Schamgefühle an uns nagen und wir das Gefühl haben, den Schmerz, der in uns ausgelöst wurde, nicht überleben zu können. Sich abzuwenden, ist eine Strategie, die im ersten Schritt durchaus gelingen kann, aber irgendwann zum Scheitern verurteilt ist, eben deshalb, weil nicht nur der Schmerz die Konfrontation eines Tages einfordern wird, sondern auch das Gute, Schöne und Wahre des Lebens.

Vielleicht fallen wir an diesem Punkt auch erschöpft zu Boden und sagen: *»Ich kann nicht mehr.«* Diese Erschöpfung ist keineswegs ein Zeichen von Schwäche oder eines Unvermögens, sondern vielmehr eine Botschaft, wahrzunehmen, wie es uns wirklich mit einer Situation geht und gleichzeitig auch eine Aufforderung herauszufinden, was es wahrhaftig braucht, damit wir wieder das Gefühl haben: »*Ich schaffe das, ich kann das, ja, es geht trotz allem weiter für mich.*«

Vielleicht fragst du dich: »*Aber was, wenn das, was mir zugestoßen ist, tatsächlich viel zu schrecklich ist, um es hinter mir zu lassen?*« Schau, im Grunde entscheiden wir, unabhängig von den Geschehnissen, wie lange wir an ihnen festhalten. Vielleicht denkst du, durch das Festhalten des Schreckens wird er eines Tages »gerechter« oder kleiner. Aber das Einzige, das passieren wird, ist, dass er dich kleiner macht, als du in Wahrheit bist, und dadurch gibst du ihm die Macht, über dich zu bestimmen.

Wenn du einen bereits in sich verschlossenen Löwenzahn von der Wiese pflückst, ihn anschließend ins Wasser stellst und wenige Zeit abwartest, blüht er auf und trägt unzählige Samen, die aussehen wie ein aufgefächerter Ballon. Pustest du auf die Samen, fliegen sie in alle Richtungen und sorgen dafür, dass unzählige weitere Blumen erblühen können. Ähnlich ist es mit unserer Seele. Haben wir uns verschlossen und denken, es geht nicht mehr weiter, benötigen wir Zuwendung, Liebe und Aufmerksamkeit, ehe wir uns wieder öffnen können. Gelingt es uns, uns dem Leben und der Größe und Kraft, die es für uns mitbringt, wieder zuzuwenden, säen wir einen Teil unserer Selbst in die Welt und es warten unzählige neue Momente auf uns.

Es gibt im Grunde drei Fragen, die ab einem gewissen Punkt im Leben wirklich zählen und das Potenzial haben, den Schmerz der Vergangenheit zu überwiegen:

- Habe ich gelebt, was ich leben wollte?
- Habe ich geliebt, wie ich lieben wollte?
- Habe ich gegeben, was ich geben wollte?

Die Antwort auf diese Fragen ist nicht der Schicksalsschlag, sondern jene, die wir aus unserem Innersten, fern von Leid, Schmerz und Angst geben. Wenn wir uns diesen Antworten aufrichtig hingeben können, kann der Schmerz langsam schwinden. Einzig und allein deshalb, weil die Antworten uns dazu auffordern, das Leben nach eigenen Maßstäben zu leben. *»Das Kind in mir kann mich mal!«* ist eine Hommage an das eine Leben, das wir haben. Es ist ein Wegweiser, raus aus den Plagen vergangener Erlebnisse, rein in ein mögliches Leben, auf das wir am Ende zurückblicken können, mit dem tiefen inneren Wissen:

Ja, ich habe gelebt, geliebt und wahrhaftig gegeben. Trotz allem Mist, Leid und Schmerz.

Wir haben immer die Wahl, wie wir mit etwas umgehen. Denn das »Wie« kann uns keiner nehmen, nie und nimmer. Im WIE liegt das Potenzial für eine bessere Zukunft. Wir haben zwar nicht die Macht über das WAS, das in unserer Kindheit und Vergangenheit passiert ist, aber wir haben die Macht, WIE wir ab sofort damit umgehen. Im WIE liegt die Gelegenheit, das eigene Leben zu wenden, WAS auch immer passiert ist.

Es kann dauern, bis wir uns erschließen, wie der Schrecken der Vergangenheit uns nicht auch noch das Hier und Jetzt oder gar den positiven Ausblick in die Zukunft raubt. Er hat sich bereits die Vergangenheit gekrallt, aber das Jetzt müssen wir uns zurückerobern und beschützen lernen. Da hilft auch kein Davonrennen.

Als Mama von fünf Kindern weiß ich, dass besonders Eltern eine große Verantwortung tragen und meist alles dafür tun, dass es die eigenen Nachkommen einmal besser haben als sie selbst. Viele von uns hadern mit der Vergangenheit, insbesondere unserer Kindheit und der Beziehung zu den eigenen Eltern. Viele Eltern sind täglich mit Erinnerungen an die eigene Kindheit konfrontiert und dadurch häufig auch mit den eigenen Verletzungen. Vielfach werden sie uns auch erst bewusst, wenn wir Zeit mit Kindern verbringen und dadurch beginnen, über die eigene Kindheit nachzudenken. *»Ah ja, so war das bei mir damals – so will ich das für meine Kinder auch oder eben nicht«* ist ein Satz, der Eltern ab und an durch den Kopf geht. Bei den einen löst er die Findung von neuen Ansätzen für die Begleitung unserer Kinder aus, bei den anderen vergangene Verletzungen und schmerzhafte Erinnerungen. Vielleicht kennst du jemanden in deinem Umfeld, der seine Wut an anderen auslässt und womöglich angibt, das deshalb zu tun, weil es auch ihm selbst nicht geschadet hat, als Kind *»hart rangenommen worden zu sein, das Leben nun mal hart ist und man Kinder schon früh auf die Realität vorbereiten müsse«*.

Unser Alltag als Erwachsene sollte bestenfalls nicht von einer Vergangenheit dominiert werden, die einem Tyrannen gleicht. Denn dadurch geben wir an die nächste Generation etwas weiter, das auch aus ihrer Kindheit eines Tages einen Goliath macht.

Sobald ich anfange, anderen ihr eines kostbares Leben schwerzumachen, liegt es an mir, mich zu ändern, nicht an den anderen.

Ich schreibe meine Bücher, weil es mir, seit ich ein kleines Mädchen war, ein ehrliches Anliegen ist, dass es Menschen gutgeht. Aber das *»Miteinander-Gutgehen«* erfordert Verständnis, Freundlichkeit und Empathie füreinander. Es erfordert das aufrichtige Streben nach der Antwort auf die

Frage: *»Was lässt nicht nur mich, sondern auch meine Lieben wachsen?«*

Mitgefühl ist etwas, das wir uns im Laufe des Lebens erarbeiten müssen und das nicht einfach mal eben »da« ist, vor allem wenn wir Leid und Schmerz erlebt haben. Ohne Mitgefühl für uns selbst und andere werden wir innerlich hart und verbittern. Ein Perspektivwechsel, Geduld und aufrichtiges Interesse füreinander können helfen, uns auf eine Weise zu begegnen, die einander guttut, was wiederum dazu führt, dass wir das eine Leben, das wir haben, deutlich erfüllter miteinander verbringen können. Dazu gehört aber auch die Fähigkeit loszulassen und wieder nach vorne zu schauen. Das klingt irgendwie verträumt und vielleicht auch nicht ganz real, aber ich halte daran fest. Schon allein deshalb, weil ich mir den Glauben an uns als Menschheit bewahren möchte. Aber auch, weil ich die Hoffnung bewahren möchte, dass wir eines Tages das Weitergeben von Traumata an die nächste Generation beenden können.

An vielen Punkten unseres Lebens hätten wir uns eine weise Stimme gewünscht, die, egal, was passiert, tröstlich ins Ohr flüstert:

**»Kind, es wird wieder gut werden.
Hab Vertrauen.«**

Dieses Buch soll im besten Fall diese Stimme sein. Sie soll dir etwas Hoffnung und Trost geben, indem sie dir einerseits erklärt, warum du dich fühlst, wie du dich fühlst und andererseits klare und leicht umsetzbare Wege aus immer wiederkehrenden Erinnerungen und alten, negativen Glaubenssätzen zeigt. Ich habe dafür alles zusammengetragen, was mir persönlich, aber auch vielen anderen Menschen geholfen hat, und ich kann sagen, dass es mir während der letzten Wochen selbst sehr guttat, die Zeilen immer und immer wieder zu lesen. Wir alle brauchen ab und zu eine tröstliche Stimme, die uns wieder Mut macht.

Unser Leben ist kostbar. Wir sollten es mit aller Kraft so leben, wie es uns guttut und lernen, es zu bewahren wie einen Schatz. Vor allem wenn wir ihn aus den dunkelsten Gassen bergen mussten. Dabei dürfen wir nicht allzu streng mit uns und anderen sein und dem Mitgefühl, anstelle des Schmerzes, mehr Raum geben.

Unsere Zukunft kann sich im Hier und Jetzt ändern und zwar deshalb, weil wir viel mehr sind als das, was uns früher zugestoßen ist.

Wir sind nicht ausschließlich der Schmerz, den wir fühlen, und wir sind viel mehr als unsere Vergangenheit und können im Grunde zu jedem Zeitpunkt unseres Lebens sagen: »*So, jetzt reichts! Das Kind in mir kann mich mal! Ich will mich nicht mehr klein, schutzlos und hilflos fühlen. Ab jetzt leb ich, wer ich wirklich sein möchte und nicht, was der Schmerz aus mir gemacht hat! Ich wende mich dem Guten, Wahren und Schönen zu, denn auch das existiert.*«

Wie genau das klappen soll, werden wir miteinander bestenfalls im Laufe dieses Buches erkennen. Andernfalls wünsche ich uns allen, dass das Leben uns immer wieder und gerade im Angesicht von Tyrannen Momente schenkt, die wieder daran erinnern, dass es auch gut, wahr und schön gelebt werden kann, trotz allem.

Dein Leben ist kostbar. Genauso wie das von uns allen. Auch wenn du meinst, es wäre in gewissen Bereichen ein Scherbenhaufen – es ist, trotz allem, wertvoll. Ein 100 Euros-Schein verliert auch nicht seinen Wert, nur weil er im Dreck liegt. Genauso gilt das für uns. Der Unterschied zwischen den Menschen ist, dass die einen das begriffen haben und die anderen (noch) nicht.

Du bist dein Wunder,
deine Katharina

Warum passiert ausgerechnet mir all das?

Liliana schreibt: »*Ich bin müde. Vom Kämpfen, vom Verzeihen, vom Schmerz. Ich will endlich einfach nur Ruhe und Frieden in meinem Leben. Warum muss immer alles so schwer sein?*«

Ist im Leben etwas passiert, das uns nicht gutgetan oder verletzt hat, fragen wir uns häufig: »*Warum ich?*«

Die Frage wirkt auf den ersten Blick legitim und harmlos. Wir wollen nachvollziehen, warum ausgerechnet uns ein gewisses Schicksal widerfahren ist. Meist um zukünftig ein ähnliches Erleben vermeiden zu können. Doch die Suche nach einer Antwort endet nicht immer in Ruhe und Frieden oder Schmerzfreiheit und Heilung. Denn wenn wir nach dem »Warum« fragen, kommen wir zwangsläufig in der Vergangenheit an. Häufig kreisen unsere Gedanken immer und immer wieder um den Schicksalsschlag und bringen die alten Gefühle der Hilflosigkeit und Ohnmacht wieder hervor. Nicht immer stoßen wir dabei auf eine mögliche Ressource, die uns dabei helfen kann, mit einem Problem oder Schicksalsschlag besser zurechtzukommen.

Die Antwort auf die Warum-Frage kann weder in der Gegenwart noch in der Zukunft enden. »Warum« bezieht sich auf etwas, das bereits in einem vergangenen Moment passiert oder eben nicht passiert ist, mit der Folge, dass dadurch in irgendeiner Form Schmerz ausgelöst wurde. Der Schmerz kann nur dann zu einem heilsamen Wegweiser werden, wenn wir ihm erlauben, eine kraftvolle Ressource zu finden. Das verlangt uns jedoch einiges ab. Es erfordert viel Kraft, Demut und vor allem die Bereitschaft, dem Kind in uns jenen Halt zu geben, dass es an unserer Seite – trotz der erlebten Schmerzen – wachsen kann. Genau deshalb kann das »Warum« entweder zu einer Ressource oder zu noch mehr Schuld, Scham und Vorwürfen führen. Das Kind in uns, das im Schmerz von damals festsitzt, wird sich so lange klein und schmächtig fühlen, bis wir es an die Hand nehmen und zuversichtlich die Gewissheit vermitteln, dass es Zeit ist sich weiterzuentwickeln, nach vorne zu schauen und aus den alten Höhlen rauszukriechen.

Das »Warum« endet häufig in der Frage: *»Hätten wir oder jemand anderes dieses oder jenes nicht oder eben schon getan, dann wäre das Ereignis völlig anders verlaufen, nicht wahr?«* Da wir auf diese fiktive Frage aber in der Realität keine Antwort finden können, müssen wir auf unsere Vorstellungskraft zurückgreifen. Ist die Erinnerung geprägt von Schuld, Scham und Vorwurf, wird das »Warum« zur Qual.

Wir können aus der Vergangenheit natürlich lernen und logische Schlüsse ziehen, um zukünftig Schmerz zu vermeiden. Wenn wir gezielt und mit kompetenter und geschulter Begleitung die Vergangenheit ergründen, um daraus Schlüsse zu ziehen, die uns zukünftig helfen können, ein besseres Leben zu führen, macht die Suche Sinn. Aber wir können auch genauso gut feststellen, dass wir ein Opfer der Tat eines Dritten waren und somit handlungsunfähig. Gerade wenn die geschulte Perspektive eines Dritten fehlt, laufen wir Gefahr, uns auf der Suche nach Antworten zu verlieren. Die Antwort auf das »Warum« verbirgt sich in uns, unseren Prägungen, unserem Selbstwert und den äußeren Einflüssen. Doch um all das so einordnen zu können, dass wir daraus Kraft, Zuversicht und Trost schöpfen können, braucht es meist jemanden an unserer Seite, der uns auf dieser Reise begleitet, denn sie kann dem Gang auf den Mont

Everest gleichen. Das weiß jeder, der sich bereits auf diese Reise begeben hat. Einer der Gründe, warum sie viele von uns scheuen. Deshalb empfehle ich, sie nicht alleine anzutreten, sondern mit einem erfahrenen Reiseleiter. Einem ausgebildeten Experten, Psychotherapeuten oder Coach. Diese Menschen können dabei helfen, dem »Warum« eine Bedeutung zu geben, die für und nicht gegen uns ist. Aber häufig scheuen wir uns davor, Hilfe zu suchen, vor allem wenn es um seelische Belange geht. Wir denken, wir müssten allein damit klarkommen oder des eben »irgendwie wegstecken«.

Heinz, 49, erzählt: *»Als ich ein kleiner Junge war, hörte ich, sobald ich mir wehtat: ›Ein Indianer kennt keinen Schmerz‹. Somit wurde mir beigebracht, Schmerz zu vermeiden oder so zu tun, als wäre nichts passiert. Erst viele Jahre und ein Burn-out später lernte ich, ohne Scheu zu sagen, dass ich Hilfe, Pause und Mitgefühl brauche.«*

Von klein auf lernen wir, dass wir von Leistung auf Erfolg schließen können und damit wiederum auf ein bestimmtes Ergebnis und einen entsprechenden Wert. Wir werden groß mit zahlreichen Beispielen, die diese Rückschlüsse normal, gesund und natürlich erscheinen lassen. Ein Kind in der Grundschule lernt seine Vokabeln, dann wird es eine gute Note haben. Lernt es nicht und hat trotzdem eine gute Note, heißt die Antwort auf das »Warum«: *»Das ist eben ein besonders kluges Kind, es bekommt, ohne zu lernen, gute Noten.«*

Alternativ könnte der Rückschluss erfolgen: *»Die Aufgaben waren sicher so einfach, dass es nicht lernen musste.«*

Später im Leben wird es ein wenig komplizierter. Ein Fußballer muss schießen, damit der Ball ins Tor fliegt. Je mehr gute Mitspieler, desto besser muss er das Schießen beherrschen. Dies erfordert viel Übung und Kampfgeist. Trifft er mehrmals hintereinander nicht, ist die Antwort auf das »Warum«: *»Streng dich mehr an, konzentriere dich besser, übe mehr!«*

Das sind in etwa dieselben Sätze, die auch wir gehört haben, damals in der Schule, später im Job, und irgendwann sagen wir sie auch zu unseren eigenen Kindern.

Je erfolgreicher ein Spieler ist, desto eher schreiben wir Sportlern den Erfolg zu, gleichwohl die Treffer deutlich abnehmen. Das wurde beispielsweise in Bezug auf die Trefferquote von Tiger Woods festgestellt. Auch im Profigolf und anderen Wettkämpfen herrscht der Gedanke: *»Übe fleißig, dann wirst du auch erfolgreich sein.«* und *»Einmal erfolgreich, immer erfolgreich.«*

Das Problem ist nur, dass wir die gleiche Kausalität auf unser Leben anwenden. Sobald etwas nicht den Erwartungen entspricht, ein Missgeschick oder gar ein Schicksalsschlag passiert, gehen wir davon aus, dass wir uns mehr hätten anstrengen müssen oder andere Ressourcen hätten haben sollen.

Wir denken *»Warum passiert ausgerechnet mir das?«* nicht ausschließlich, um Halt, Trost, Kraft oder Mut zu finden, sondern weil die Welt, in der wir leben, uns darauf konditioniert, nicht nur Erfolg mit Leistung gleichzusetzen, sondern auch den Wert und das Glück des Einzelnen.

»Irgendetwas muss falsch gelaufen sein, sonst wäre das nicht passiert!« ist eine Feststellung, die sich auf dem »Warum« aufbaut.

Auf der Suche nach dem »Fehler« landen wir zwangsläufig entweder bei uns selbst oder einem Mitmenschen, dessen Verhalten in Frage gestellt wird. Tun wir das, um Ressourcen, Mitgefühl oder Verständnis und Versöhnung zu finden, finden wir meist auch die Kraft, Vergangenes zu überwinden.

In den meisten Fällen endet diese Feststellung jedoch in

Schuldgefühlen, Vorwürfen, Scham und Anklage. Immer und immer wieder kreisen die eigenen Gedanken um bestimmte Vorfälle, Fehler, Gespräche und Momente, wo wir oder andere es doch hätten besser wissen müssen. Das führt meist dazu, dass wir uns schlechter statt besser fühlen. Wir haben den Eindruck, wertvolle Hinweise übersehen zu haben, die hätten all das Leid verhindern können. Finden wir sie nicht, fühlen wir uns meist ratlos, ohnmächtig und hilflos. Wir grübeln über diesen einen Moment in der Vergangenheit und versuchen akribisch, eine Lösung zu finden. Wir wollen verstehen, warum etwas geschehen ist und die Sicherheit finden, dass uns so etwas nie wieder passieren wird. Erst wenn eine Erklärung gefunden wurde, so denken wir, kann unser Geist zur Ruhe kommen.

Doch vieles im Leben bleibt nun mal unerklärlich und unvermeidbar. Ein Akzeptieren des Unvermeidlichen fällt umso schwerer, je mehr wir dem Irrtum unterliegen, wir hätten es irgendwie vermeiden können.

Wir suchen, vor allem bei Ereignissen, die wir nicht kontrollieren konnten, nach möglichen Erklärungen.

Wir betreiben eine beinahe exzessive Suche – entweder, weil wir davon überrollt wurden und es nicht haben kommen sehen, oder weil wir denken, wir hätten es besser wissen müssen. Wir kramen in vergangenen Augenblicken, wenn wir mit dem Schicksal hadern. Obgleich wir wissen, dass die Schuldfrage uns nur noch weiter in den Strudel reißt, nagt das »Warum« sehr. Das ziellose »Warum« kann einem Schlangenbiss gleichen, Schuldgefühle dem Gift, das durch unseren Körper fließt und ihn langsam, aber sicher zerstört.

Wir finden im Dort und Drüben (der Vergangenheit)

nicht immer nur Antworten, um im Hier und Jetzt besser zurechtzukommen. Das ist eine bittere Tatsache, die wir alle schon mal erfahren mussten. Und trotzdem kreisen die Gedanken weiter und finden häufig nur schwer ein Ende.

Je mehr wir uns selbst oder durch andere erschlossen haben, dass das Schicksal nicht immer und unter allen Umständen gesteuert und kontrolliert werden kann, desto eher können wir es annehmen. Diese Erkenntnis ist eine wertvolle Basis, um nach Schicksalsschlägen den inneren Frieden wiederzuerlangen.

Die Selbsthilfebranche boomt. Mit einem jährlichen Umsatz von rund 450 Milliarden Euro soll sie es Menschen möglich machen, ein erfülltes Leben zu führen, die Vergangenheit zu bewältigen und im Hier und Jetzt anzukommen.

Aber nicht nur das, viele Angebote suggerieren selbst in dieser Branche, dass persönlicher Erfolg im Leben mit Anstrengung, Fleiß und Mühe zu tun hat. *»Arbeite an dir, deiner Persönlichkeit und deinem Mindset! Heile dein inneres Kind und lerne zu vergeben! Reflektiere dich und werde täglich besser!«* Das sind Sätze, die wir mittlerweile alle kennen, sobald wir uns mit Persönlichkeitsentwicklung auseinandersetzen.

Diese Denkweise wurde 1:1 aus der Leistungsgesellschaft adaptiert. Indem wir nur alles geben müssen, um auch alles zu erhalten, glauben wir, das Glück zu finden. Erschließen wir uns auf der Suche nach Antworten, dass wir uns nur hätten mehr anstrengen und mehr Mühe geben müssen, um den Schicksalsschlag zu verhindern, verfallen wir dem Glauben: *»Je mehr ich tue, desto besser werde ich leben und desto leichter werde ich es haben.«*

Das Problem ist nur, dass dieser Umkehrschluss nicht so einfach funktioniert. Natürlich gibt es Dinge, die im Leben passieren, auf die wir einen Einfluss haben und die wir in Zukunft vermeiden können. Wenn wir beispielsweise eine

Grippe nicht auskurierten und deshalb später in die Klinik mussten, werden wir beim nächsten Mal besser auf uns achten. Wenn wir jemandem, den wir gern haben, etwas versprochen haben und dann nicht hielten und es aufgrund dessen Streit gab, werden wir alles dafür tun, um uns beim nächsten Mal an Absprachen zu halten.

Aber es gibt genug, das passiert, ohne dass wir auch nur irgendetwas daran hätten ändern können. Wir müssen lernen, damit umzugehen und Ressourcen zu finden, ohne daran zu zerbrechen oder mit ewigem Fingerzeig durchs Leben zu wandern. Andernfalls bleiben wir in einer Welt gefangen, die ausschließlich aus Tätern, Opfern und Rettern besteht.

Wir sind schleichend in einer Generation angelangt, die zunehmend im besten Alter mit Burn-out zu kämpfen hat und nach wie vor den Kindern bereits im Kleinkindalter versucht beizubringen, dass Fleiß und Leistung das Ultimativum im Leben sind und Fehler oder Umwege tunlichst zu vermeiden sind, um »voranzukommen«. Wir sind auf diesem Weg, wenn auch nicht böswillig, gierig geworden. Die unvermeidbare Gier nach dem »Höher, Schneller und Weiter« treibt Generationen bis zur Erschöpfung. Viele von uns denken sogar, dass Schicksalsschläge durchaus zu vermeiden wären, wenn wir denn genug »wüssten« oder »leisten«. In den 60er-Jahren wunderte sich der Psychologe Melvin Lerner darüber, warum seine Studierenden so beharrlich die Meinung vertraten, wer beispielsweise arm war, sei selbst schuld. Lerner startete eine Reihe von Untersuchungen. Studierende sollten einen Teilnehmer einer angeblichen Lernübung beobachten, der mit Elektroschocks traktiert wurde. Im ersten Augenblick zeigten sie Mitgefühl, doch nach und nach meinten sie, der Gestrafte stelle sich doch tatsächlich schlecht an und hätte die Elektroschocks »verdient«.

Tief in uns verankert, folgerte Lerner anhand zahlreicher Versuche, sitzt offenbar der Glaube, dass es in der Welt gerecht zugeht und dass am Ende jeder bekommt, was er verdient. »*Ist jemand arm, krank oder benachteiligt, so hätte er das wohl auch irgendwie selbst verschuldet.*« Und wenn nicht, beginnen wir fieberhaft und unbemerkt mit der Suche nach Indizien, die uns vom Gegenteil überzeugen sollen. Das führt dazu, dass die meisten Menschen zwar im ersten Moment Mitgefühl mit ihren Mitmenschen haben, sobald diese über eine negative Biografie, Schicksalsschläge oder eine miese Kindheit berichten, aber auch nur dann, wenn sie diese letzten Endes auch überwinden konnten und damit das Leben anderer nicht auch noch belasten.

Einer meiner Klienten, der im gehobenen Dienst arbeitete, formulierte es wie folgt: »*Jeder Mensch ist ab einem gewissen Alter seines Glückes eigener Schmied und sollte dazu in der Lage sein, sich aus misslichen Lagen zu befreien, für alle anderen habe ich kein Verständnis.*« Ist er nun hartherzig oder ein Realist? Mit dieser Frage kam er zumindest zu mir in die Therapie, vor allem deshalb, weil sein Umfeld, insbesondere seine Frau, ihm zunehmend Hartherzigkeit vorwarf, er sich selbst jedoch als realistisch bezeichnete. »*Meine Frau und ich können nun mal keine Kinder bekommen, so ist das Leben! Ich verstehe nicht, warum sie sich so quält und nicht einfach ohne ein Kind glücklich sein kann?*« Ich fragte ihn, wie es ihm mit diesem Schicksal gehe und er wischte sich innerhalb weniger Sekunden die Tränen aus den Augen, mit den Worten: »*Ich kann es eben nicht ändern, da muss ich durch.*«

Wenn wir uns vergegenwärtigen, dass wir füreinander nur bis zu einem gewissen Grad Mitgefühl und Verständnis haben, dann ist es nur eine logische, jedoch keineswegs sinnvolle Konsequenz, dass wir dies auch nur bedingt für uns selbst haben.

Laura, 44, erzählte mir: »*Ich wurde als Kind missbraucht und ich dachte lange, dass es deshalb war, weil irgendetwas an mir nicht stimmte. Ich dachte, ich sei selbst dran schuld. Als ich meiner Mutter davon erzählte, war sie derselben Meinung. Es war schrecklich, dass sie mir nicht half und ich in dem Glauben groß werden musste, falsch zu sein.«*

Sogar derartige Schreckenstaten, für die kein Kind dieser Welt etwas kann, werden häufig versucht, erklärbar zu machen, indem die Betroffenen sich selbst belasten oder der Fehler beim Opfer gesucht wird.

Milde mit sich selbst zu sein, ist in unserer Gesellschaft häufig nicht erwünscht. Aber auch die Milde mit unseren Mitmenschen, die in Not geraten sind, ist nur bis zu einem gewissen Punkt tolerierbar geworden. Wir haben als Menschheit, trotz so fortgeschrittener Technologie, bisher noch keinen Weg gefunden, ein großflächiges, friedvolles Miteinander zu finden. Ich persönlich denke, dass der Frust über dieses Unvermögen dafür sorgt, dass Generation um Generation suggeriert wird: *»Wer Schlimmes erlebt, ist ab einem gewissen Punkt selbst schuld und muss sich selbst auch wieder aus dem Schlammassel ziehen.«* In gewissen Bereichen des Lebens ist das korrekt. Ein Alkoholiker kann nicht dazu gezwungen werden, mit dem Saufen aufzuhören, er muss es selbst wollen, aber auch nur bis zu einem gewissen Punkt selbst die Verantwortung für sein Leben übernehmen. Wenn er so betrunken ist, dass er ohnmächtig an der Straße liegt, ist er auf die Achtsamkeit und Hilfe Dritter angewiesen, die den Notarzt rufen. Wir sind letzten Endes dazu aufgefordert, stets herauszufinden, wann und auf welche Weise wir uns involvieren und wann nicht. Mitgefühl ist eine deutlich sinnvollere Basis als Leistungsdruck.

Der Soziologe Sighard Neckel hat darüber hinaus darauf hingewiesen, dass wir die Indiziensuche abzukürzen beginnen. Die Gegenwartsgesellschaft verschiebt ihren moralischen Fokus. Da Fleiß und Einsatz kaum noch zu entziffern sind, nehmen wir kurzerhand das Ergebnis als Indikator für rechtmäßiges Zustandekommen.

Die Frage nach der Leistung erübrigt sich mehr und mehr und wir betrachten häufig nur noch das Endergebnis. *»Der Erfolg gibt uns recht«* oder *»Jeder ist seines Glückes eigener Schmied«* sind Sprichworte, die wir alle kennen.

Selbst ein offensichtlich seelisch defizitärer Mensch kann, sobald er etwas reicher, schöner, berühmter oder erfolgreicher ist, umjubelt und als Idol erachtet werden. Es ist dabei bis zu einem gewissen Grad irrelevant, ob diese Person parallel dazu im Geltungsdrang versinkt, ihre Mitmenschen schlecht behandelt, vor Narzissmus nur so strotzt oder seltsame und verletzende Äußerungen tätigt. Auch wie sie an diese Machtposition kam, spielt bis zu einem gewissen Grad keine Rolle mehr. *»Der Erfolg gibt ihm recht«* schüchtert ganze Massen ein. Besonders wenn wir selbst nicht so viel davon haben, obwohl wir uns anstrengen, folgen wir diesen Persönlichkeiten, in der Hoffnung, womöglich auch eine Scheibe Erfolg abzubekommen.

Zufriedene und glückliche Menschen gelten darüber hinaus als erfolgreicher als weniger zufriedene, unglückliche Menschen und somit auch *als »fleißiger, smarter, tüchtiger und vom Schicksal gesegnet«*.

Wir streben danach, es ihnen gleichzutun und suchen nach der einen »Formel«, die uns letzten Endes von Herausforderungen befreit. Auf der Strecke bleibt häufig das Mitgefühl, der klare Blick, die realistische Einschätzung und die Akzeptanz und Toleranz füreinander und für das Leben an sich. Selbstverständlich sind wir ab einem gewissen Alter und unter gewissen Umständen dazu in der Lage, dem eigenen Leben und Schicksal eine neue Richtung zu geben und tragen somit auch die Verantwortung dafür. Wenn uns jemand eine kleine rosa Pille im Club hinhält und uns auffordert, diese einzunehmen, liegt es an uns und niemandem sonst, ob wir sie tatsächlich nehmen und schlucken. Wenn uns aber K.o.-Tropfen ins Glas geschüttet werden und wir diese schlussfolgernd unfreiwillig und unwissend zu uns nahmen, können wir schlichtweg nichts für diese Tragödie.

Eine Grundvoraussetzung dafür, dem Schicksal und Leid Antworten geben zu können, ist das Mitgefühl mit sich selbst und auch das Mitgefühl anderer, die uns bestenfalls dabei helfen, trotz allem wieder ein gutes, wahres und schönes Leben führen zu können. Fehlt die Milde, fehlt auch das Begehren nach Änderung und wir unterliegen dem Irrtum: *»So ist es eben. Den einen geht es schlecht, den anderen gut. Ich bin da eben ein Pechvogel.«* Wir können nur dann zum Schmied des eigenen Glücks werden, wenn wir eine milde und zufriedenstellende Antwort auf Geschehnisse in uns finden, die uns einst Schmerzen bereitet haben.

Um das eigene Leben berechenbarer gestalten zu können, nehmen wir viel in Kauf, selbst ein Burn-out, andauernde Müdigkeit, anhaltenden Stress, Schlafstörungen, Panikattacken und finanzielle Überlastung, aber selten Mitgefühl, Achtsamkeit und Milde. Wir denken an vielen Stellen, dass das Leben ausschließlich fair und gerecht sei und wir uns »nur noch mehr anstrengen« müssen, um endlich auf der Seite des Glückes stehen zu können.

Aber selten, dass es, um voranzukommen, auch ein Innehalten und Zur-Ruhe-Kommen braucht. Die Realität zeigt uns immer wieder, dass das Leben weder fair noch gerecht ist, und Mitgefühl, Akzeptanz und Milde Ressourcen sind, die vieles überwinden lassen. Trotzdem fühlen wir uns so lange getrieben, bis wir die Vergangenheit aus einem Blickwinkel betrachten können, der uns Ruhe finden lässt.

Irrationale und abstruse Persönlichkeiten können erfolgreich sein und Menschen, die von Herzen gut sind, können arm sein und aus ihrem eigenen Land vertrieben werden. Das Leben sagt sich nicht: *»Ich mag dich, ich schenke dir Glück, dich mag ich aber nicht, dir schenke ich Pech.«*

Diese Denkweise stammt aus dem Alten Testament und ist veraltet.

Der Herr König von nebenan, der immer so nett war, kann mit 56 einen Herzinfarkt bekommen und daran sterben, und ein grausamer Politiker mit 70 noch wie 50 aussehen und so tun, als wäre er allmächtig. Das Leben ist, so bitter es ist, weder fair noch gerecht, und somit hat kein Kind dieser Welt schuld daran, wenn ihm Ungerechtigkeit widerfährt. Auch wenn wir uns noch so anstrengen, alles dafür zu tun, um das Leben zu beherrschen, zwischen einem glücklichen Menschen und einem unglücklichen Menschen liegen häufig nur ein oder zwei nicht überwundene Schicksalsschläge. Gleichzeitig erleben auch glückliche Menschen Schicksalsschläge und Unglückliche keine oder wenige. Wie kann das sein?

Die Antwort liegt nicht zwangsläufig und immer im Ereignis selbst, sondern häufig in der Art und Weise, wie auf das Geschehene reagiert wurde. Gab es Menschen, die das Leid erkannten und helfend einwirkten, fällt es leichter, den Tyrannen hinter sich zu lassen. Wurde in der Familie über Schicksalsschläge nicht gesprochen oder wurden diese verheimlicht oder gar Straftaten ignoriert, kann es sogar vorkommen, dass wir diese nur schwer überwinden können, weil wir in einem System des Schweigens groß wurden oder uns sogar selbst schuldig fühlen, obwohl wir das Opfer und nicht der Täter waren.

Wenn ein Täter unseres Lebens aufrichtig und ernst gemeint seinen Fehler eingesteht, können wir zwar nicht die Tat an sich vergessen oder nachträglich gutheißen, wir können aber deutlich leichter Milde für uns selbst als Opfer wahrnehmen und die Frage der Schuld an uns selbst gerichtet fallenlassen.

Vielleicht und auch nur unter gewissen Umständen gelingt es manchen Menschen sogar, Milde dem Täter gegenüber zu haben, nicht um es ihm leichter zu machen, sondern um es uns selbst etwas zu erleichtern. Nahezu jeder von uns kennt die Biografie von Nelson Mandela oder dem Dalai Lama und anderen Persönlichkeiten, denen es gelang, den Tätern ihres Lebens Milde gegenüber zu empfinden. Von diesen Menschen lernen wir, dass auch der Hass auf jene, die uns Leid zufügten, so gerechtfertigt er auch sein mag, zum Gift für uns werden kann und die Milde uns davor bewahrt, auf ewig zu verbittern.

Meine Mutter ist eine hervorragende Psychotherapeutin und arbeitete jahrelang im Hochsicherheitstrakt mit den Schwerverbrechern unserer Gesellschaft. Ich habe sie immer dafür bewundert, weil ich selbst dazu nicht in der Lage gewesen wäre, über Jahrzehnte Menschen zu begegnen, die anderen Schreckliches angetan haben.

Von ihr habe ich eine sehr wertvolle Lektion gelernt, nämlich dass der Mensch, trotz allem, einen Wert hat und auch dann, wenn er hinter Gittern sitzt und anderen großes Leid zufügte, zumindest einen Menschen verdient, der sich ihm zuwendet. Meine Mutter war diese eine Person für zahlreiche Täter im Gefängnis und darüber hinaus auch für zahlreiche Opfer, die sie in ihrer Praxis begleite. Sie sagte zu mir: »*Weißt du, viele von den Straftätern hatten eine unermesslich grausame Kindheit. Das entschuldigt niemals ihr Verhalten, aber es erklärt, warum es so unendlich wichtig ist, einander achtsamer zu begegnen und vor allem den Kindern dieser Welt eine sichere Umgebung zu gewährleisten.*«

Das bedeutet unter keinen Umständen, dass die Tat gutgeheißen wird oder der Täter, ohne seine Verantwortung zu tragen, wieder frei unter uns leben darf, sondern lediglich, dass selbst ein Täter zumindest einen Menschen verdient hat, der ihn durch dieses Tal des Schreckens begleitet.

Ich selbst brauchte lange, ehe ich verstehen konnte, wie sich meine Mama in ihrem Beruf und somit mit ihrer Lebzeit den Schwerverbrechern dieser Welt zuwenden konnte. Aber in den Momenten, in denen sie mir davon erzählte, dass eine Therapie begann, Früchte zu tragen und der Täter nicht nur erkennen konnte, was er dem Opfer angetan hatte, sondern auch tief in sich begriff, dass er dies unter keinen Umständen jemals wieder jemandem antun könne, begann ich zu begreifen, wie wertvoll Menschen sind, die trotz allem zugewandt bleiben können.

Zusammenfassend können wir Folgendes sagen: Ob ein Mensch einen Schicksalsschlag erlebte und daran zerbricht oder trotz dessen auf der Sonnenseite des Lebens lebt, hat nichts mit seinem Wert zu tun, auch nichts mit dem Schicksalsschlag an sich, sondern mit der Art und Weise, wie er selbst und sein Umfeld damit umgeht. Es macht einen Unterschied, ob wir sagen: *»Das, was hier passiert, ist das Ende.«* oder *»Das, was hier passiert, ist der Anfang.«*

In der Rückschau auf die Vergangenheit erhoffen wir, eine Lösung oder zumindest die Ursache für gegenwärtige Probleme zu finden. Finden wir sie nicht, suchen wir eher nach der »Schuld« als nach Ressourcen. Ressourcen sind der Anfang, Schuld das Ende.

Im besten Fall finden wir im Dort und Drüben, der Vergangenheit, eine wertvolle Ressource, die uns dabei hilft, das Hier und Jetzt besser zu bewältigen oder auch andersrum. Denn auch in der Gegenwart können wir Ressourcen finden, die eine Rückschau erleichtern können. Häufig gelingt es durch Lebenserfahrung, einen Perspektivwechsel oder neues Wissen, vergangene Situationen neu einzuschätzen, sodass der Schmerz in den Hintergrund treten kann. Wenn es uns gelingt, diese Ressource zu aktivieren, fühlen wir eine innere Sicherheit, die auch eine neue Perspektive auf eine bessere Zukunft zulässt. Damit gewinnen wir Zuversicht, Hoffnung und Kraft für die Bewältigung der Herausforderung. Im besten Fall wachsen wir anschließend an Herausforderungen, gewinnen Selbstvertrauen und Erkenntnisse, die uns zukünftig als Ressource dienen können. Diese schenkt uns vor allem Vertrauen in das Leben, weil wir gelernt haben: *»Es gelingt mir, Herausforderungen zu bewältigen. Ja, ich kann das.«* Wie das gelingen kann, wird zahlreich erforscht und vielfach diskutiert. Fakt ist, wir alle können aus unterschiedlichen Dingen Kraft schöpfen. Wenn wir uns auf die Suche machen herauszufinden, was uns guttut und was nicht und danach streben, dem Guten, Wahren und Schönen deutlich mehr Aufmerksamkeit zu schenken als dem Leid und Schmerz, können gewonnene Ressourcen zum Horizont im Leben werden.

An dieser Stelle fällt mir Josef ein, ein 89-Jähriger, der im Krieg nicht nur sein Bein, sondern auch seine gesamte Familie verlor. Ich lernte ihn als Kind kennen. Als ich ihn fragte, ob er böse auf die Menschen ist, die ihm sein Bein wegnahmen und warum sie so etwas gemacht haben, sagte er: *»Wenn ich jetzt auch noch böse wäre, dann hätten sie mir auch noch meine Seele geraubt. Nein, ich bleibe, wer ich bin. Ein Mensch, mit Liebe im Herzen. Warum sie das taten? Weil sie glaubten, nicht anders zu können, mein Kind. Wir müssen, trotz allem, bleiben, wer wir sind.«*

Die exzessive Suche nach dem »Warum« kann im Hass und in der Schuldfrage enden, die schon zahlreiche Tyrannen der Vergangenheit zum Goliath des eigenen Lebens machte. Schuld und Hass bringt Täter, Unmut und Kriege hervor. Gedanken der Schuld und des Hasses drehen sich unentwegt im Kreis und können zur Pest für die Seele werden. Deshalb, weil ein Kreis kein Ende findet, es sei denn, wir lernen, aus ihm auszusteigen. Das Ende eines Kreises aus Schuld, Scham, Hass und Vorwürfen kann demnach nur der bewusste Ausstieg sein. Das bewusste Setzen eines Punktes führt uns aus dem Teufelskreis, die Frage ist nur: *»Wie soll das gehen?«* Eine wertvolle Formel deshalb gleich zu Beginn:

DENKEN = SICH SELBST FRAGEN + ANTWORTEN GEBEN

Wenn wir denken, dann stellen wir uns selbst eine Frage und geben uns anschließend eine Antwort. Denken ist im Grunde nichts anderes als ein Dialog mit uns selbst, unseren Prägungen, bisherigen Erfahrungen, der Eigen-, Fremd- und Weltsicht. Es macht einen großen Unterschied, ob wir uns fragen: *»Warum habe ich hier erneut versagt? Warum wurde mir so etwas Schreckliches nur angetan? Wie kann ich Vergeltung üben?«* oder ob wir fragen: *»Was kann ich tun, um in diesem Schicksalsschlag wertvolle Ressourcen für mich und andere zu finden? Wie kann ich das hinter mir lassen und trotz allem dem Guten, Wahren und Schönen verbunden bleiben?«*

Selbstverständlich wird die erste Frage völlig andere Gefühle in uns auslösen als die zweite, und basierend auf dieser Empfindung werden wir unterschiedliche Entscheidungen treffen und letzten Endes auch völlig unterschiedlich handeln. Wenn jemand also sagt: *»Überwinde die Vergangenheit«* oder *»Lass deine Schuldgefühle los«*, dann bedeutet das übersetzt: *»Tu alles dafür und stell dir selbst andere Fragen, und zwar solche, die dir bessere Antworten und dadurch auch bessere Gefühle, Handlungsschritte und somit auch Ergebnisse bringen.«* Der Haken ist, dass wir einander eher auf die Warum-Schuld-Frage konditionieren als auf mögliche Ressourcenfindungen.

Das fängt schon in der Schule an, wenn ein erst Siebenjähriger die Wörter nicht so recht lesen kann und sich damit abmüht. Die Chance ist hoch, dass er Folgendes zu hören bekommt: »*Warum hast du nicht mehr geübt?*« statt »*Was kann ich tun, um dich mehr zu unterstützen?*«

Erschließen wir auf der Suche nach dem »Warum« beispielsweise, dass wir nur deshalb in diese missliche Lage geraten sind, weil wir in der Kindheit viel zu kurz kamen oder ungerecht behandelt und zu wenig gefördert wurden, könnte es passieren, dass dieser Rückschluss Emotionen in uns auslöst, die sich negativ auf unser Seelenwohl oder auf die Beziehung zu unseren Eltern auswirken. Das führt häufig dazu, dass wir uns noch schlechter fühlen, zurückziehen oder den Kontakt abbrechen, ohne zu verbalisieren, was uns fehlte und wir eigentlich stattdessen bräuchten und uns wünschen. Wir nehmen uns und unserem Gegenüber dadurch die Gelegenheit, die Vergangenheit im Hier und Jetzt neu zu ordnen.

Achtung, der Denkprozess startet: »*Warum erlebe ich immer und immer wieder nur Mist?*«

Antwort: »*Weil es schon immer so war. Seit meiner Kindheit kam ich zu kurz, wieso soll sich das je ändern?*«

Dieser innere Dialog wird in einem unangenehmen Gefühl enden, weil wir uns an ein Dort und Drüben, sprich an eine Vergangenheit, erinnern, in der wir uns ohnmächtig und hilflos, dem Umfeld ausgeliefert fühlten. Wir holen »die Beweise« immer und immer wieder ins Hier und Jetzt, selbst wenn die Realität womöglich gar nichts mit der Vergangenheit zu tun hat. Wir machen aus der Vergangenheit das Monster von Heute, ohne eine neue Perspektive einzunehmen und womöglich dadurch neue Erkenntnisse zu gewinnen. Somit könnte auch der Rückschluss entstehen, wir seien vom Schicksal auf ewig verdammt und dem Leid hilflos ausgeliefert. Dadurch bleiben wir das ewige Opfer und die Vergangenheit der ewige Tyrann.

Wenn wir nun einerseits hören, dass wir das Schicksal durch Fleiß steuern könnten und uns ihm andererseits ausgeliefert fühlen, befinden wir uns in einem inneren Konflikt.

»Was denn nun? Bin ich mein eigener Schmied oder bin ich Opfer?«

Dieser Konflikt bewirkt, dass wir uns mit uns und dem Leben unwohl fühlen und nach Orientierung und Antworten suchen. Ein innerer Konflikt ist nichts anderes als eine Diskrepanz im »Frage- und Antwortspiel«. Wir sind uns selbst unschlüssig und geben uns keine klaren und befriedigenden Antworten.

Seminare, Experten, entsprechende Literatur oder Thesen, die uns diese liefern sollen, sind deshalb auch so gefragt. Wenn wir uns in einem Konflikt mit uns selbst befinden, ist der nächstschlüssige Schritt, im Außen nach möglichen Antworten oder Impulsen zu suchen. Die Suche nach Antworten, wird allerdings nicht selten mit der Suche nach dem Selbst gleichgesetzt. Ein möglicher Rückschluss kann sein: *»Finde ich Antworten, finde ich auch mich selbst.«* Dabei verwechseln viele Menschen, dass ein innerer Konflikt und die Abwesenheit von Antworten nicht gleichbedeutend damit ist, sich selbst verloren zu haben.

Wir müssen im ersten Schritt verstehen, dass ein innerer Konflikt nicht bedeutet, das eigene Selbst verloren zu haben.

Wir streben so sehr nach Kontrolle, dass wir den Prozess, eine Antwort in uns entstehen zu lassen, beiseiteschieben und als Mangel statt als Chance verstehen. Jeder Konflikt in uns ruft letzten Endes dazu auf, die eigenen Vorstellungen über das Selbst, das Leben und das Schicksal zu überdenken und gegebenenfalls neu zu ordnen. Wenn wir uns den Konflikten, die wir in uns tragen, zuwenden können, schenken wir uns auch die Chance, Lösungen durch sie zu finden.

Konflikte sind Chancen für Weiterentwicklung, aber auch dafür, uns selbst und andere besser kennen zu lernen.

Allerdings sind sie meist unberechenbar und wir wissen nicht genau, wo die Reise hingeht, wenn wir uns ihrer annehmen. »*Was, wenn ich keine Antwort oder Lösung finde?*« oder »*Was, wenn ich dadurch etwas mir Wertvolles verliere?*« ist eine Sorge, die uns innerhalb eines Konfliktes plagt. Wir sind im Anschluss zu vielem bereit, um das Gefühl der Kontrolle über das Leben, den Konflikt, wieder zurückzubekommen, im schlimmsten Fall auch zu Irrwegen.

Das oft genannte »Law of Attraction«, das Gesetz der Anziehung, das fehlinterpretiert Menschen zu dem Schluss kommen lässt, sie könnten mit ihrer bloßen Gedankenkraft die Realität beeinflussen, ist ein Versuch, das Leben und Schicksalsschläge zu kontrollieren. »*Denke besser, so wird dein Leben besser.*« oder »*Du hast diesen Schicksalsschlag in dein Leben gezogen.*« heißt es häufig von Menschen, die das Prinzip nicht tiefer ergründet haben und meinen, dadurch die Antwort auf eine zentrale Menschheitsfrage zu erhalten: »*Wie kann ich berechenbar machen, was unberechenbar ist?*«

Selbstverständlich beeinflussen unsere Gedanken die Sichtweise auf Gegebenheiten und in gewisser Weise auf erlebte Gefühle und dadurch auch, wie wir mit Situationen umgehen. Aber niemand erlebt Traumata, weil er zuvor »schlecht« oder »böse« gedacht hat! Dieser gedankliche, gefährliche Irrtum führt dazu, dass Menschen sich wie Versager und »Schuldige« fühlen, sobald ein unberechenbarer Schicksalsschlag passiert. Außerdem rechtfertigt dieser Zugang in gewisser Weise die Taten der Täter und macht das Opfer selbst zum alleinigen Verantwortlichen des Unglücks.

»Selbst schuld!« ist ein Satz, der innerlich nicht nur lähmen, sondern auch zerbrechen kann. Als hätten sie es »nicht drauf«, das Leben durch bloße Gedanken zu steuern. Dabei geht es nicht darum zu lernen, das Leben zu kontrollieren oder den »Schuldigen« zu finden. An diesem Versuch werden wir ab einem gewissen Punkt im Leben scheitern. Es geht auch nicht darum, das Negative auszublenden, sich alles schönzureden oder so zu tun, als wäre nichts geschehen. Vielmehr ist es wichtig, zu lernen, wie es gelingen kann, trotz Schicksalsschlags so weiterzuleben, dass wir eines Tages sagen können: *»Mein Leben war gut, wahr und schön, trotz allem.«*

Haben wir das Gesetz der Anziehung und die Kraft des positiven Denkens für uns begriffen, verstehen wir auch, dass es nicht darum geht, sich das Schicksal schönzureden oder es in eine erklärbare Schublade zu packen oder einander Schuldgefühle zu vermitteln. Vielmehr ist es wichtig zu lernen, aus dem Mist der Vergangenheit Dünger für die Zukunft zu machen.

Doch Vorsicht! Gerade, wenn wir Traumata erlebt haben, können gewisse Achtsamkeitsübungen oder positiv trainierte Denkweisen sogar gefährlich werden. Um erlebte seelische Verletzungen wirklich hinter uns zu lassen, braucht es neben Achtsamkeit und positiver Denkweise weitere Strategien und Fähigkeiten, wie zum Beispiel ein halbwegs stabiles Selbstwertgefühl, Mut, neue Erfahrungen und ein stabiles Umfeld. Auf der Suche nach Orientierung und Antworten begegnet uns nicht nur Positives. Ab und an verlaufen wir uns. Jeder war schon mal bei einem schlechten Coach oder Therapeuten, saß kopfschüttelnd in einem Seminar oder vor einem YouTube-Video oder war versucht, die Vergangenheitsbewältigung mit Wein, Netflix-Serien oder anderen Ablenkungen hinauszuzögern. Vieles von dem, was wir tun, macht keinen Sinn, und trotzdem machen wir es immer und immer wieder, zweifeln an uns, obgleich es sich

»irgendwie nicht gut anfühlt« und übergehen die inneren Alarmsignale. Wir sind im Grunde unkomplizierte Wesen und tun viele Dinge, die nicht immer Sinn machen oder tatsächlich langfristig Linderung bringen. Unsere Handlungen beruhen auf zwei Motivationen: Wir wollen Schmerz vermeiden und Freude erleben.

Wir ticken im Grunde extrem simpel: Alles, was Freude macht und Schmerz vermeidet, ist erst mal erstrebenswert.

Das ist auch einer der Hauptgründe, warum es so viele Menschen gibt, die auf Alkohol, Drogen, Abhängigkeiten, Manipulationen, Dramen oder andere schädliche Dinge stehen und das, obwohl sie wissen, dass es gefährlich werden kann. Drogen und übermäßiger Alkoholkonsum sind deshalb so gefährlich für viele Menschen, weil sie erst mal Freude bereiten, den Schmerz vergessen lassen und der Kopf frei vom inneren, zermürbenden Smalltalk wird. Erst im nächsten Schritt kommt das böse Erwachen. Natürlich klingt es auch erst mal sehr verlockend, wenn uns jemand verspricht, dass wir nur durch deren bloße Anwesenheit Heilung finden, wir selbst nichts dafür tun müssen oder uns das Gefühl von Halt und Orientierung vermittelt wird, obwohl es sich in Wahrheit um eine schädliche Abhängigkeit und Manipulation handelt. Erst mal klingt das alles nicht nur nach Erleichterung, sondern es fühlt sich auch danach an. Genau deshalb verleitet uns das Gefühl der Freude auch dazu, Dinge zu tun oder bei Menschen zu bleiben, die nicht gut für uns sind. Gerade wenn wir uns verwundet fühlen, sind wir anfällig für Heilversprechen oder Verlockungen.

Natürlich bereitet es im ersten Moment auch Freude,

wenn wir in einem gratis YouTube-Video hören: »*Du willst die Vergangenheit hinter dir lassen, sieh dir einfach nur dieses Video an, kaufe meinen Onlinekurs und ich zeige dir, wie du nie wieder Leid erlebst!*« »*Du willst reich sein? Denke dich einfach reich und du wirst dir alles leisten können!*« oder »*Du willst nie wieder Leid erleben? Denk dich einfach glücklich!*«

Den meisten Menschen sagt der gesunde Menschenverstand, dass das nicht so einfach gehen kann. Aber wenn jemand auf der Suche und verzweifelt ist und womöglich dem Irrtum unterliegt, das Leben wäre rundum berechenbar, man müsse nur lernen wie, können solche Sätze zum heiligen Gral werden. Viele Menschen praktizieren, was sie da hören und »denken sich täglich reich, glücklich, schön und berühmt«, erleben jedoch, dass sich das gewünschte Seelenglück nicht einstellt, so sehr sie sich auch bemühen. Sie fühlen sich anschließend schlechter als je zuvor und es besteht die Gefahr zu denken: »*Nicht einmal das kann ich. Schau, alle anderen denken sich einfach reich, glücklich und schlank, bei mir klappt das nicht. Ich bin eben ein Pechvogel und Taugenichts, das war ich schon immer.*«

Es ist wichtig zu realisieren, dass die Aufarbeitung einer schlimmen Vergangenheit Zeit, Fürsorge und begleitende Experten benötigt und nicht im Seelen-Fastfood-Restaurant auf Bestellung abgeholt werden kann. Vielleicht gibt es Menschen, die ein »Wunder« erlebt haben und daraus Kraft schöpfen, den Glauben daran möchte auch ich mir bewahren. Aber die meisten Leute müssen ordentlichen Einsatz leisten, um nach Traumata wieder Kraft zu finden, den Alltag und das Leben zu bewältigen.

Selbstverständlich trägt die innere Einstellung sehr viel zur Lebensfreude bei. Doch entscheidend ist, wie wir uns selbst und das Leben wahrnehmen und erleben, vor allem wenn es mal schwierig wird. Wenn es so einfach wäre, sich einfach nur glücklich und frei zu denken und den Schmerz von damals einfach mal eben mit ein paar positiven Gedanken und guten Gefühlen hinter uns zu lassen, dann würde, da bin ich sicher, keiner von uns auch nur einen Tag im Unglück leben. Der Mensch will grundsätzlich zufrieden und glücklich sein. Wir scheitern nicht am Wollen, sondern am Wie. Die Suche nach dem »Wie« kann uns näher an uns heranführen, aber auch vom Weg abbringen, vor allem wenn die Verlockungen an jeder digitalen Ecke laut nach uns (und unserem Geldbeutel) schreien. Manches im Leben können wir uns weder erkaufen noch »schnell« eliminieren oder durch fleißiges Üben erlangen. Gewisse Dinge, wie das Überwinden einer schrecklichen Vergangenheit, braucht unsere Geduld, eine liebevolle Zuwendung und die Bereitschaft, deren Existenz (aus)-zuhalten, ohne die Angst, daran zu zerbrechen.

Trennung, Krankheit, Jobverlust treffen uns oft unvorbereitet. Das Leben konfrontiert uns alle mit schicksalhaften Bedingungen, ob wir sie nun gut finden oder nicht. Wenn wir Sinn im Unglück finden können, kann unser Blick wieder in Richtung Horizont gehen. Deshalb ist es im ersten Schritt wichtig, uns bewusst zu machen: Wodurch kann ich mich den Begebenheiten anpassen, ohne an ihnen zu zerbrechen? Was würde mir dabei helfen, aus den Zitronen des Lebens Limonade zu machen?

Wir alle überwinden unser Schicksal anders. Es gibt Praktiken und Dinge, die uns am Weg behilflich sein können, und es gibt Praktiken und Dinge, die uns schaden oder zurückwerfen. Herauszufinden, was genau uns guttut und was nicht, ist wohl ein erster wertvoller Schritt, um die Zitronen des Lebens annehmen zu können. Denn erst wenn wir wissen, was uns wirklich guttut, können wir auch Wege finden, mehr davon zu tun.

Manche von uns finden in Meditation, in Ritualen, im Glauben oder in Religion ihre persönliche Quelle der Kraft, andere nicht. Ihnen tut es gut, spazieren zu gehen, Sport zu machen oder ein Buch zu lesen. Andere finden ihre Quelle in wissenschaftlichen Abhandlungen, Werten, Regeln oder Gesetzen. Wieder andere an Urlaubsorten, in gutem Essen oder einem erfüllenden Job und in einer glücklichen Beziehung. Wir alle gehen mit dem Schicksal anders um, weil auch jedem von uns andere Bewältigungsstrategien wohltun.

Andere wiederum finden ihre Ressource im Alkohol, in exzessiven Affären, im Davonlaufen vom Schmerz, im Bleiben in schädlichen Beziehungen oder Berufen, die nicht erfüllen.

Es gibt am Weg zur Bewältigung der Vergangenheit keine allgemeingültigen Regeln und Konzepte, vielmehr unzählige individuelle Pfade. Wichtig ist allerdings, dass wir irgendwann einen Weg finden, der weder uns selbst noch anderen schadet. Wenn wir lange Zeit den Schmerz der Vergangenheit nur dadurch bewältigen können, indem wir uns oder anderen wehtun, verbittern wir eines Tages nicht nur, sondern ersticken auch an den Zitronen, weil wir versuchen, sie ohne sie zur Limonade zu pressen, zu trinken. Wir kommen nicht daran vorbei, die Schicksalsschläge, nicht nur irgendwie runterzuschlucken, sondern sie auch zu verdauen.

Eine sinnvolle Frage ist deshalb: »*Wodurch könnte ich, trotz allem, was mir widerfahren oder eben nicht widerfahren ist, ein für mich erfüllendes Leben führen? Was und wen genau brauche ich dazu und was und wen nicht? Wer könnte mir dabei helfen?*«

Das »Wofür« gibt uns Zukunft, Sinn und Bedeutung

Wir sind trotz allem Unliebsamen, das uns im Leben widerfährt, und auch wenn wir das erst mal nicht glauben können, jederzeit dazu in der Lage, den Ereignissen in unserem Leben einen Sinn zu geben, der entweder für eine zuversichtliche und innerlich kraftvolle Gewissheit sorgt oder uns verzweifeln lässt. *Unsere Macht über das Schicksal besteht nicht darin, alles dafür zu tun, um ihm zu entkommen, es zu vermeiden, zu kontrollieren oder zu bezwingen, sondern ihm eine individuelle und sinnvolle Bedeutung zu geben und es dadurch zu überwinden.*

Damit das passieren kann, ist es im ersten Schritt notwendig, nicht nach dem »Warum«, sondern nach dem »Wofür« zu fragen.

Irgendwann beherrscht uns das »Warum« so sehr, dass die Gefahr besteht, sich in der eigenen Vergangenheit zu verlieren. Das »Wofür« hingegen gibt uns eine Perspektive, einen Horizont und somit auch ein Zuhause.

Wir denken zwar, dass wir uns gemeinsam mit dem »Warum«, auf der Suche nach einem zufriedenen Selbst befinden, das dazu in der Lage ist, Unerträgliches zu überwinden und das eigene Leben zurückzuerobern, erkennen womöglich aber frustriert, dass diese Suche in einer Art Hamsterrad enden kann.

Wir beginnen damit, alles und jeden bis ins Detail zu sezieren und kreisen ab einem gewissen Zeitpunkt, wie du bereits gelesen hast, nicht mehr um die Findung einer Ressource, sondern um die Suche nach Schuld, Scham und Verurteilung.

Der Psychiater und Neurologe Viktor Frankl sprach bereits vor 100 Jahren darüber und er warf den Gedanken ein, stattdessen eine Antwort auf das »Wofür« im Leben zu suchen. Viktor Frankl überlebte vier Konzentrationslager und hätte 1941 rechtzeitig fliehen können, wollte seine Eltern aber nicht im Stich lassen. Er verlor seine Frau, seinen Bruder und seine Eltern in den Gaskammern der Nazis.

Sein Schicksal berührt in vielerlei Hinsicht und seine Haltung beeindruckt. Seine zentrale Erfahrung ist, dass einem Menschen alles genommen werden kann bis auf eines: die persönliche Entscheidungsfreiheit, wie er mit den Umständen umgeht. *»Sich zu den gegebenen Verhältnissen so oder so einzustellen«*, beinhaltet die Freiheit, sagen zu können: *»Ich entscheide, wie ich mit dem Schicksal umgehe, komme, was wolle.«* In seinen Büchern erzählt Viktor Frankl, wie ihm als KZ-Insassen neben der Familie, der Hoffnung und der Würde auch die Körperbehaarung genommen wurde und er zeitgleich erkannte, dass ihm niemand den Sinn in seinem Leben nehmen kann. Er sagte: *»Gerade eine außergewöhnlich schwierige äußere Situation gibt dem Menschen Gelegenheit, innerlich über sich selbst hinauszuwachsen.«*

Es gibt unzählige Berichte von Menschen, die ihrem Schicksal tapfer ins Auge blicken konnten und daraus eine

Ressource für die Gegenwart zogen. Aber es gibt mindestens genauso viele Menschen, die in ihren Erinnerungen der Vergangenheit wie Superkleber feststecken. Gerade in der Selbsthilfebranche gewinnen wir ab und zu den Eindruck, es würde eine Art Wettkampf im Überwinden von Herausforderungen entstehen, der Druck macht. »*Wem es gelingt, Altes zu überwinden, der hat es geschafft!*« Auch in diesem Gedanken findet sich bedauerlicherweise die falsche Annahme, die Überwindung des Schicksals wäre mit Leistung verbunden.

Für viele Menschen scheint ein Entrinnen des eigenen Schicksals unmöglich und die Wut oder Depression finden ihr Zuhause im gebrochenen Herzen. Begegnen sie hier noch der Erwartung, ihren Schmerz hinter sich lassen zu müssen, kommt zu Depression, Wut oder Reue auch noch das Gefühl des Versagens hinzu.

Einer der größten Unterschiede zwischen beiden Herangehensweisen ist weder Intelligenz, Herkunft, Reichtum, Bildung oder bestimmte andere Umstände, sondern die Art und Weise, wie wir gelernt haben, auf Ereignisse zurückzublicken und zu reagieren. Die Reaktion auf Schicksalsschläge ist häufig erlernt. Starb jemand, wurde schwer krank oder trennte sich, reagiert das Umfeld häufig gleich: mit Entsetzen, Trauer, Wut und Bedauern. Wir sind von klein auf darauf trainiert worden, das ungewollte Schicksal als grausam wahrzunehmen, und wir sind dem hilflos ausgeliefert.

Wurde uns womöglich sogar beigebracht, dass ein Schicksalsschlag etwas mit unserer Intelligenz, Herkunft, Reichtum, Bildung oder bestimmten Umständen zu tun hätte und wir selbst oder aber andere die Schuldigen wären, fällt uns die Sinnfindung um einiges schwerer. »*Du bist schuld*« und »*Was hast du jetzt schon wieder angerichtet?*« sind negative, frühe Prägungen eines Erziehungsstils, der auf Strafen basierte. Somit wurden Generationen darauf trainiert, das Schicksal als etwas anzusehen, in dem es nur Verlierer geben kann. Es macht einen Unterschied, ob man einem Kind, nachdem es ein Glas Milch verschüttet hat, beibringt, dass Fehler und Missgeschicke nun mal passieren und es sie wieder in Ordnung bringen kann, oder ob ein Kind bestraft und ausgeschimpft wird – jedes Mal, wenn etwas schiefgeht.

Wenn wir anschließend im Laufe unseres Lebens durch eigene Erfahrungen, liebevolle Wegbegleiter oder Mentoren, eine Psychotherapie oder auch ein gutes Buch erfasst haben, dass wir selbst, was auch geschieht, immer auch das Potenzial in uns tragen, den Umständen eine neue, lösungsorientierte und erfüllende Bedeutung zu geben, gelingt es deutlich besser, den Ereignissen im Leben die Stirn zu bieten und Vergangenes nicht ausschließlich als Tyrannen, sondern als Ressourcenquelle anzuerkennen.

Ein simples Beispiel: »*Wofür verschüttet ein Kleinkind Milch?*« Zwei mögliche Antworten wären: »*Um zu lernen, dass es Schwerkraft gibt und die Milch nicht einfach auf der Decke, sondern am Boden landet.*« Aber auch: »*Um zu lernen, wie es gelingen kann, die Milch in den Becher zu bekommen, statt auf den Boden.*« Dafür braucht es Übung.

Die Wofür-Frage führt am Ende des Gedankenkarussells zu einem Sinn. Die Sinnhaftigkeit ist eine notwendige Voraussetzung, um Vergangenes zu bewältigen und eine potenziell positive Zukunft erkennen zu können.

Wenn wir wissen, wofür etwas passiert ist, fällt es uns deutlich leichter, auch das Gute, Wahre und Schöne wieder wahrzunehmen.

Wenn wir beispielsweise eine schlimme Trennung erlebt haben, Jahre später aber die Liebe unseres Lebens kennenlernen, können wir das Alte deutlich leichter hinter uns lassen. Wir erkennen den Sinn der Trennung, weil wir dadurch etwas Besseres im Leben erfahren konnten. Schwieriger wird es, wenn wir Traumata erlebt haben, deshalb widme ich diesem Thema ein eigenes Kapitel.

Aber auch die Wofür-Frage hat das Potenzial, uns in Panik geraten zu lassen, vor allem wenn wir den Sinn nicht mehr wahrnehmen können und die Antwort schuldig bleibt. *»Wofür tue ich das alles eigentlich (noch)?«* ist ein Satz, den wir alle kennen, sobald wir keinen Ausweg mehr sehen.

Finden wir keine Antwort auf diese Frage, empfinden wir eine Situation oder gar unser Leben als sinnlos. Dieser Satz zeigt eine innere Not an, die sagt: *»Bitte hilf mir, den Sinn in dieser Situation zu finden.«* Es frustriert, wenn wir keine Antwort erhalten, und deshalb tendieren wir dazu, die Hoffnung aufzugeben. Nicht etwa, weil es tatsächlich keinen Ausweg gibt, sondern weil wir diesen nicht sehen können. Im Grunde fordert uns die Frage: *»Wofür tue ich das alles eigentlich?«* dazu auf, tiefer nach dem Sinn zu graben und unseren bisherigen Horizont zu erweitern.

Sobald der Sinn im Leben gefunden ist, schöpfen wir neue Kraft und haben nicht den Eindruck, dass etwas *»umsonst«* oder *»ausschließlich und nur mies«* war. Es ist gerade im Angesicht des Schreckens unsere Aufgabe, unser Leben weiterhin zu würdigen und so lange nach dem Sinn zu suchen, bis wir ihn gefunden haben. Eine Depression beginnt meist damit, dass der Sinn nicht gefunden wird. Um ihr Einhalt zu gebieten, ist es notwendig anzuerkennen, dass wir mit unserem eigenen Latein am Ende sind und Unterstützung auf der Suche nach Antworten benötigen. Wir dürfen keine Scheu mehr haben, uns diese zu holen.

Auch die Bitte um Hilfe ist eine Würdigung des eigenen Lebens und Schicksals.

Wir können durch das »Wofür« eine Bedeutung und damit auch eine neue Ressource finden, wenn wir uns von ihm nicht abschrecken lassen. Bleibt die Wofür-Frage unbeantwortet, liegt das jedoch selten daran, dass der Sinn tatsächlich abhandengekommen ist, sondern dass wir den eigenen Lebenssinn mit viel zu hohen Maßstäben messen. Wenn wir glauben, dass das eigene Leben nicht von Sinn erfüllt ist, liegt das mit Sicherheit daran, dass wir uns zu hohe Ziele gesetzt haben oder uns zu sehr mit anderen vergleichen. Das tun wir häufig, um den Rückschluss zu ziehen, dasselbe wie die anderen ebenfalls erreichen zu wollen und um einen Antrieb im Vergleich zu finden. Der Vergleich mit anderen kann uns bestenfalls antreiben, das eigene Potenzial voll auszuschöpfen und schlechtestenfalls komplett blockieren. Im schlimmsten Fall entnehmen wir daraus den Beweis dafür, dass wir schwach, wertlos und unzureichend sind oder das Leben uns bestraft, ablehnt und nicht liebt.

Unsere Gedanken kreisen um alle Entbehrungen, jeden Mangel und den damit verbundenen Schmerz, der – so ein Gedanke in den dunklen Stunden der Seele – andere, nicht aber uns ereilen hätte sollen. Solche Gedanken bewerten wir als »schlimm« und fühlen uns noch schlechter – die Spirale des Tyrannen beginnt.

Doch darin versteckt sich auch ein Rettungsseil, das wir häufig als solches nicht erkennen können, weil wir uns erst mal noch weiter in den Sumpf des Tyrannen ziehen lassen.

Der Gedanke beinhaltet vielmehr ein tiefes Wissen: Ich habe das nicht verdient!

Dieses »das« bezieht sich nicht auf das Ereignis selbst, das sich leider nicht mehr rückgängig machen lässt, selbst wenn wir das noch so sehr wünschen, sondern vielmehr auf die Art und Weise, wie wir ihm begegnet sind.

Wenn du diesen Gedanken hast, gib ihm folgende Antwort: *»Ja das stimmt, ich habe das nicht verdient. Ich habe nicht verdient, dass es diesem Schicksalsschlag jetzt auch noch gelingt, mir meine Zukunft zu rauben. Ich habe es nicht verdient, jetzt auch noch depressiv zu werden, und deshalb sorge ich dafür, das Steuerrad meines Lebens zurückzuerobern und hole mir Hilfe! Denn ich habe tatsächlich etwas Besseres als das verdient!«*

Wenn Menschen in die Depression kippen, fehlt die befriedigende Antwort auf das »Wofür« häufig. Nichts scheint wirklich sinnvoll oder nützlich und der eigene Daseinszweck wird ohne das »Wofür« immer mehr hinterfragt. Sobald depressive Menschen die Antwort auf die Wofür-Frage auf ein machbares Minimum herunterbrechen und auf die Frage: *»Wofür stehe ich heute auf?«* die Antwort geben können: *»Um zu demonstrieren, wer ich wahrhaftig bin – ein wertvoller und wichtiger Mensch, was auch immer ich tue«*, das DASEIN also erstmalig genügt, kann die Antwort eine neue Richtung geben. Es kann dadurch beispielsweise gelingen, selbst die kleinsten geschafften Dinge des Alltags wieder wertzuschätzen und nicht als nichtig abzustempeln.

Stellten depressive Menschen, alles was sie bisher taten, in die »Ist-doch-nichts-wert«-Ecke, so können sie dadurch lernen, nach und nach anzuerkennen, dass selbst das morgendliche Aufstehen und der Gang zur Toilette eine Antwort darstellt. Die Würdigung der völlig »normal scheinenden Dinge« kann wieder zurück ins Leben holen, so banal das auch klingen mag. Wenn Menschen, die den Sinn nicht mehr erkennen können, weil die Erwartungen viel zu hoch waren, den Fokus auf die minimalen Leistungen legen lernen, stellt das eigene Dasein wieder zufrieden, und der Weg raus aus der Depression kann beginnen.

Wir halten Ausschau nach allem, was guttut oder finden wieder Wege, wie uns auch Beschäftigungen wohltun können, die wir zuvor vielleicht ablehnten oder geringschätzten.

Doch nicht nur depressive Menschen sind davon betroffen, sondern auch viele andere. Wenn wir unrealistische Erwartungen an uns und das Leben auf ein unerfüllbares Maximum hochschrauben, beinhaltet das auch die Gefahr der Enttäuschung. Wenn wir von uns oder anderen deutlich mehr erwarten als jemals gegeben werden kann, enden wir in einem permanenten Gefühl der Enttäuschung. Häufig sind uns diese Erwartungen aber gar nicht bewusst. Wir wundern uns nur irgendwann darüber, dass wir immer wieder dieses Gefühl der Enttäuschung erleben, wissen aber nicht wirklich warum und verteilen so unbewusst die »Schuld«. Erst wenn wir uns die Zeit nehmen, uns hinsetzen und genau aufschreiben, was wir von uns selbst beruflich, partnerschaftlich, finanziell, gesundheitlich und emotional oder spirituell erwarten, können wir realisieren, ob das wirklich realistische und umsetzbare Ziele sind. Es kann schon enorm helfen, sich drei davon rauszupicken und dadurch zu priorisieren. Der Fokus auf diese konkrete Wahl macht unsere Erwartungen viel leichter umsetzbar als unausgesprochene Erwartungen.

Erwartungen an uns und das Leben sind so lange beflügelnd, wie sie uns an unser Potenzial, unsere Ressourcen und innere Stärke erinnern, aber schädlich, wenn sie uns nur noch aufzeigen, was wir alles nicht erreichen konnten.

Robin Williams war ein begnadeter Schauspieler und wundervoller Mensch, der weltweit nicht nur bekannt war, sondern auch geschätzt und geliebt wurde. Er hatte eine wunderbare Frau, tolle Kinder, große Häuser, ein prall gefülltes Konto und alles, was das menschliche Herz begehrt. Aber er nahm sich das Leben. Warum tat er das, obwohl er doch scheinbar alles hatte? Er sprach zeit seines Lebens offen über seine Drogensucht und schweren Depressionen. Außerdem über die Einsamkeit, die er als Kind aufgrund zahlreicher Umzüge und mangelnder Freundschaften empfand und niemals überwand.

Nach seinem Tod stellten die Ärzte eine Erkrankung fest, die zu Depressionen und Stimmungsschwankungen führte. Er nahm sich vermutlich deshalb das Leben, weil er keinen Sinn mehr darin sah, weiter zu existieren. Die Hoffnung kam ihm abhanden, obgleich er scheinbar alles hatte. Eine menschliche Tragödie und die Frage »*Wäre es zu verhindern gewesen?*« kennt jeder, der einen geliebten Menschen durch Suizid verloren hat. Die Antwort ist nein. Denn jeder Mensch trägt ab einem gewissen Zeitpunkt selbst die Verantwortung für sein Leben. So schwer diese Tatsache auch zu ertragen ist. Gerade nahe Angehörige von Menschen, die freiwillig aus dem Leben schieden, leiden oft furchtbar unter der Frage: »*Wie konnte ich das nur übersehen?*« Ich bin sicher, sowohl die Familie von Williams als auch die Angehörigen von Menschen, die aus dem Leben schieden, taten alles, um ihnen das Gefühl der Liebe und Nähe zu geben, aber sie wählten dennoch einen anderen Weg. Das freiwillige Aus-dem-Leben-Gehen können wir nur akzeptieren lernen und dürfen nicht zulassen, dass die Hoffnungslosigkeit anderer auch zu unserer wird, so sehr wir sie auch liebten und so schwer es auch ist.

Haben wir jemanden verloren, den wir über alles liebten, fragen wir uns oft: »*Hätte ich mehr tun sollen?*« An dieser Stelle müssen wir uns immer und immer wieder sagen: »*Einzig und allein durch mein Dasein und die Liebe, die ich in meinem Herzen für diesen Menschen hatte, habe ich alles mir Mögliche getan.*«

Wir können das Rad der Zeit und der Entscheidung, die ein Mitmensch traf, bedauerlicherweise nicht mehr zurückdrehen. Wir können nur nach und nach, mit viel Liebe und Geduld uns selbst gegenüber, lernen zu akzeptieren, was geschah, auch wenn es uns beinahe das Herz zerreißt. Am besten gelingt das, wenn wir gedanklich dem Verstorbenen sagen können: *»Es zerreißt mir das Herz, wozu du dich entschieden hast, und meine Gedanken kreisen ständig darum, wie ich es hätte verhindern können. Da ich dich liebe, versuche ich alles, um deine Entscheidung zu respektieren. Ich muss sie nicht verstehen, aber ich möchte dich wissen lassen, dass ich sie als das anerkenne, was sie ist: der Weg, den du gewählt hast. Ich möchte lernen, die schönen Momente mit dir zu bewahren und den Schmerz, den dein Tod auslöst, dadurch zu heilen.«*

Leid entsteht häufig, wenn wir einfach nicht akzeptieren wollen oder können, was ein anderer für sich wählte. Leid, so tragisch das auch klingt, ist häufig eine Wahl, die wir treffen, weil wir denken, wir hätten das Geschehene irgendwie verhindern können.

Doch wenn der Mensch den Sinn für sich und in sich selbst verliert, kann er besitzen, sein und haben, was er will, es reicht nicht mehr aus. Was auch immer also das liebende und fürsorgliche Umfeld getan hätte, es hätte für den erwachsenen Verstorbenen vermutlich nicht ausgereicht. Schwieriger mit der eigenen Versöhnlichkeit wird es, wenn es zuvor Streit gab und wir tatsächlich den Eindruck haben, aufgrund realistischer Zwischenfälle, wir hätten uns anders verhalten sollen. In diesem Fall empfehle ich dringend, dir professionelle Unterstützung zu holen, denn die Selbstvorwürfe und das entstandene Trauma können dich innerlich zerfressen. Hier braucht es sehr viel liebevolle Fürsorge und letzten Endes das Bewusstmachen: *»Ja, es wäre vermutlich besser gewesen, ich hätte mich anders verhalten, aber ich* *konnte es zum damaligen Zeitpunkt einfach nicht. Trotz allem trage ich keine Schuld.«*

Wenn wir merken, dass uns jemand davon berichtet, aus dem Leben scheiden zu wollen, weil es unerträglich geworden ist, können wir im ersten Schritt Folgendes tun: Die Hand der Person achtsam in die unsere legen, ihr in die Augen sehen und fragen: *»Kannst du mir versprechen, dass wir uns am Tag x wiedersehen?«* Weicht dein Gegenüber aus oder zweifelt, ja erwähnt sogar erneut, wie schwer alles ist und dass der Tod die einzige Erlösung ist, musst du bitte Hilfe holen. Entweder die Polizei, einen Psychotherapeuten oder eine Beratungsstelle. Du findest im Anhang entsprechende Telefonnummern. Manches Mal reicht unsere Liebe nicht aus, auch wenn sie unendlich ist.

Jeder Mensch hat eine Existenzberechtigung und ist von Bedeutung, doch es gibt viele, die sich dessen nicht (mehr) bewusst sind, aus welchen Gründen auch immer. Häufig und vor allem nach Schicksalsschlägen, oder wenn wir anfangen, uns an eine schlimme Kindheit zu erinnern, fehlt die Perspektive. Genau deshalb ist es notwendig, einander zuzuhören und zu ermutigen, professionelle Hilfe in Anspruch zu nehmen. *»Steck es halt einfach weg«* oder *»Reiß dich zusammen«* sind Sätze, die nicht weiterhelfen und eher das eigene Unvermögen, da zu sein und Halt zu geben, aufzeigen. Deshalb ist es wichtig, dass wir sehr achtsam miteinander umgehen, sobald Überwältigendes geschieht. Wir erwarten voneinander häufig ein »schnelles Funktionieren oder Überwinden«, doch das ist nicht für jeden möglich.

Vieles im Leben braucht Zeit, vor allem die Heilung von seelischen Wunden.

Da wir in unserer Gesellschaft mit großem Bedauern beigebracht bekommen, dass die bloße Existenz nicht ausreicht, sondern so etwas wie Status, Karriere, Erfolg, Glück, Fleiß, Schönheit, Gesundheit, Vitalität, Beziehungen, Geld, Reichtum, Aussehen und mehr hinzuzukommen haben, um an Wert zu gewinnen und wir alle individuellen Maßstäbe für diese Wertermittlung haben, fühlen wir uns im Vergleich zu anderen häufig als Verlierer. *»Ich bin nicht gut genug«* und *»Ich reiche nicht«* sind Sätze, die sich beinahe schon in die menschliche DNA eingeschlichen haben.

Die Folge kann so weit gehen, dass wir depressiv werden und im schlimmsten Fall sogar im Tod enden, wie Williams oder seit geraumer Zeit auch zahlreiche Schüler und Teenager, die Mobbing und Ausgrenzung erlebten.

Ich möchte an dieser Stelle an sämtliche Begleiter von Kindern und auch an das Bildungssystem appellieren. Vielleicht gelingt es uns doch gemeinsam, unseren Kindern und einander innerhalb eines Unterrichtsfaches und innerhalb der Schulgemeinschaft zu vermitteln: *»Ja, du bist willkommen, genauso wie du bist. Du musst deinen Wert weder unter Beweis stellen noch darum ringen. An dir ist weder etwas falsch, noch muss etwas repariert werden. Wo auch immer du herkommst und wie auch immer du aussiehst, du bist richtig, wichtig und willkommen. Aus Fehlern und Missgeschicken kannst du wertvolle Ressourcen schöpfen und Sinnvolles lernen. In dir liegen verborgene Talente, die wir gemeinsam entdecken und fördern.«*

Gleichzeitig ist es unabdingbar, einander immer und immer wieder daran zu erinnern, dass ein Mensch ab einem gewissen Alter für sein Leben selbst verantwortlich ist und gerade Menschen, die füreinander ihr Bestes geben, niemals Schuld tragen, wenn geliebte Mitmenschen aus dem Leben scheiden.

Vom Sinn des Lebens und Tunneln voller Licht

Die Suche nach dem Sinn unseres Lebens gestaltet sich selten einfach. Eine zentrale Frage, die uns dabei begleitet, ist:

Was genau muss passieren, damit ich mir eine Daseinsberechtigung erteile, mich wertvoll fühle und mein Leben einen Sinn hat?

Dabei spielen, wie schon zuvor erwähnt, Erwartungen natürlich eine große Rolle. Je unerreichbarer diese sind, desto schwerer wird es, den Sinn des eigenen Lebens zu finden. Denn wenn es nicht ausreicht, beispielsweise »nur« eine Lehre, aber kein Studium gemacht zu haben, werden wir ein Leben lang an uns zweifeln.

Sobald wir das Gefühl haben, dass das eigene Sein nicht ausreicht, um ein Recht auf das Hier und Jetzt zu haben, verlieren wir uns entweder in Grübeleien über Vergangenes, mit der Frage: »*Was hätte ich anders machen können, um endlich akzeptiert zu werden?*« oder in der Zukunft, mit der Frage: »*Wie sollte ich sein, damit mein Leben anders aussieht?*« Im Grunde steckt dahinter das Grundbedürfnis, von anderen akzeptiert zu werden. Wir alle wollen von unserem Umfeld gemocht und angenommen werden, weil es in uns verankert ist, zum »Rudel« dazuzugehören. Niemand möchte ausgegrenzt oder verstoßen werden. Es macht einen großen Unterschied, ob wir uns von anderen zurückziehen, in dem Wissen: *»Ich kann wieder zurück zu euch und bin jederzeit willkommen«*, oder ob wir sagen: *»Ich ziehe mich von euch zurück, weil ihr mich nicht so annehmt, wie ich bin, und ich alleine besser dran bin.«* Manches Mal passiert es aber auch, dass wir uns vor unserer eigenen Größe zurückziehen und uns selbst ablehnen.

Das Hier und Jetzt wird auf eine gewisse Weise unerträglich, weil wir uns schlicht nicht so akzeptieren können, wie wir sind. Das häufig deshalb, weil wir Ablehnung durch Dritte erfahren haben. Einer Selbstablehnung geht auf irgendeine Weise eine Fremdablehnung voraus.

Es kann in Folge zur Lebensaufgabe werden, beispielsweise die Ablehnung der eigenen Eltern zu bewältigen, ohne sich selbst abzulehnen. *»Das ist eure Meinung über mich, ich vertrete eine andere, und dazu habe ich das Recht und auch die Freiheit.«*

Wir sind stets auf der Suche nach dem *»Warum war ich ihnen nicht genug?«* Sobald wir mit Eltern oder anderen Kindheitsbegleitern groß geworden sind, die Erwartungen an uns hatten, die wir nicht erfüllten konnten, sitzt tief in uns der Zweifel, und wir haben das Gefühl, uns alles, was wir tun, erkämpfen zu müssen. Wir können die Dinge nicht im entspannten Flow geschehen lassen und uns gut mit uns und unseren Entscheidungen fühlen. Im Hinterkopf sitzt immer dieser Erwartungstyrann, der uns folgendes Mantra ins Ohr flüstert: *»Ob das mal gut geht? Vermutlich wirst du scheitern.«*

Die Natur hat es in erster Linie so eingerichtet, dass wir den Eltern und anderen Kindheitsbegleitern gefallen wollen, deshalb sehen wir in der Regel auch zu, dass wir deren Erwartungen erfüllen, einfach weil wir ansonsten aufgeschmissen gewesen wären. Als Kind ist da diese Abhängigkeit, denn wie hätten wir ansonsten überleben sollen? Ablehnung bedeutet für ein Kind auf irgendeiner Ebene auch die Gefahr zu sterben. Werden wir mit dieser Angst groß, zieht sich das Muster der Anpassung weiter.

Wenn es etwa aufgrund diverser Prägungen nicht ausreicht, nur in einer Beziehung, aber nicht in der Ehe zu leben, werden wir den Sinn der Partnerschaft, in der wir leben, hinterfragen.

Wenn es nicht ausreicht, als erwachsener Mann »nur 2500 Euro« nach Hause zu bringen, werden wir uns stets unzureichend fühlen, obwohl der Job eigentlich Spaß macht und wir uns selbst im Grunde genügen.

Es ist für unsere Lebensqualität entscheidend, welche Erwartungen wir an uns haben, aber von wem diese Erwartungen stammen, spielt eine ebenso bedeutende Rolle.

Häufig kommt es vor, dass wir von den Geräuschen unzähliger Erwartungen Dritter abgelenkt sind, die auf uns einprasseln und die eigene Stimme gar nicht mehr hören können oder sogar nie wirklich gelernt haben, sie wahrzunehmen.

Erwartungen, die andere an uns haben, können sehr laut werden und prägen uns und unser Leben natürlich – oft mehr, als uns lieb ist.

»Du bist schon 35, du solltest schon längst verheiratet sein!«

»Du bist schon über 50, du solltest es schon besser wissen!«

»Du bist schon 43, du solltest endlich Kinder bekommen!«

»Du bist der Sohn eines Arztes, du solltest auch studieren!«

»Du bist Mutter, du solltest nicht mehr Party machen!«
»Du bist ein Mann, du solltest ihn auch stehen!«
»Du bist am Leben, du solltest dafür dankbar sein!«

Prasseln derartige Erwartungen auf uns ein, haben wir nicht immer das Gefühl, eine Wahl zu haben. Gerade wenn wir unserem Umfeld gefallen wollen, tun wir alles, um sie zu erfüllen. Während wir Entscheidungen treffen, hören wir viele Stimmen, manche sind hilfreich, andere blockieren. Es braucht schon sehr viel Selbstvertrauen, Lerneinheiten und Lebenserfahrung, um der eigenen Stimme wieder den Vorrang zu geben und ihr mehr zu vertrauen als den anderen.

Statt auf die innere Stimme zu hören, treiben uns die Erwartungen anderer aber allzu oft an. Viele entdecken erst ab 40, dass sie sich in vielen Belangen mehr auf fremde Meinungen verlassen haben als auf die eigene. Diese Erkenntnis kann mitunter wie ein Schlag ins Gesicht sein. Sie tut weh. Vor allem wenn wir erkennen, dass sich das eigene Leben in eine Richtung entwickelt hat, die uns selbst gar nicht entspricht. Wir schauen dann womöglich zurück und erkennen reuevoll: *»Ich habe nicht das Leben gelebt, das ich eigentlich leben wollte.«* An dieser Stelle kann der Rückblick in die Vergangenheit einerseits hilfreich sein, um herauszufinden, wo wir uns auf irgendeine Weise zu sehr angepasst haben, auf der anderen Seite kann er zum Nährboden für Schuld, Scham und Vorwurf werden. Die Rückschau ist stets ein kritischer Moment, dem wir mit Achtsamkeit begegnen sollten.

Das Gefühl der Reue entsteht, wenn wir zurückblicken und den Eindruck gewinnen, gar nicht wirklich gelebt zu haben.

Der Blick in die eigene Vergangenheit kann vor allem dann reuevoll aussehen, wenn wir mehr auf andere als auf uns selbst vertrauten und erkennen: »*Das hat mir eher geschadet als genützt.*«

Sobald wir uns an so einem Punkt befinden, ist es wichtig, Reue richtig einzuordnen und nicht in ihr zu versinken. Denn sie ist im Grunde ein wichtiger Hinweisgeber. Sie stellt uns einige Fragen und bittet um unsere Antwort. Geben wir ihr diese, kann sie weiterziehen und wir können einen sinnvollen Rückschluss aus der Vergangenheit ziehen, wie beispielsweise: »*Ich bin erwachsen und nicht mehr abhängig von ›den Großen‹. Ich kann selbst für mich sorgen, und deshalb steht es mir auch zu, meine eigenen Entscheidungen nach meinen eigenen Maßstäben zu treffen. Mein Job ist, gut auf mich zu achten und zu lernen, mir selbst zu vertrauen.*«

Die Reue fragt dich:

- Habe ich inmitten dieser vielen Stimmen das Gefühl, wichtig und von Bedeutung zu sein, oder habe ich mich zu sehr angepasst? Wenn ja, wonach ist mir wirklich? Was will ICH eigentlich?
- Habe ich das Gefühl, wirklich offen, ehrlich und ganz mein Leben zu lieben oder habe ich mich meinem Leben verschlossen? Bin ich innerlich hart geworden und habe das Gefühl, an dieser Härte zu zerbrechen? Wenn ja, was will ich wirklich? Wonach sehnt sich mein Herz? Was muss passieren, damit ich mich wieder öffnen kann, und wie könnte ich mir das selbst erfüllen, anstatt in Abhängigkeit von der Meinung Dritter zu bleiben?
- Habe ich inmitten all dieser Stimmen das Gefühl, Spuren hinterlassen zu können, die von Bedeutung sind? Was macht mir wirklich Freude und erfüllt mich? Welcher Leidenschaft kann ich nachgehen, die mir Freude bereitet?

Reue ist die Aufforderung, das Leben nach eigenen Maßstäben und eigenen Erwartungen zu leben.

Dazu sollten wir uns die Zeit nehmen herauszufinden, was uns wirklich wichtig ist und dürfen nicht allzu streng mit uns und anderen sein. Zu erforschen, was genau wir wollen, braucht Zeit, und häufig gelingt uns eine Antwort erst, wenn wir erfahren haben, was wir *nicht* wollen.

Die sogenannten »Fehler« sind auch Ereignisse im Leben, die uns darauf aufmerksam machen, was wir uns stattdessen wünschen. Häufig erkennen wir den Wert von etwas erst, wenn es uns genommen wurde. Somit ist auch ein Verlust ein Hinweisgeber darauf, dass uns etwas wirklich wichtig war und wir werden entsprechend unsere Werte anpassen oder sogar verändern. Wenn wir halbherzig eine Beziehung führten und anschließend vom Partner verlassen wurden, kann es sein, dass wir zukünftig dafür sorgen, der Partnerschaft eine höhere Priorität einzuräumen als zuvor. Wir bereuen womöglich unser Verhalten von damals, aber nur so lange, bis wir es verändern.

Der Rückblick hilft nur dann, zurück ins Hier und Jetzt zu finden, wenn wir begriffen haben: *»So, jetzt bin ich groß und kann tun und sein, wer und was ich will! Ich übernehme die volle Verantwortung und passe meine Handlungen entsprechend meiner Werte an.«*

Das abhängige, unsichere Kind in mir kann mich mal … einfach leben lassen!

Unsere Erwartungen an uns selbst, andere und das Leben sind eng mit unseren Werten und Regeln verknüpft. Was meine ich damit?

Lass uns gemeinsam auf eine gedankliche Reise gehen. Denk an eine Situation oder eine Beziehung in deinem Leben, mit der du nicht zufrieden bist. Stell dir vor, diese Situation liegt in deinen Händen. Wie fühlt sie sich an? Schwer? Leicht? Wie ein Stein, ein Knäuel Wolle oder eher wie ein unangenehmes Insekt?

Fühle, wie sich diese eine Situation oder Beziehung anfühlt. Womöglich stellst du fest: »*Schwerer, als ich dachte*« oder vielleicht sogar: »*Genauso, wie sie sich bisher anfühlte.*« Dann stell dir in beiden Fällen die Frage:

Was muss passieren, damit ich mich trotz der Schwere dieser Situation wieder leichter fühle?

Die Antwort wird dir nicht nur Rückschlüsse auf deine Erwartungen, sondern auch auf deine Regeln und Werte in Bezug auf die Situation liefern.

Bist du zum Beispiel Single und antwortest: »*Ich muss einen Partner an meiner Seite haben und eine Familie gründen*«, wird sich dein aktuelles Leben, im Hier und Jetzt, unerfüllt und schwer anfühlen. Die Erwartung an dein Glück ist gebunden an einen Partner. Ist dieser nicht da, kann das Glück aus deiner Sicht nicht wirklich einziehen.

Besser wäre es zu sagen: »*Ich bin gerade dabei, meinen Partner zu finden und freue mich schon sehr auf die Begegnung.*« Mache deinen eigenen Wert nicht von einer Partnerschaft abhängig.

Bist du arbeitssuchend und antwortest: »*Ich muss einen Job haben, für den ich täglich aufstehe, um meine Familie zu ernähren«*, wird sich dein aktuelles Leben im Hier und Jetzt genauso unerfüllt anfühlen.

Besser wäre es zu sagen: *»Ich bin gerade dabei, einen Job zu suchen, der mir Freude bereitet. Ich bin sicher, ich finde ihn.«* Auch hier machst du deinen Wert nicht von deiner finanziellen Lage abhängig.

Haben wir zu wenig Geld und wir sagen: *»Ich muss mindestens 10.000 Euro auf dem Konto haben, damit ich mich besser fühle«*, kann uns die aktuelle Situation erschrecken und beängstigen, oder aber wir antworten: *»Ich bin gerade dabei, Wege zu finden, wie ich meine finanzielle Situation verbessern kann. Dadurch, dass ich mich für diese Wege interessiere, werde ich sie auch finden können. Ich muss nur am Ball bleiben.«*

Bist du übergewichtig und fühlst dich damit schlecht, wirst du sagen: *»Ich muss zuerst abnehmen, um mich wieder am Leben zu erfreuen!«*, und auch so wird sich dein Leben aktuell im Hier und Jetzt nicht gut anfühlen. Besser wäre es zu sagen: *»Ich bin gerade dabei, gut für mich zu sorgen und besser auf mich zu achten, das fühlt sich gut an und da bleib ich dran.«*

Erwartungen und die damit verbundenen Regeln können unser Hier und Jetzt motivieren und stärken oder demotivieren und schwächen.

Wenn wir aber realistische Erwartungen nach unseren eigenen Maßstäben haben und die damit verbundenen Regeln leicht erreichbar sind, erkennen wir einen Sinn und können das »Wie« deutlich besser ertragen.

Sagen wir uns beispielsweise: *»Dieser Tag wird grandios, ich bin so glücklich, einzig und alleine deshalb, weil ich über und nicht unter der Erde bin«* lässt sich das leichter erfüllen, als wenn wir, überspitzt ausgedrückt, sagen: *»Ich will, dass heute alles so läuft, wie ich es will. Jeder, der mir begegnet, soll lieb und respektvoll zu mir sein und lächeln, wenn er mich sieht. Außerdem will ich, dass keine Konflikte* *auftauchen. Ich hasse Probleme. Ich will, dass ich mich gut und fit fühle, super esse, genug trinke und schlafe. Passiert das nicht, fühle ich mich nicht glücklich …«*

Wenn wir so in den Tag starten, ist beinahe zu 100 Prozent sicher, dass wir an den Erwartungen scheitern werden, schon allein deshalb, weil sie so formuliert sind, dass sie von Dritten abhängig sind.

Sobald wir unser Glück an das Verhalten anderer knüpfen, rückt unser innerer Frieden weiter weg, in die Hände anderer, wo wir ihn alles andere als kontrollieren können.

Meist nagen wir an der Vergangenheit auch deshalb, weil wir unser Glück von Dritten abhängig machten. Sich das einzugestehen, braucht eine gewisse innerliche Bereitschaft, sich selbst auch vergeben zu können. Das fällt nicht immer leicht, deshalb werden wir später im Buch noch ausführlicher darüber sprechen.

Nehmen wir aber die Erwartungen in unsere eigenen Hände und gestalten sie so einfach wie möglich, ist die Wahrscheinlichkeit, im Hier und Jetzt zur Ruhe zu kommen, deutlich höher.

Fühlen wir die Erreichbarkeit der Erwartungen hingegen nicht, kommen wir irgendwann zwangsläufig dazu, entweder uns selbst, andere oder die Umstände infrage zu stellen.

An diesem Punkt wird es kritisch. Wenn das Ziel der Infragestellung ist, negative Verhaltensweisen, Erwartungen oder Einflussquellen zu verändern, um es uns und anderen im Alltag leichter zu machen, ist das sinnvoll. Wenn das Infragestellen aber dazu dient, uns zum Opfer und andere zum

Täter oder umgekehrt zu machen, kann das schnell sehr unangenehm werden und die Lebensqualität sinkt drastisch. Es macht einen Unterschied, ob wir sagen:

»Weil mein Vater so ein Arschloch war, ist mein ganzes Leben vermurkst« oder ob wir sagen: *»Weil mein Vater so ein Arschloch war, bin ich jetzt sehr fürsorglich und liebevoll im Umgang mit mir selbst und anderen.«*

»Positive Blaming« bedeutet: Ich bin mir bewusst, dass das Verhalten eines Anderen Auswirkungen auf mich hatte, aber ich gestalte, welche!«

Wir können also durchaus bei der Wahrheit bleiben, ohne uns dabei in der Reue über ein verpasstes Leben zu verlieren. Die Wahrheit ist wichtig und darf nicht geleugnet werden. Dann aber bitte beide Seiten der Medaille. *»Ja, mein Vater benahm sich wie ein Arschloch. Ja, ich nahm ihn und sein Verhalten lange Zeit als Begründung für mein vermurkstes Leben, aber jetzt ändere ich das! Das Kind in mir, das sich abhängig und schwach fühlt, kann mich mal! Mein Leben kann, trotz dieses Vaters, gut sein, und ich werde alles dafür tun.«*

Eines haben wissenschaftliche Studien gezeigt, nämlich dass vor allem die gegenwärtige seelische Verfassung sowie das aktuelle Verhältnis zur Familie die retrospektive Bewertung prägen. Die Gegenwart, das Hier und Jetzt, färbt demnach die Bewertung der Vergangenheit. Wer also schwere Zeiten erlebt, sucht auch nach schweren Momenten in der Vergangenheit, die die aktuelle Lage erklären könnten. Somit dient der Schmerz von damals als Erklärungsschablone für gegenwärtige Probleme. Ob es sich dabei um eine zufällige Kollision oder eine tatsächliche Brücke handelt, lässt sich in Eigenregie allerdings selten herausfinden und ist, um ganz ehrlich zu sein, nur sinnvoll, wenn wir wirklich nach einer Lösung und Ressource suchen. Ansonsten aktiviert eine persönliche Unzufriedenheit aktuell gern den inneren »Küchenpsychologen«.

Natürlich dienen simple Erklärungen erst mal dem Seelenfrieden, haben aber mit der Realität häufig wenig zu tun. Die Quellen unseres erwachsenen Ichs wollen eine Erklärung, finden sie jedoch nicht zwischen Tür und Angel und schon gar nicht auf Social Media, so gern wir die »Quick and Dirty«-Antwort auch hätten.

Es braucht Raum, Zeit und fachliches Wissen, um bestimmte Fragen zu beantworten, diese dürfen wir uns auch schenken.

Das ist kein Luxus, sondern vielmehr ein Bewusstsein dafür, dass uns unsere seelische Gesundheit am Herzen liegt.

Eines sei an dieser Stelle auch gesagt: Sobald wir die eigene Biografie mit jener von besser Gestellten zu vergleichen anfangen, speist sich daraus nicht selten eine Wut, die nicht immer förderlich ist. Kurzum: Haben wir einen Freundeskreis oder einen Partner, der von einer unglaublich glücklichen Kindheit berichtet, neigen wir dazu, die eigene Kindheit eher in Frage zu stellen, selbst wenn wir sie als glücklich erlebten.

Erinnerungen trügen, eigene Introspektion sagt viel darüber aus, wer man heute ist, und wenig, wie man dazu geworden ist. Im Grunde können wir unseren Lebensweg ähnlich beschreiben wie das Klima. Wenn es regnet, regnet es, und wenn die Sonne scheint, scheint die Sonne, ziemlich simpel. Wie es aber dazu kommt, dass es regnet und die

Sonne scheint, ist etwas komplexer. Genauso wie die Wettervorhersage für die kommenden Jahre können wir zwar sagen: Im Sommer ist es heißer als im Winter, aber wir können nicht vorhersagen, wie das Wetter am 22. Juli 2064 sein wird, wenn es heute schneit.

Wir sind einfach gestrickt und doch recht komplex, aber alles in allem können wir nicht pauschal sagen: *»Schlechte Kindheit, schlechtes Leben«*, sondern vielmehr: *»Jene unter uns, die dazu tendieren, aus den schönen Momenten, auch wenn sie wenig vorkamen, ihre Kraft zu ziehen, leben eher glücklicher im Hier und Jetzt als jene, die sich ausschließlich auf die schlechten Momente der Vergangenheit fokussieren.«*

Das zu lesen, ist vermutlich wenig tröstlich für uns, wenn wir uns gerade in einem düsteren Tal befinden. Deshalb verstehe meine Zeilen bitte als Erinnerung daran, dass dein Leben auch dann eine Chance auf Besserung hat, wenn es früher, oder gar jetzt, stürmt. Es gibt einen Satz, der mir immer wieder Hoffnung gibt:

»Wenn du glaubst, es ist das Ende, dann fängt dein Leben erst so richtig an. Denn erst an diesem Punkt bist du in der Lage, das Licht am Ende des Tunnels wahrzunehmen.«

Denk an ein Erlebnis aus deiner Vergangenheit, an dem du dachtest, es geht nicht mehr weiter, du dann aber doch eine Lösung gefunden hast. Kurz vor Ende des Leidens zeigt es sich, das Licht. Das Licht kann ein liebevoller Mensch sein, eine Gelegenheit, die sich uns bietet, ein wohliges innerliches Gefühl, das uns plötzlich überkommt, eine Idee oder Einsicht, die uns neuen Auftrieb gibt, aber auch ein Schicksalsschlag, der uns daran erinnert, wie wichtig uns das Leben eigentlich ist und wie banal womöglich unsere alten Gedanken und Ängste nun erscheinen.

Sinn finden, auch in Krisenzeiten

Als ich einen Anruf meines Arztes erhielt und er mir eine unliebsame und beängstigende Diagnose mitteilte, schlug mein Puls innerhalb von wenigen Minuten schneller und mir wurde mulmig. Krebs ist etwas, das erst mal Angst einjagt. Eine Krise ist zwar immer auch eine Chance, nur fällt uns das meist erst etwas später als im ersten Moment auf – um genau zu sein, in der Rückschau. Mein Gehirn sprang innerhalb weniger Sekunden automatisch in die Warum-Frage. Ich fragte mich:

- Warum kam es dazu? *Eine durchaus sinnvolle Frage.*
- Warum hast du dich nicht besser um dich gekümmert? *Ja, berechtigt, man kann sie so stehen lassen.*
- Warum hast du es nicht kommen sehen? *Eine Frage, die das Potenzial hat, in Schuld, Scham und Schimpf zu enden.*
- Warum haben dir deine Eltern nicht beigebracht, besser für dich zu sorgen? *Jetzt wird es spannend …*

In diesem Moment müssen wir uns innerlich, wie ein Auto, das dabei ist, gegen eine Wand zu fahren, stoppen und damit anfangen, eine sinnerfüllte Wofür-Frage zu stellen.

- Wofür ist die Diagnose gut? *Damit ich noch besser für mich sorge.*

- Wofür lohnt es sich, die Diagnose lediglich als Momentaufnahme zu betrachten? *Ich gewinne dadurch an Zuversicht, Kraft und positiven Gedanken.*
- Wofür setzt du dich ab sofort mehr ein? *Für meine Gesundheit, mein Leben, meine Grenzen.*
- Wofür stehst du ab heute wirklich ein? *Nur noch für das, was mir wahrhaftig guttut und nicht, wofür ich zuvor dachte, ich müsste es tun, um meinen Wert unter Beweis zu stellen.*

Wenn der persönliche Sinn im Leben innerhalb eines Schicksalsschlages gefunden ist, nehmen wir die Wirklichkeit nicht ausschließlich als grausam, schockierend, überwältigend, schmerzerfüllt und beängstigend wahr. Mit dem gefundenen Sinn erkennen wir in der Krise auch die Chance und nutzen die Gelegenheit.

Dafür ist es im ersten Schritt wichtig, einen Abgleich der eigenen Erwartungen und entsprechend gesetzten inneren Regeln zu machen. Denn wer ein »Wofür« im Leben für sich gefunden hat, der erträgt fast jedes »Wie«. Wenn wir beispielsweise nachts von unserem Neugeborenen mehrfach aus dem Schlaf gerissen werden, wird unsere Antwort auf die Wofür-Frage Kraft geben und uns trotz aller Erschöpfung liebevoll unser Kind wiegen lassen.

Wenn wir allerdings die Erwartung haben, das Neugeborene müsse durchschlafen und wir als Eltern hätten ansonsten versagt, wird sich uns der Sinn des nächtlichen Aufstehens nicht als gut, schön und wahr erschließen können. Nicht etwa, weil er nicht existiert, sondern weil wir nicht zulassen, dass er einen Raum in unserem Leben einnimmt. Wir müssen zuerst die Erwartung an das Kind und uns selbst ändern, ehe wir den Sinn finden. *(An dieser Stelle sei erwähnt, dass ein Neugeborenes aus vielerlei Gründen noch nicht dazu in der Lage ist, alleine durchzuschlafen und weder du noch dein Kind falsch sind.)*

Dieses Wofür kann uns niemand Externes *machen.* Keine Sucht, keine Unternehmensvision, keine Kirche, kein Therapeut, auch keine Bücher, kein Retreat oder Seminar. Dieses Wofür wartet jederzeit auf jeden erwachsenen Menschen. Denn ab einem gewissen Alter sind wir selbst für uns verantwortlich und im besten Fall haben wir verstanden, dass die Frage: »*Warum lief in meiner Vergangenheit so vieles falsch, und was können mir mein Leben und die Menschen darin bieten, damit ich mich zufrieden fühle?*« weder erfüllt, befriedigt, noch heilt oder sättigt.

Die Wahrheit ist vielmehr, dass ich selbst die Antwort auf die Fragen meines Lebens bin, aber nicht im Sinne von: »*Streng dich an und es wird besser*«, sondern im Sinne von: »*Nimm mich so an, wie ich bin und lass uns gemeinsam sanfte Wege finden, wie es dir mit mir besser gehen kann. Gib mir bitte Zeit und dräng mich nicht. Schenk mir deine Milde.*«

Wir warten so oft auf ein Wunder. Wenn wir uns dazu entschließen, alles dafür zu tun, um dem eigenen Leben, unabhängig von der Vergangenheit, Leistung und Druck, eine neue Bedeutung zu geben, die sich ausschließlich für uns richtig anfühlt, ist das das Wunder, auf das wir gewartet haben.

Wir dürfen dabei unser Schicksal aber nicht an die veraltete und unglücklich machende Denkweise von Erfolg und Leistung knüpfen und müssen die Regeln unserer Erwartungen so formen, dass sie uns entsprechen. Die Verarbeitung von alten Erlebnissen braucht Zeit und das Gefühl der Machbarkeit. Die Voraussetzung dafür ist ein Raum, der uns Sicherheit und Schutz gibt. Diesen können wir in uns selbst, aber auch in Mitmenschen finden, denen wir vertrauen. »*Das Kind in mir kann mich mal!*« ist ein Synonym dafür, veraltete und »kleine« Denkweisen sowie viel zu hohe Erwartungen zu verabschieden. Manches Mal stecken wir noch in den viel zu kleinen Schuhen von damals, und ein deutlich jüngerer Teil in uns flüstert uns täglich mehrfach ins Ohr: *»Ich glaube, das schaffen wir nicht.«* Dieser Teil in uns sucht einen liebevollen Begleiter, der ihn zuversichtlich an die Hand nimmt und ihn vom Gegenteil überzeugt, sodass er eines Tages womöglich sagen kann: *»Ich habe an deiner Seite keine Angst mehr, neue Wege zu gehen, weil auch du keine hast.«*

Mein größtes Anliegen ist, dir mit meinen Zeilen zu ermöglichen, etwas sanfter, milder und würdevoller hinter dir zu lassen, was dich dabei blockiert, dein Leben zu genießen, alte, zu klein gewordene Glaubenssätze über dich und das Leben loszulassen und dein Selbst in Wahrhaftigkeit und Würde anzunehmen, mit allem, was es mit sich bringt.

- »Ich bin nicht gut genug.« versus »Ich bin genauso richtig, wie ich bin.«
- »Ich streng mich zu wenig an.« versus »Ich gebe von Natur aus, was ich kann.«
- »Ich bin nicht liebenswert.« versus »Ich bin liebenswert und richtig.«
- »Ich mach alles falsch.« versus »Ich finde eine Lösung.«
- »Ich sollte anders sein.« versus »Ich sollte mich annehmen.«
- »Ich sollte gar nicht hier sein.« versus »Ich bin genau richtig, da wo ich bin.«

Das Leben hat unter allen Umständen Sinn; sei es durch aktives Mitwirken einer Situation oder durch das mutige und tapfere Tragen des Unveränderlichen.

Ehe das nächste Kapitel beginnt, noch Großmutters Rat, wenn es um die Annahme des Schicksals geht:

»Oma, sag mal, wie hast du diesen Krieg, den Tod deines Papas, deines Mannes und deines Kindes verkraften können?«

»Mein Kind, ich habe eines vom Leben gelernt: Jeder schöne Moment ist der Himmel auf Erden und den kann mir keiner nehmen. Solange ich sie mir bewahre, reißen mich die schlimmen Momente nicht mit sich in die Hölle.«

»Oma, wie meinst du das? Was genau hast du gemacht?«

»Ich habe mein Leben so gelebt, als wäre jeder noch so kleine Augenblick, der mir das Gute, Wahre und Schöne schenkte, die einzige Wahrheit, die je existiert hat. Ich hatte wundervolle Momente mit meinem Vater, meinem Mann und meinem Kind, und nur die bewahre ich in meinem Herzen. Auf alles andere habe ich geschissen!«

Enkelkind zeigt sich entsetzt. *»Du hast was?«*

»Ich habe sie auf ein Blatt Papier geschrieben, mein Geschäft darauf erledigt und es anschließend runtergespült.«

Es sind die kleinen Gesten, die die größte Wirkung haben.

Vergangenheit ist wie Superkleber, nur krasser

Erinnerungen an vergangene Zeiten sind nicht immer nur angenehm und erhellend. Sie können manchmal genau das Gegenteil davon sein, nämlich hart, unliebsam, erniedrigend, peinlich, schambesetzt, schmerzhaft und ernüchternd. Wir freuen uns demnach nicht immer nur, über das, was passiert ist, sondern bedauern und bereuen auch. Es kann zermürbend sein, wenn diese Art von Erinnerungen immer wieder an unsere Tür klopft, tagsüber den Seelenfrieden und nachts den Schlaf raubt. Wir grübeln wiederkehrend über bestimmte Ereignisse und kreisen unsere Gedanken über alternativen Möglichkeiten. Wir suchen anschließend verständlicherweise nach dem einen Hinweis, der alles hätte anders laufen lassen können, dem einen Menschen, der alles hätte verändern können, der einen Verhaltensweise, Bemerkung oder Tat, die alles hätte verhindern können. Sicherlich auch, um zukünftig zu vermeiden, dass sich Ähnliches wiederholt.

Somit bietet das »Grübeln« im allerersten Schritt die Möglichkeit zu entdecken, was wir zukünftig nicht mehr erfahren möchten und worin genau unser Einflussbereich liegen könnte.

Wir interpretieren Ereignisse aufgrund unserer bisherigen Erlebnisse, Werte und Prägungen.

Haben wir beispielsweise die Erfahrung gemacht, dass wir jemandem Geld geliehen haben, dieses aber nicht mehr zurückbekommen haben, könnte der mögliche Rückschluss sein: »*Offenbar geht es meinem Freund richtig schlecht, ich schenke ihm das Geld, er tat es sicher nicht mit Absicht.*« oder »*Ich verleihe Geld nur noch mit Verträgen oder gar nicht mehr*« oder »*Ich werde zukünftig genau darauf achten, wem ich vertraue*« oder aber vielleicht sogar: »*Man kann sich auf niemanden mehr verlassen, wird nur ausgenutzt und ich fiel wieder darauf rein.*«

Je nachdem, welchen Rückschluss wir aus dem Ereignis ziehen, werden wir zukünftig agieren. Es gibt unzählige Möglichkeiten, auf ein Ereignis zu reagieren und keineswegs »den einen richtigen Lösungsansatz«. Jeder Mensch reagiert unterschiedlich auf Erlebnisse, manche sinnvoll, andere weniger. Anhand der letzten optionalen Lösung erkennst du, dass ziemlich viel von unseren bisherigen Erfahrungen und Prägungen in so einer Lösung stecken kann. Das ist auch der Grund, warum es Paare gibt, die sich nach einer Affäre wieder näherkommen und andere, die sich trennen und das nicht immer im Guten, sondern häufig im Rosenkrieg. Der eine sagt sich: »*Du bist fremdgegangen, weil dir etwas Wesentliches in unserer Beziehung fehlte. Lass uns herausfinden, was es ist und gemeinsam daran arbeiten, uns wieder besser miteinander zu fühlen.*« Ein anderer sagt sich hingegen: »*Ich bin zutiefst verletzt und werde mir einen besseren Partner suchen. Vertrauen ist mir wichtig, und das hast du missbraucht.*« Manche von uns meinen hingegen: »*Das ist ein furchtbarer Vertrauensbruch! Ich wurde noch nie so hintergangen, dafür wirst du die Konsequenzen tragen! Ich gehe.*« Oder wir sagen: »*Ich vertraue nie wieder einem Menschen und bleibe Single!*« Je nachdem, wie wir zu gewissen Themen im Leben stehen, werden wir anschließend Entscheidungen treffen und auf unsere Vergangenheit blicken.

Es ist nicht ausschließlich das Ereignis, das uns prägt, sondern vor allem auch, was wir daraus machen! Genau darin liegt das Potenzial, in vergangene Ereignisse einzugreifen. Wir können zwar nie ändern, was passiert ist, aber immer, wie wir darauf reagieren.

Es macht einen Riesenunterschied, ob wir sagen: »*Das ist das Ende!*« oder ob wir meinen: »*Jetzt fängt mein Leben erst an, denn ich habe gelernt, viel besser auf mich zu achten!*«

Manches Mal suchen wir eben nicht nach Hinweisen und möglichen Lösungsansätzen, sondern vielmehr nach dem Schuldigen und zermürben uns im Gedanken daran. Andere Male verlieren wir uns in der Sehnsucht, das alles wäre nie geschehen. Der Schmerz, den eine unliebsame Erinnerung auslösen kann, kann zu einem Tyrannen werden, sobald wir keine Lösungen, Hinweise und Antworten finden, die uns dienen. Wir haben es im Grunde in der Hand, welchen Nachhall schlimme Ereignisse in unserem Leben haben. Auch wenn wir sie nicht mehr rückgängig machen können, so sind wir durchaus dazu in der Lage, ihnen eine neue, uns dienliche Bedeutung zu geben. Einzig und allein dadurch, dass wir unsere Reaktion und Gedanken dazu verändern.

Die Tyrannen der Vergangenheit können uns das Gefühl vermitteln, dass die bisher tiefe Sehnsucht nach einem friedvollen Leben in die Ferne rückt, und zwar so lange, bis wir eine Lösung oder Erklärung für die Ereignisse gefunden haben. Sobald uns das gelungen ist, kann der Tyrann gehen.

Wir wollen diesen Tyrannen weder am Tisch sitzen haben noch ein Essen für ihn vorbereiten und schon gar nicht in unserem Bettchen schlafen lassen. Wir wollen nur eines:

ihn so schnell wie möglich loswerden, um endlich ungestört leben zu können. Das versuchen wir meist, indem wir Erinnerungen ignorieren oder uns dafür womöglich sogar schämen. Wenn wir aber lernen, dass er nur deshalb an unsere Tür klopft, damit wir dem Ereignis eine neue Sichtweise anbieten, lässt er von uns ab.

Manches Mal haben wir das sogar begriffen und würden gern eine neue Sichtweise, Verhaltensweise oder Rolle annehmen, können es aber aus irgendeinem Grund nicht. Auch das kann verzweifeln lassen. Das Finden neuer, dienlicher, hilfreicher Sichtweisen ist das Schwerste an der Vergangenheitsbewältigung. Obwohl wir es so sehr versuchen, kann es uns oft einfach nicht so leicht gelingen, den Ereignissen etwas abzugewinnen, das uns dienen kann. Anschließend quälen uns die Selbstzweifel und wir fangen damit an, nicht nur uns und die anderen, sondern auch das Leben an sich zu hinterfragen. Im Grunde ist die Findung einer für uns passenden Bedeutung gewisser Ereignisse in unserem Leben, mit denen wir noch hadern, der aufwendigste Prozess und vermutlich das, was viele als »Arbeit« bezeichnen.

Die Vergangenheit kann zum Tyrannen der Gegenwart werden, der nicht loslässt, obwohl wir uns so viel Mühe geben oder es besser wissen sollten.

Die Suche nach Erklärungen oder der Ursache für Schmerzen führt uns irgendwann zwangsläufig in eine Zeit der Biografie, die schon lange zurückliegt: die eigene Kindheit. Dort liegt der Ursprung unserer Prägungen, Verhaltensweisen, Gedanken und Werte.

Gewiss triggern uns gerade deshalb bestimmte Ereignisse auch deshalb so stark, weil wir zu dieser Zeit der Kindheit noch in einer Abhängigkeit unserem Umfeld gegenüber steckten und Abhängigkeit eines mit sich bringt: Kontrollverlust – etwas, das wir nur schwer ertragen können. Triggern bedeutet, dass wir emotional durch gewisse Situationen so stark berührt sind, dass die Gefahr besteht, uns in unangenehmen Emotionen zu verlieren. Wir sind, ohne uns das wirklich erklären zu können, sehr wütend, traurig, ängstlich oder verletzt. Deshalb, weil uns ein Ereignis im Jetzt an ein Ereignis in der Vergangenheit, also im Dort und Drüben, erinnert, wir unsere Gefühle aber nicht richtig zuordnen können.

Wenn wir bei den zuvor genannten Beispielen bleiben und uns die Erfahrung von »Betrug« genauer ansehen, haben wir festgestellt, dass es unterschiedliche Möglichkeiten gibt, darauf zu reagieren. Wir können »vernünftig« reagieren und Lösungen finden, die uns mehr Frieden und Harmonie bringen, wir können aber auch von Zorn und Verzweiflung erfüllt sein und anfangen, alles zu hinterfragen. Wenn es uns gelingen würde, bei jeder Verletzung rational zu reagieren, würden wir vermutlich in einer deutlich friedlicheren Welt leben. Da Emotionen aber deutlich stärker sind als die Vernunft, fallen wir mehrfach pro Tag in alte Muster, Ängste und unliebsame Emotionen. Bei einigen von mir genannten Beispielen war offensichtlich, dass sie durch Trigger ausgelöst wurden. Wir haben erkannt, dass uns die Kontrolle darüber fehlte, ob wir das geliehene Geld wieder zurückbekommen und dass der Partner nicht fremdgeht.

Es entgleitet uns die Kontrolle, wenn wir dramatisch, wütend oder traurig auf etwas reagieren, das passiert, weil das Gefühl des Kontrollverlustes eines der unangenehmsten im Leben ist und Emotionen in gewisser Weise immer etwas mit dem Verlust von Kontrolle zu tun haben. Emotionen sind unstet, tauchen plötzlich auf und wir müssen meist rasch auf sie reagieren. Wir können die Kontrolle durch vernünftige Denkweisen oft schnell wieder gewinnen, aber wir können uns, gerade wenn wir uns getriggert fühlen, auch im Kontrollverlust verlieren, ob wir das wollen oder nicht. Es gibt genügend Techniken, um zu lernen, »bei Sinnen zu bleiben«, die Kontrolle zu behalten, doch bei gewissen Begebenheiten knallen die Sicherungen sprichwörtlich durch und wir können nicht anders, als wütend, traurig, dramatisch oder angeekelt reagieren.

Franz, 42, Psychologe, erzählt: *»Es ist zum Verrücktwerden. Jedes Mal, wenn meine Frau nur annähernd erwähnt, wie handwerklich begabt ihr Vater im Gegensatz zu mir ist, laufe ich schnaubend und beleidigt davon und ärgere mich zehn Minuten später nicht mehr über die Aussage meiner Frau, sondern über mich und meine Unfähigkeit, einfach drüber stehen zu können.«*

Warum ist das so? Gewisse Situationen erinnern uns bewusst oder unbewusst an die eigene Kindheit und damit verbundene Erlebnisse und Gefühle. Vor allem wenn wir häufig den Eindruck hatten, abhängig von unseren Kindheitsbegleitern gewesen zu sein und das zusätzlich mit einem sehr unangenehmen Gefühl verbinden, können uns lapidare oder unbedachte Aussagen von nahestehenden Personen ganz besonders verletzen oder »triggern«.

Als Kind waren wir häufig gar nicht dazu in der Lage, eigenständig und selbstverantwortlich zu handeln, wenn wir uns unverstanden, dominiert oder abgewertet fühlten. Wir waren davon abhängig, wie andere auf uns und unsere Gefühle reagierten und lernten durch die Reaktion unseres Umfeldes auch, wie wir mit gewissen Ereignissen und Situationen »umzugehen« hatten.

Der Großteil der Eltern war mit Gefühlen von Wut oder Traurigkeit überlastet, besonders mit jenen von Kleinkindern. Es gab für die meisten von uns Konsequenzen, wenn wir »zu wütend« oder »zu traurig« auf etwas reagierten, und langsam wurde uns antrainiert, dass Anpassung deutlich einfacher ist und wir eher bekommen, was wir brauchen, wenn wir »funktionierten«. *»Hör auf, so wütend zu sein!«* oder *»Meine Güte, stell dich doch nicht so an!«* oder *»Ein Indianer kennt doch keinen Schmerz«* sind Sätze, die wir alle schon mal gehört haben. Sicherlich haben viele von uns schon früh gelernt, Gefühle »runterzuschlucken«, aber nicht, wie sie adäquat und sinnvoll gelebt werden können. Wenn wir beispielsweise darüber wütend waren, dass unser Klassenkamerad schon wieder besser in Mathe abschnitt, als wir und von den Eltern hörten: *»Ja, dann streng dich halt mehr an!«* statt: *»Ich kann deine Wut nachvollziehen, du möchtest auch gern mal eine Eins schreiben, nicht wahr? Wie kann ich dir dabei am besten helfen?«*, dann werden wir annehmen, dass es im Leben meist Gewinner oder Verlierer gibt und Fleiß und Disziplin etwas sind, das uns ans Ziel bringt. Allerdings müssen wir uns alleine darum kümmern – Hilfe gibt es nicht.

Logischerweise fühlt sich diese Lektion als Kind unfassbar groß und mächtig an, wir hingegen eher klein und schmächtig. *»Wie soll ich bloß besser werden als ich bin, wenn mir keiner dabei hilft?«*, könnte eine logische Schlussfolgerung sein. Im Fall von Franz geschah es, dass er 30 Jahre später ein ähnliches Gefühl, wie damals als Kind, hatte, als seine Frau ihn mit der Tatsache konfrontierte, sein Schwiegervater wäre deutlich geschickter im Handwerk als er. Er fühlte sich wie früher: klein, unbedeutend und unbegabt, aber eben auch hilflos. Aus diesem Grund konnte er nicht gleichzeitig auf die Ressource zurückgreifen, die er in seinem Psychologiestudium lernte: *»Drücke aus, was du brauchst und lauf nicht einfach schnaubend und beleidigt davon.«* Anstatt also wegzulaufen, hätte er natürlich sagen können: *»Du Schatz, irgendwie verletzen mich deine Worte. Gern wäre ich handwerklich genauso geschickt wie dein Vater, nur leider hatte ich nie jemanden, der mir das beigebracht hat. Ich würde deinen Vater allerdings gern darum bitten, mir zu zeigen, wie gewisse Dinge funktionieren. Das würde* *allerdings bedeuten, dass ich Zeit investieren muss. Da wir gerade zwei kleine Kinder haben, kann ich mir vorstellen, dass das nicht so ganz einfach wird und du die Zeit, die ich mit deinem Vater verbringe, dann bei den Kindern sein wirst. Ist es wirklich das, was wir beide möchten? Ich für meinen Teil freue mich, wenn dein Papa einiges im Haus erledigt und du mit mir und den Kindern gemeinsame Zeit verbringst. Wie denkst du darüber?«*

Sobald Franz den Schmerz des kleinen Kindes in ihm milder begegnen kann, wird es ihm auch deutlich häufiger gelingen, rational auf Verletzungen und Trigger zu reagieren. Milde bedeutet: *»Ich sehe dich und deinen Schmerz. Doch nun bin ich da, ich bin erwachsen und ich habe die Kontrolle über mein Leben. Anders als du. Du bist klein und kannst die Kontrolle nicht übernehmen, weil das gar nicht dein Job ist.«*

Wir mussten in vielen Situationen als Kind die Kontrolle an die »Großen« um uns herum abgeben, uns ihnen anvertrauen oder schlimmstenfalls auch ausliefern. Wenn wir unsere naturgegebene Abhängigkeit als Kind als gut und schön erlebt haben, können wir später im Leben Schicksalsschlägen (Ereignissen, in denen uns die Kontrolle fehlt) eher etwas Positives, Gutes und Wahres abgewinnen. Wenn wir aber erlebten, dass Kontrollverlust und sich jemandem anzuvertrauen mit Schmerz, Demütigung, Angst oder dem Gefühl von Ausgeliefertsein verbunden war, dann fällt es uns das verständlicher- und natürlicherweise schwer. Es fällt uns sogar schwer, sich uns selbst anzuvertrauen, weil alles »Große« nach wie vor beängstigend wirkt und das »Kleine« hilflos und handlungsunfähig. Auf gewisse Weise müssen wir, um rationaler in bestimmten, vor allem verletzenden Situationen reagieren zu können, lernen, dass wir als nun »Große« mit dem »Kleinen« in uns ein Team bilden müssen.

Aus diesem Grund wird die Suche nach Lösungsansätzen in der eigenen Kindheit auch oft vorgeschlagen und macht gleichzeitig so betroffen.

Denn wie sollen wir auf etwas einwirken, das in einer Zeit lag, in der wir nicht freiwillig über unser Leben entscheiden konnten? Wir wurden ja nicht einmal gefragt, ob wir geboren werden wollen. Selbst diese essenzielle Entscheidung wurde uns aus den Händen genommen. Unser Umfeld anzunehmen und als Ressource anzuerkennen, ist möglich, wenn wir positive Erfahrungen innerhalb dieses Kontrollverlustes machten. Wenn das Umfeld uns voller Freude und Liebe empfing und dafür sorgte, dass wir sicher und wohlig groß werden konnte, werden wir uns dem Schicksal im Leben weniger hilflos ausgeliefert fühlen, sondern es dankbarer annehmen können. Wir werden Zeiten der Ohnmacht und Hilflosigkeit während Schicksalsschlägen besser tragen und halten können, weil wir auf die Ressource zurückgreifen können, nicht allein damit zu sein.

Wurden wir in ein Umfeld hineingeboren, das uns Unsicherheit, Ablehnung oder gar Gewalt vermittelte, wird uns das Vertrauen ins Leben und daran, dass es auch wieder gut werden wird, im Angesicht von Schicksalsschlägen deutlich schwerer fallen.

Es wurde uns eben nicht in die Wiege gelegt, das Leben annehmen und in schwierigen Umständen gut für uns sorgen zu können. Das sind Ressourcen, die uns die frühen Lebensumstände und unser Umfeld lehren. Genau deshalb landen wir am Ende der Reise nach dem eigenen Glück irgendwann zwangsläufig in der Frage: »*Wie war meine Kindheit eigentlich?*« Sie hat das Potenzial, uns Lösungen anzubieten, aber auch, das Gefühl der Ohnmacht und Hilflosigkeit noch mehr zu verstärken, vor allem wenn wir uns in ihr verlieren. Deshalb ist ein gezielter Blick in die Kindheit wichtig, um notwendige Erkenntnisse für das Hier und Jetzt zu finden, die uns im Leben weiterhelfen können, aber nicht, um daran zu zerbrechen.

Im Grunde sind wir wohl alle in der Kindheit etwas zu kurz gekommen. Die meisten von uns stecken das aber irgendwie weg und lernen, damit zu leben. Sie hängen zwar in gewissen Rollen fest, sind beispielsweise »fleißig, brav und lieb« oder »rebellisch, eigensinnig und energisch«, aber solange diese Eigenschaften nicht wirklich und offensichtlich das eigene Leben blockieren und dazu führen, dass man bekommt, was man will, fallen sie nicht besonders ins Gewicht, und wir denken im Angesicht von Herausforderungen nicht an einen möglichen Mangel, sondern eher: *»Ich habe alles, was ich brauche.«*

Viele kompensieren einen erlebten Mangel an Liebe, Aufmerksamkeit und Zugehörigkeit aber auch über sogenannte Ersatzbefriedigungen. Bei dem einen ist es der Sportwagen mit 800 PS oder die größte Jacht im Hafen an der Côte d'Azur. Der andere »muss« unbedingt CEO werden, um es sich und den anderen zu beweisen. Wieder andere greifen zu übermäßigen Kohlenhydraten, Pornos, Alkohol oder zu »besseren« Drogen.

Am Ende bleibt doch eine Erkenntnis:

Wenn es nicht gelingt, im Laufe der eigenen Lebensgeschichte den ein oder anderen erlebten Mangel zu reflektieren, unseren Frieden damit zu finden oder, wenn es der inneren Ruhe dient, unseren Mitmenschen zu vergeben, dann kann die Ersatzbefriedigung oder das Drama die Führung im Leben übernehmen.

Oft gelingt ja die Sublimierung im Alltag und wir führen ein ganz passables Leben, mit dem wir zufrieden sind.

Manchmal fühlt es sich (meist ab 40) innerlich aber trotzdem irgendwie unerfüllt und leer an, und andere Male driften wir in unsere Sucht ab, mit den entsprechenden Folgen. Im einfachsten Fall ruiniere ich lediglich mein Leben. Tragischer ist es, wenn ich noch andere mit hineinziehe, wie Kinder, Lebenspartner oder sogar völlig unbekannte Menschen.

Wir müssen im Leben an so einigen Stellen lernen, Schmerz und Leid zu bewältigen, und das ist gar nicht immer so leicht, ohne dabei entweder uns selbst oder anderen zu schaden. Die Wofür-Frage ist ein Hinweisgeber, der uns in eine Richtung lenken kann, die fern von Ersatzbefriedigungen und Süchten sein kann. Denn mithilfe der Wofür-Frage können wir gewissen Ereignissen eine neue Bedeutung geben. Das sollte die Motivation sein, in der Vergangenheit zu kramen. Die eigene Kindheit kann als Hilfestellung dienen, sich selbst und andere besser zu verstehen. Sie sollte aber nicht herangezogen werden, um Schuld, Scham und Vorwurf zu suchen. Denn alle drei Komponenten hinterlassen Schmerz und verstärken das Gefühl von Kontrollverlust nur noch mehr. Trotzdem passiert es so vielen, in den Strudel der Kindheit hineingerissen zu werden.

Die eigene Vergangenheit, so das Credo der Selbstoptimierungsbranche, will »bearbeitet«, »losgelassen« und »geheilt« werden, ehe sie »verschwinden« kann.

Fürs »Bearbeiten« wird uns allerhand angeboten. Retreats, Vision Quests, Yoga, Therapie Coaching, Beratung, Entgiftung, ja wir meditieren, räuchern nicht nur an Silvester, sprühen Energie-Aromaöle auf unsere »Aura«, schauen »Selbsthilfe-YouTube-Videos«, ernähren uns vegan, lesen unzählige Bücher (danke an dieser Stelle) und wissen natürlich, was man unter gewaltfreier Kommunikation versteht. Wir haben dank ihr auch verstanden, dass wir Schuldgefühle, Vorwürfe und Selbstgeißelung loslassen sollten, und Vergebung steht auch ganz oben auf der Liste. Scrollen wir durch Insta, sind wir konfrontiert mit zahlreichen klugen Sprüchen über positives Denken, Selbstliebe und Ermutigungen, die, so zumindest suggeriert, das Leben, wie aus der Zauberhand, wieder schön und heile machen sollen.

An und für sich klingt das alles ziemlich harmlos und gar nicht so verkehrt, und vieles davon ist auch tatsächlich sehr hilfreich und bereichernd. Die Frage ist nur: Machen wir uns dadurch erneut von externen Mitteln abhängig, oder finden wir dadurch neue wertvolle Ressourcen für den Alltag?

Ich habe bereits zuvor über die Verlockungen gesprochen und möchte erneut näher darauf eingehen, weil gerade Menschen, die auf der Suche nach seelischer Heilung sind, nicht genau wissen, wann etwas »richtig« und wann etwas »schädlich« ist. Das häufig deshalb, weil wir als sehr frühes Opfer einer Tat meist davon ausgingen, dass diese »richtig war« oder »eben dazugehört«. Das klingt absurd, aber wenn ein Kind erlebt, dass ein ihm vertrauter Mensch beispielsweise Missbrauch anwendet, dann lernt dieses Kind: *»Aha, das ist also ein Teil des Lebens, das gehört eben dazu.«* Später müssen sich gerade Menschen, die Gewalt als Kind erlebten, erst mühsam einen gesunden Blick auf »das Gute und Wahre« versus »das Böse und Falsche« erarbeiten. Finden diese Menschen Halt im Gebet oder anderen Hilfsmitteln, kann es vorkommen, dass das Gefühl entsteht, eben diese Tools zu »brauchen«, um dem Bösen und Falschen zu entkommen, und genau darin liegt die Gefahr einer erneuten Abhängigkeit.

Sobald wir Angst haben, das Leben würde uns erneut vor die Füße spucken, nur weil wir die Meditation, das Gebet oder die Yogastunde ausfallen ließen, läuft die Sinnsuche in eine falsche Richtung. Denn an dieser Stelle machen wir uns wieder abhängig, wie damals als Kind – von externen Gegebenheiten. Viele Menschen, deren Hilflosigkeit als Kind auf irgendeine Weise missbraucht wurde, denken, wie bereits erläutert, tatsächlich lange Zeit, es wäre ihre Schuld gewesen. Anschließend suchen sie nachvollziehbar Halt in externen »Tools«, Strategien, Praktiken und Helfern. Im Grunde ist die Sehnsucht nach Halt und Orientierung ein Grundbedürfnis und in erster Linie sicherlich auch dienlich. Jedoch bitte nur, wenn wir das Gefühl haben, dadurch wieder auf die Füße zu kommen, uns wieder selbst mehr spüren lernen und dem Leben wieder positiver und wahrhaftiger begegnen können.

Einem kompetenten Psychotherapeuten oder einer Beraterin ist es wichtig, dass keine Abhängigkeit in der Beziehung entsteht, sondern vielmehr dabei begleitet wird, dem eigenen Ich und den Mitmenschen wieder Vertrauen schenken zu können, um sich auf eine gesunde Weise nicht nur auf das Gegenüber einlassen zu können, sondern auch auf das Leben.

Umso kritischer ist es, wenn wir bemerken, dass eine gewisse Abhängigkeit zum Helfer hergestellt wird und damit suggeriert wird, nur dadurch wäre eine Heilung oder ein erfülltes Leben möglich. Hier fühlen wir uns in die Abhängigkeit der Kindheit zurückgeworfen, in der wir alles dafür tun mussten, um unser Überleben über Anpassung zu sichern.

Sobald das »Wofür« auf externe Ratgeber und Hilfsmittel projiziert, anstatt auf innere Ressourcen, sollten die inneren Alarmglocken läuten.

Gehen wir in die Paartherapie, weil unser Partner uns »mitschleppt«, wir selbst den Gesprächen aber nichts abgewinnen können, kann die Wofür-Frage entweder dabei helfen, der Therapie eine neue, positivere Sichtweise abzugewinnen oder dazu führen, dass wir uns auf die Suche nach Methoden machen, die uns mehr liegen. Sitzen wir nachts stundenlang vor dem PC und lernen anhand von Videos, wie wir erfüllt leben können und über Nacht reich werden, weil der Business-Partner oder die beste Freundin es empfohlen haben und wir vor ihnen nicht doof dastehen wollen, oder tun wir das, weil wir es wirklich für wertvoll und richtig für unser persönliches Leben erachten?

Geben wir auf Social Media vor, unser Leben wäre großartig, um andere zu beeindrucken oder um eine Ressource der Kraft und Hoffnung zu sein? Jammern wir herum, dass keiner uns bisher helfen konnte, um ein wenig Aufmerksamkeit und Mitgefühl zu erhaschen, oder erzählen wir unsere Geschichte, um offen für wertvolle Inspirationen zu sein?

Meditieren wir, weil es gerade alle tun oder tun wir es, weil wir wirklich verstanden haben, dass Stille und Innenschau dem eigenen Selbst guttut? Wofür tue ich all das wirklich? Was möchte ich damit bewirken und bezwecken?

Ich stelle diese Fragen, weil ich bei einer Summe von rund 450 Milliarden für solche Leistungen jährlich, wie ich es im Internet recherchiert habe, durchaus Schnappatmung bekomme und mir den Gedanken verwehre, dass diese aufgrund zahlreicher psychischer Defekte oder dringender Notwendigkeiten von uns bezahlt wird.

Selbstoptimierung ist zu einem Trend geworden, der nicht immer nur gesund ist.

Pauschalaussagen wie: »*Lass einfach los, heile deine Vergangenheit oder vergib!*« können zwar gut gemeint sein, aber ich persönlich halte sie für mehr als flach gedacht und teilweise sogar für gefährlich. Denn wenn ein Mensch auf der Suche nach Antworten und Lösungen ist, kann er die Antwort nicht finden, indem er vorgefertigte Floskeln erhält. Es steckt in der Suche auch immer ein Anliegen, ein Bedürfnis, ja sogar eine innere Not. Diese braucht ein feinfühliges Sich-Einander-Widmen. Um sich den eigenen Ressourcen und hilfreichen Bedeutungen wieder hingeben zu können, braucht es das Gefühl der Sicherheit und vor allem Zeit, Raum und viel Geduld.

Wenn wir in Not sind und seelischen Schmerz verspüren, kann ein lapidares »*Lass los*« und »*Vergib halt*«, vor allem wenn es von einer uns nahestehenden Person kommt und wir uns mehr Trost und Verständnis erwartet hätten, diesen Schmerz eher noch verstärken und vermittelt das Gefühl, erneut allein dazustehen, ohne Orientierung – oder sogar »zu dumm« zu sein, um das offenbar »so einfache«, wie es dargestellt wird, zu erlangen.

»*Wo soll ich denn anfangen, um loszulassen?*« Wir selbst, aber auch das Kind in uns sucht nach einer Antwort auf diese Frage, und wir erhalten vom Umfeld erneut, wie damals, mehr oder weniger eine »Watsche«. Lapidare Sprüche lösen vieles aus, vor allem aber eines: »*Ich bin wieder alleine mit etwas, das mir schwerfällt zu bewältigen. Keiner hilft mir wirklich. Niemand, den ich kenne, nimmt sich ausreichend Zeit für mich, zeigt Verständnis und Anteilnahme, sondern überfordert mich mit: Mach halt einfach, lass los, vergib, heile, nimm an.*« All das gibt uns das Gefühl: »*Schau, dass du selber klarkommst, oder bist du zu dumm dafür und einfach noch nicht so weit?*« Mir dreht sich der Magen um, wenn ich daran denke, was solche Sätze in Mitmenschen schon angerichtet haben. Natürlich ist es ab und zu auch notwendig, gerade den »Jammerern« unter uns gelegentlich den Spiegel vorzuhalten und klar und deutlich zu sagen: »*Wie lange willst du noch am Leben vorbeileben und in der Vergangenheit feststecken? Wäre es nicht Zeit, endlich loszulassen?*« Manch einem kann so ein klares »Kopfwaschen« sicherlich auch behilflich sein, aber es braucht viel Feingefühl, Vertrauen und Nähe, um so einen Spruch richtig ankommen zu lassen, und es birgt als Laie auch das Risiko in sich, die Beziehung zum lieb gewonnen Menschen zu riskieren, da er sich durch unseren nett gemeinten »Ratschlag« nicht verstanden und auf irgendeine Weise abgelehnt fühlen kann. Manches Mal ist eine Umarmung oder das Halten der Hand heilsamer als tausend Worte, um die wir ringen.

Wir sollten uns eines bewusst machen – seelischer Schmerz hat nicht die Botschaft, Wege und Mittel zu finden, um ihn so schnell als möglich zu eliminieren. Dafür gibt es nicht, wie in der Medizin, ein Aspirin, das frei zugänglich überall erhältlich ist und innerhalb von 20 Minuten löst, was uns bewegt und plagt. Wenn ich jemanden kennen würde, eine Zauberfee oder einen Guru, dem es gelänge, seelische Schmerzen innerhalb weniger Minuten von dir zu nehmen, ich würde alles dafür tun, um dich zu diesem Wesen zu bringen. Ich bin sicher, dem Großteil der Menschen ginge es ähnlich. Niemand von uns will bewusst leiden. (Es sei denn, wir haben gelernt, dass wir nur durch Schmerz bekommen, was wir brauchen. In diesem Fall wird der Schmerz zum Vehikel fehlender Bedürfnisse.)

Es ist im Grunde notwendig, einander im Angesicht von Schmerz auf gesunde Weise »nachzubeeltern«, sprich einander das Gefühl zu vermitteln: »*Ich sehe dich, du bist wichtig, ich nehme mich deiner an*«, sodass er sich lindert und nicht zweckentfremdet werden muss und wir sagen: »*Um mich wird sich nur gekümmert, wenn es mir schlecht geht.*«

Ist es uns nicht möglich, füreinander einfühlsam da zu sein, sollten wir mit Floskeln dringend zurückhaltend sein und stattdessen sagen: »*Ich merke, dass dich das sehr be-*

schäftigt, ich kann dir im Moment leider keine passende Antwort geben, weil ich selbst überfordert bin. Aber ich möchte, dass du weißt, dass ich innerhalb meiner Möglichkeiten für dich da bin.«

Wenn wir uns von den Eltern und Kindheitsbegleitern im Stich gelassen fühlten und lernen mussten, mit unseren Gefühlen, Nöten und Ängsten allein zurechtzukommen, brauchen wir spätestens als Erwachsene jemanden an unserer Seite, der uns diesmal feinfühlig, achtsam und liebevoll durch den Schmerz, die Trauer, die Wut und die Ohnmacht begleitet. Im besten Fall sind es liebe Freunde, ein wunderbarer Partner oder ein fördernder Chef, der an uns glaubt. Aber auch eine Psychotherapeutin, die uns auf dem Weg hilfreich begleitet, kann uns entsprechend »nachbeeltern«. Im ersten Schritt müssen wir uns selbst allerdings »nachbeeltern«, indem wir lernen, besser für uns zu sorgen. Das ist im Grunde nicht allzu schwer. Denn sobald wir erkennen, dass wir auf irgendeine Art und Weise ein negatives, störendes oder schädliches Verhaltensmuster an den Tag legen, ist es Zeit, uns zu fragen: *»Was brauche ich an dieser Stelle wirklich?«*

Wenn es uns gelingt, diese Frage zu stellen und aufrichtig nach einer Antwort zu suchen, haben wir im ersten Schritt schon für uns gesorgt. Wir wenden uns unserem Selbst und seiner Not zu und nicht der Ersatzbefriedigung.

Als Kind wurden viele von uns in der Not »schnell mal abgespeist«, hier ein Schnuller statt einer Umarmung, dort ein Aufs-Zimmer-Schicken statt eines Gespräches. Das kann dazu führen, dass wir lernten, unsere wahren Bedürfnisse zu übergehen. Nehmen wir uns aber die Zeit, einander wirklich zuzuhören, kann das eine neue Tür zum Selbst öffnen, hinter der sich eine wichtige Ressource verbirgt.

Ich wünschte, die zahlreichen Hobby-Seelentröster da draußen wüssten, was sie mit manch einer Floskel anrichten können. Ich unterstelle niemandem von ihnen eine böse Absicht, aber ich appelliere generell an mehr Feinfühligkeit und Anstand gegenüber Menschen in seelischer Not.

Um an dieser Stelle etwaigen Missverständnissen vorzubeugen: Es gibt natürlich unzählige Mitmenschen, die weder studiert haben und auch nicht als Heiler, Coach und Therapeut bezeichnet werden und gleichzeitig wunderbare Helfer sind, einfach weil sie an ihren Mitmenschen aufrichtig interessiert sind, sich ausreichend Zeit nehmen und hinhören, statt zu verurteilen oder unnötig viel Geld mit der Not und dem Leid anderer verdienen wollen.

Genauso wie es wundervolle, ausgebildete Menschen gibt, die anderen aufrichtig ihre Zeit und ihr ganzes Engagement widmen und natürlich auch davon leben dürfen. Hier werden wir aber keine unnötige Abzocke finden, sondern wahrhaftige Hilfestellungen. Auf dem Weg, Frieden mit der eigenen Vergangenheit zu finden, ist es auch wichtig zu lernen, die einen von den anderen zu unterscheiden.

Ein Großteil der 450 Milliarden, die jährlich in die Selbsthilfebranche investiert werden, fließt bedauerlicherweise eben nicht in qualitativ hochwertige Psychotherapie, wissenschaftlich anerkannte Methoden, wertvolle Coachings oder lang bewährte Beratungen und Begleitung, sondern in Esoterik und Motivations-LalüLala. Bitte verzeih, dass ich das an dieser Stelle nicht anders formulieren kann.

Da wird angeboten, sich übers Wochenende die eigene Grabrede zu schreiben und nachts über glühende Kohlen zu laufen, alles, um endlich in das eigene Potenzial zu kommen und die verkorkste Kindheit abzuschütteln. Manch einem hat das sicherlich auch geholfen und das gebracht, was erwartet wurde, aber der Großteil lebt weiterhin in einer inneren Not, sobald der Alltag an die Tür klopft.

Nicht etwa deshalb, weil der Großteil von uns irgendetwas »nicht kapiert«, kaputt oder zu demotiviert ist, wie einem in solchen Seminaren bedauerlicherweise allzu oft suggeriert wird, sondern weil es eben nicht für jeden von uns das passende Vehikel ist und einfach mehr braucht, als »mal eben« über glühende Kohlen zu laufen. Das Leben ist nun mal kein inszenierter Rahmen, der sich mit Motivationsgebrüll überlisten lässt. Es gibt zahlreiche sehr glückliche und wunderbare Menschen, die ihren 9-to-5-Job lieben, ihr Reihenhaus schätzen und für den eigenen Seelenfrieden nichts weiter als einen Spaziergang durch den angrenzenden Wald und weder ein digitales Business noch die tägliche Yogaeinheit brauchen, um sich erfüllt und frei zu fühlen. Ich beobachte vor allem in den letzten zehn Jahren, dass immer mehr Menschen denken, sie müssten das Optimum anstreben, um heil und »richtig frei« zu werden, um ihr Leben endlich wieder in den Griff bekommen zu können, aber nicht, weil es ihnen wirklich von Herzen guttut, sondern weil suggeriert wird: *»Höher, schneller, weiter ist das ultimative Seelenglück«*. Dabei zeigen zahlreiche Studien, dass jene Menschen am glücklichsten sind, die ein stabiles soziales Umfeld haben, keineswegs aber, dass es dazu Millionen auf dem Konto, unzählige Follower oder ein Haus am Meer braucht. Die Suche nach Perfektion kann zur Sucht werden, und ich blicke mit Bedenken auf die seelische Entwicklung, die diese Sucht auslösen kann. Im Grunde ist diese Entwicklung eine Einladung dazu, wieder mehr bei den eigenen Vorstellungen und Werten anzukommen, aus denen sich ein Miteinander aufbauen kann, in dem einander nur eines aufgedrückt wird: Verständnis, Respekt und Mitgefühl.

Finden wir durch unser Umfeld nicht den dringend notwendigen Halt, kann der Schmerz zu einem Begleiter werden.

Wir finden im Schmerz nämlich auch Trost, Halt und Geborgenheit, weil er uns vertraut ist. Wir kennen ihn schon so lange und denken, er wäre deshalb da, weil er ein Teil von uns ist.

Wenn wir uns dafür öffnen können, diese Annahme zu hinterfragen, lauschen wir dem Schmerz womöglich aus einer anderen Perspektive. Womöglich sagt er nicht: *»Ich bin ein Teil deines Lebens, weil du nichts Besseres verdient hast«*, sondern: *»Du, schau mich bitte an. Ich bin nicht da, um dir zu schaden oder mich an dir zu laben. Ich bin an deiner Seite, um dir aufzuzeigen, dass da ein Teil in dir in Not ist und Liebe, Fürsorge und Aufmerksamkeit benötigt. Damit ich gehen kann, musst du dir bitte jemanden suchen, der dir auf gesündere Weise, als ich es tue, dabei helfen kann, Liebe, Fürsorge und Aufmerksamkeit zu bekommen. Ich bin nicht der richtige Begleiter für dich. Ich bin nur ein Bote der Liebe, Fürsorge und Aufmerksamkeit, die endlich zu dir wollen.«*

Wenn wir seelischen Schmerz verspüren und uns ihm achtsam und feinfühlig annähern, fällt uns spürbar ein Stein vom Herzen. Denk nur an eine liebevolle, tröstende und aufrichtig gemeinte Umarmung eines dir nahestehenden Freundes, wenn es dir nicht gut ging. So eine Geste kann heilsamer sein als tausend Ratschläge. Wenn wir uns aber mit ihm identifizieren und meinen, er wäre ein Teil von uns, an dem wir festhalten, unterliegen wir einem Trugschluss. Sobald uns Leid, Dramen, Schmerz und Angst Trost spenden, sollten wir uns Unterstützung holen.

Leonora, 42, wurde im Alter von sieben Jahren von ihrem Großvater missbraucht und schreibt: *»Mein Leben lang verbrachte ich damit, meine Wunden zu lecken, sie zu verbinden und zu heilen. Der Glaube, ›ich bin verwundet, traumatisiert und verletzt‹, wurde so sehr zu meiner Identität, dass dieser eine schreckliche Moment meiner Kindheit zum Tyrannen meines bisherigen Lebens wurde. Ich ging zu* *jedem Heiler, jedem Retreat, machte jedes Ritual, das ich finden konnte und verlor mich dabei im Grunde nur noch mehr, weil ich glaubte, nicht einmal für eine Heilung gut genug zu sein.*

Erst als ich eines Tages mit einem wunderbaren Freund auf einer Alm saß und dabei zusah, wie die Sonne langsam aufging, erkannte ich, dass ich all das, was mir passiert war, nicht hätte ändern oder verhindern können, sondern es eine bittere Momentaufnahme einer Realität war, der ich damals nicht entfliehen konnte. Ich begriff, dass ich jetzt, als erwachsene Frau, sehr wohl ohne all diese Hilfsmittelchen, die mich so fesselten, dazu in der Lage war, mich von den Tyrannen zu befreien. Jetzt habe ich die Möglichkeit und kann lernen zu verhindern, dass sie mir erneut den Schlaf, meine Würde und Selbstliebe rauben. Jetzt kann ich mir Hilfe holen, in dem Wissen, dass ich gut genug dafür bin und für mich einstehen. Damals konnte ich das nicht.

Mir diese Hilfe zu erlauben, erforderte meinen Mut. Denn ich musste begreifen lernen, dass es ein Ich, fern dieser verdammten Geschichte vom kleinen, missbrauchten Mädchen, die ich mir immer und immer wieder erzählte, gibt. Der andere Teil der Geschichte ist nämlich auch eine Realität: Ich bin auch eine Frau, die nicht daran zerbrochen ist. Ich bin auch eine Frau, die offen für das Leben blieb. Eine Frau, die leben will und nicht aufgegeben hat, nach dem Guten, Wahren und Schönen zu suchen. All das bin auch ich!

Ich bin in diesem Moment des Jetzt eben nicht nur meine Vergangenheit, ich bin auch nicht nur das kleine, wehrlose Kind von damals. Ich bin auch nicht nur mein Trauma und schon gar nicht nur meine Wunde und mein Schmerz. Ich bin auch noch viel mehr als all das. Diese Erkenntnis schenkt mir den Respekt und die Würde, die ich glaubte, in den Händen meines Großvaters verloren zu haben.

Die Erinnerung ist ein Teil einer Vergangenheit, die ich

deshalb akzeptieren und hinter mir lassen kann, weil ich das erkannt habe.«

In diesem Fall ist es gelungen, eine persönliche Antwort auf den grausamen Schrecken der Vergangenheit zu finden. Aber viele Menschen suchen noch danach, und ich möchte im folgenden Kapitel näher darauf eingehen, woran es liegen kann, dass wir noch auf der Suche nach unserem persönlichen Wofür sind, aber vor allem, wie es gelingen kann, durch zusammenfassendes und auf den Punkt gebrachtes Wissen Erkenntnisse zu erlangen, die eine Abkürzung zum inneren Frieden und Glück bringen können.

Ich bin doch kein Opfer meines Schmerzes!

Wir alle haben schon mal seelischen Schmerz erlebt. In diesen Situationen *fühlten* wir uns entweder als Opfer oder waren tatsächlich eines. Wir fühlten uns oder waren schutzlos, verletzlich und hatten ein starkes Bedürfnis nach Zuwendung und Trost. Das ist menschlich und natürlich.

Sobald etwas passiert, das uns ängstigt, verlangt unser Innerstes nach Schutz, um weiterhin am Leben bleiben zu können.

Für manche von uns reicht schon ein Brief vom Finanzamt, um uns schutzlos und angegriffen zu fühlen, für andere ein Augenrollen eines geliebten Menschen, während wir unsere Gefühle preisgeben, für wieder andere ein Streit mit dem Chef, Partner oder nahestehenden Menschen. Jeder von uns hat eine »andere Schmerzgrenze«, wenn es darum geht, sich verletzlich zu fühlen, eben deshalb, weil jeder von uns auch andere Erlebnisse und Werte in Bezug auf Verletzungen und seelische Schmerzen hat.

Wenn wir aber nur dann Aufmerksamkeit und Trost bekommen haben, wenn wir uns schlecht fühlten oder jammerten, dann lernten wir: *»Aha, im Schmerz und als Opfer* *werde ich gesehen und bekomme, was ich brauche.«* Das kann mitunter zu sehr unangenehmen Verhaltensweisen führen. Denn wir tun grundsätzlich alles dafür, um zu bekommen, wovon wir annehmen, es zum Überleben zu brauchen. Wir rauchen beispielsweise, obwohl wir wissen, dass es schädlich ist.

Es gibt eine Art Kultur der Opfermentalität, die dieses nicht ganz gesunde Verhalten, sich als Opfer zu fühlen, fördert. Denn immerhin bekommt ein Opfer im Normalfall den Schutz des Rudels, sprich der Mitmenschen, die empathisch aus der Not befreien, helfen und unterstützen. Helfer werden gesellschaftlich angesehen, gefeiert und gefördert. Helfer sind diejenigen, die dafür sorgen, dass die Welt wieder ein Stück heiler wird.

Es gibt aber Menschen, die sich die Mentalität des Opfers zum Lebensstil gemacht haben und permanent in diese Rolle kippen. Sie manipulieren die Helfer, tun so, als wären sie ohne diese aufgeschmissen und benutzen sie letzten Endes für ihre eigenen Zwecke.

Sie jammern unentwegt und sind der Ansicht, dass grundsätzlich die anderen für das eigene Unglück verantwortlich sind. Sie leben permanent in der *»Warum-passiert-mir-das?«*-Frage, suchen aber die Verantwortlichen grundsätzlich im Außen. *»Ich bin nicht schuld, die anderen sind es!«*

Selbstverständlich müssen Berufsopfer so denken, denn würden sie die Verantwortung für ihr Verhalten übernehmen, ist die Konsequenz, zumindest aus deren Sicht, der Liebes- und Aufmerksamkeitsentzug. Ist ein Mensch nicht dazu in der Lage, Verantwortung für sein eigenes Handeln zu übernehmen, dann wird das in der Psychologie als externer Ort der Kontrolle bezeichnet. Das bedeutet, dass alles, was im eigenen Leben geschieht, stets in externen Faktoren und Einflüssen, die außerhalb der eigenen Kontrolle liegen, zugesprochen wird. Man kann regelrecht süchtig danach werden, in die Rolle des Opfers zu fallen. Vor allem, wenn von klein auf das Gefühl vorherrscht: *»Ich habe zu wenig Aufmerksamkeit und Liebe bekommen«*, tendieren wir dazu, den Schmerz, das Leid und das Gejammer dafür zu nutzen, um an Liebe, Aufmerksamkeit und Geborgenheit heranzukommen. Deshalb muss alles dramatisiert und prinzipiell als schlimm und grenzüberschreitend empfunden werden – alles und jeder wird somit zum Schmerzverursacher, selbst alltägliche Dinge.

Es führt deshalb zu nichts, Lösungen für diese Menschen zu erarbeiten, denn die Lösung ist nicht das Ziel der Opfermentalität. Das Ziel ist unentwegte Aufmerksamkeit, bedingungslose Liebe und der permanente Fokus auf das Da-Sein. Das wiederum führt zur Selbstaufgabe des Umfeldes, weil die Opfermentalität gern manipuliert und große Schuldgefühle im Gegenüber auslöst, sobald es mal nicht da ist. *»Ich habe alles für dich getan, und nun lässt du mich im Stich«* oder *»Ich habe dir so vertraut und dachte, du wärst ein guter Mensch und nun das, du lässt mich einfach mit meinem Schmerz alleine«* sind Sätze, die von vermeintlichen Opfern gehört werden können.

Meist zählen sie einem auf, was sie alles Furchtbares in der Vergangenheit und Kindheit erlebt haben und meinen, dadurch ein Recht darauf zu haben, nun über dich verfügen zu können. Die Opfermentalität muss immer auf Nummer sicher gehen, Liebe und Aufmerksamkeit zu bekommen, und das zu jedem Preis. Die Opfer sind dazu bereit, dafür sehr weit zu gehen und werden zwangsläufig an irgendeinem Punkt selbst zum Täter. Einzig und allein dadurch, weil sie das Umfeld manipulieren und viel mit Schuld, Scham und Vorwurf arbeiten. Eine bittere Kombination. Der konstruierte Tyrann der Vergangenheit sitzt feuerspuckend auf ihren Schultern und verschont nur jene, die in permanenter Abrufbereitschaft für sie da sind. Das wird besonders anstrengend, wenn es sich dabei um die eigenen Eltern oder den Partner handelt.

Auf keinen Fall sollten wir unser eigenes Leben aufgeben, denn die Opfermentalität ist ein Fass ohne Boden. Das Dasein wird nie genügen, die Liebe stets zu wenig und die Aufmerksam immer ungenügsam sein. Wenn jemand mit Opfermentalität in deinem nahen Umfeld lebt, ist es wichtig, Folgendes zu sagen: *»Ich habe ein Muster in deinem Verhalten erkannt, das mir nicht guttut. Ich glaube, du denkst, nur durch Jammer und Schmerz an meine Liebe und Aufmerksamkeit zu kommen. Dabei ist das nicht richtig, im Gegenteil. Es führt eher dazu, dass ich mich von dir entferne, weil es nicht mein Job ist, deine Leere zu füllen. Ich wünsche mir für dich, dass du wieder am Leben teilnehmen kannst und lernst, die Verantwortung für dein Handeln zu übernehmen. Bitte suche dir professionelle Unterstützung, denn mir liegt viel an dir.«*

Ein Nachgeben ermuntert dein Gegenüber nur, noch mehr in der Opfermentalität zu verharren, eben weil dein nährendes Verhalten die Droge des chronischen Opfers ist.

Du wirst durch deine Fürsorge zum Dealer.

Der Süchtige wird alles tun, um dich dahin zu bekommen, in genau dieser Rolle weiter für ihn da zu sein. Viele KlientinNen berichteten mir, dass sie ein unglaublich schlechtes Gewissen haben, sobald sie sich von chronischen Opfern distanzieren. Sicherlich auch deshalb, weil sie als Helfer so empathisch sind und dadurch das beste »Opfer« für die Opfermentalität. Immerhin sind sehr feinfühlige Menschen dazu in der Lage zu erkennen, wenn jemand in Not ist. Die Opfermentalität nutzt diese wunderbare Eigenschaft leider bis aufs Letzte aus.

Meine Antwort für meine Klienten an dieser Stelle ist:

»Du hast die Wahl, wie du dein Leben und deine Beziehungen gestalten möchtest. Dein Job ist zu lernen, wann jemand wirklich deine Hilfe braucht und wann er dich nur aus- und benutzt.«

Wenn du Dealer sein willst, bleib der Dealer, aber dann trage die Konsequenzen. Eine davon wird sein, dass du dein freies Leben aufgibst und für das Opfer opferst. Denn es wird dich als Quelle der verlorenen Liebe und Aufmerksamkeit nie wieder gehen lassen. Eine weitere ist, dass du nicht nur der Helfer bleibst, sondern selbst zum Täter wirst. Du hältst durch sein beharrliches Immer-Wieder-Da-Sein auch dein Gegenüber weiterhin in der Rolle des Opfers fest. Ihr nehmt euch gegenseitig die Gelegenheit, über euch und dieses Muster hinauszuwachsen.

Sobald wir im Opfer-Täter-Retter-Dreieck festhängen, werden wir eines Tages zwangsläufig alle Plätze besetzen, ob uns das lieb ist oder nicht.

Um aus diesem Teufelskreis auszusteigen, braucht es die Klarheit, die Dynamiken zu erkennen und den Mut, dieses Spiel nicht länger mitzuspielen. Warum das so vielen schwer fällt, wir sowohl in der Opferrolle als auch in der Rolle des Retters süchtig werden können, aber generell auch tun, was wir tun, erkläre ich im nächsten Kapitel, durch die »Wo-bist-du«-Frage.

Kurt, 54, berichtet: *»Meine erste Frau war ständig krank und machte mich dafür verantwortlich. Egal was passierte, ich war schuld. Ich fing an, alles für sie zu tun, sogar mich selbst, meine Freunde, meine Hobbys aufzugeben. Es ging sogar so weit, dass ich meinen Job kündigte. Es dauerte sieben Jahre, bis ich mich endlich von ihr lösen* *konnte. Das war eine verdammt harte Zeit. Es dauerte weitere fünf Jahre, bis ich die Schuldgefühle hinter mir lassen konnte, weil ich mich getrennt hatte. Diese Vergangenheit nagt sehr an mir. Ich hatte ständig Angst, dass sie stirbt, sobald ich sie verlasse. Mittlerweile sind 15 Jahre vergangen, sie ist noch am Leben und zufrieden. Ich glaube, ich kann langsam wirklich loslassen. Denn die Erfahrung hat mir gezeigt, dass ihr Leben auch ohne mich weiterging. Ich denke, ich geriet deshalb in diese Beziehung, weil ich mich damals auch schon immer für das Glück meiner Eltern verantwortlich fühlte. Ich dachte immer: ›Wenn ich da bin, läuft alles. Bin ich nicht da, geht alles schief.‹ Im Grunde ziemlich anmaßend. Vermutlich haben die Muster meiner Exfrau und mir einander bedingt. Ich lerne langsam, dass ich nicht der Nabel der Welt bin und das entlastet und tut gut.«*

In der Rückschau erkennen wir bestenfalls, dass uns niemand ausschließlich »abhängig macht«, sondern auch wir unseren Teil dazu beitragen, die Abhängigkeit und Selbstaufgabe zuzulassen. Es ist immer auch ein gewisses Gleichgewicht in Beziehungen vorhanden. Dieses besteht aus einem »Jemand, der macht« und einem »Jemand, der machen lässt«. Wenn wir aufgrund entsprechender Erfahrungen aus der Kindheit später als Erwachsene dem Irrtum unterliegen, nur dann wertvoll und anerkannt zu sein, wenn wir uns für jemanden aufgeben und in gewisser Weise »opfern«, wird es zur Aufgabe, später im Leben zu lernen, wie es gelingen kann, sich selbst und den eigenen Bedürfnissen treu zu bleiben und gleichzeitig in einer gesunden Beziehung zu anderen zu leben. Keineswegs geht es darum, »toxische Menschen« zu meiden, sondern einen gesunden Umgang mit ihnen zu finden.

Die Welt ist voll mit Menschen, die mehr auf ihren Vorteil bedacht sind als auf unseren. Ihnen dauerhaft aus dem Weg zu gehen, nur um uns nicht selbst zu verlieren, kann zur Mammutaufgabe werden.

Ratsamer ist es, seine Ressourcen darin zu investieren zu lernen, trotz ihrer Existenz, ein gutes, wahres und schönes Leben mit guten, wahren und schönen Beziehungen zu führen. Das gelingt, indem wir unseren Selbstwert stärken und ein »Gegenüber« werden, das klar für die eigenen Werte, Grenzen und Bedürfnisse einstehen kann. Wie? Das liest du im nächsten Kapitel.

Wo bist du?

Wo bist du? Die eine Frage, die uns *alle ein Leben lang begleitet, ob uns das bewusst ist oder nicht.*

Manches Mal scheint es auf der Reise zu uns selbst so, als gäbe es einen Teil in uns, ähnlich einem kleinen Kind, das eine Bastelstunde mit Superkleber auf den eigenen Straßen des Lebens abhält und im Trauma festsitzt. Egal, wie viele Therapiesitzungen, Retreats, Meditationen oder Selbstfindungskurse wir auch gemacht haben, egal wie oft wir gebetet, vergeben oder losgelassen haben, es hat sich festgesessen und weicht keinen Millimeter davon ab, noch nicht genug getan zu haben. Es fühlt sich trotz allem innerlich nicht ganz und irgendwie leer an, oder es kochen immer und immer wieder alte Erinnerungen hoch, obwohl wir das gar nicht wollen.

Wir fallen in alte Muster, verhalten oder fühlen uns nicht so, wie wir es eigentlich wollen und sind dem müde geworden. Das kann mitunter zermürbend werden und wir laufen Gefahr, zu denken: *»An mir ist etwas kaputt, ich schaffe es irgendwie nicht, mich repariert zu bekommen.«*

Es fühlt sich an, als gäbe es da ein kleines Kind in uns, das immer wieder am Rockzipfel zieht und um unsere Aufmerksamkeit buhlt, indem es uns permanent Fragen stellt und unsere Antwort erhofft. Danach ignorieren wir dieses kleine, nervige Etwas in uns, schicken es gedanklich aufs Zimmer oder betüddeln und verhätscheln es. Beides erfordert unsere Aufmerksamkeit, und der Eindruck entsteht, wir könnten nichts anderes im Leben tun, als dieses Kind in uns zu besänftigen oder ihm Herr zu werden. Das Kind in uns tut all das aber nicht, um uns zu ärgern, sondern weil es nach etwas und jemandem sucht und bisher keine zufriedenstellende Antwort bekommen hat.

Es sucht genauso nach Frieden, wie wir es auch tun und hat diese Suche, trotz allem, nicht aufgegeben. Anstatt also alles dafür zu tun, das Kind in uns zu besänftigen, zu ignorieren oder zu bekriegen, sollten wir ihm erst mal aufmerksam zuhören.

Uns Menschen eint nämlich eines: Um überleben zu können, müssen wir unsere Grundbedürfnisse erfüllt wissen. Wir müssen uns in irgendeiner Weise geliebt, anerkannt, sicher und verbunden fühlen, um überleben zu können. Wir wollen auch von Bedeutung sein und den Sinn im Leben erkennen. Kinder stellen, um überleben zu können, ihrem angebotenen Umfeld von Geburt an so lange, bis sie eine befriedigende Antwort bekommen, eine essenzielle Frage: »*Wo bist du?*«

Das Kind in uns bleibt nur dann präsent in unserem Leben, wenn die Antworten, die es auf diese Frage bisher erhalten hat, unzureichend waren. Es fragt alles und jeden, vor allem aber uns selbst bis dahin permanent:

Wo bist du, der mir Sicherheit gibt, mich beschützt und aus der Not begleitet und sogar rettet?

Wenn ich dich in meinem Leben habe, kann ich mich aufs Leben einlassen. Ich weiß, du beschützt mich und zeigst mir, dass ich keine Angst haben muss. Du lässt mich nicht im Stich und zeigst mir, wie ich mich in der Not wieder beruhigen kann. Du fütterst mich, passt auf mich auf und beschützt mich vor Gefahren. Wenn ich nicht mehr weiterweiß, bist du da.

Wo bist du, der mir Geborgenheit gibt, mit mir im Kontakt bleibt und sich mit mir verbindet?

Wenn ich dich in meinem Leben habe, muss ich mich

vor Nähe nicht fürchten. Ich fühle mich gut aufgehoben und kann mich fallen lassen. Ich empfinde Vertrauen und weiß, dass jemand für mich da ist, sobald ich Hilfe benötige. Ich kann mich in meiner Not an dich wenden und in dir Trost und Halt finden.

Eine Voraussetzung dafür, Vergangenes »loszulassen«, ist das Gefühl der Sicherheit. Denn nur wenn wir uns sicher fühlen, können wir uns entspannen. Blicken wir aber auf zu viele Erlebnisse zurück, in denen unser Bedürfnis nach Sicherheit und Geborgenheit nicht ausreichend beantwortet wurde, fällt unserem System das Loslassen nicht nur schwer – es wird so lange unmöglich, bis wir ausreichend positive Erfahrungen gesammelt haben und unser Gehirn nicht mehr aus allem und jeden einen Säbelzahntiger, der es bedroht, machen muss.

Haben wir als Kind erlebt, dass die Kindheitsbegleiter beängstigend und bedrohlich auf uns wirkten, oder wurden wir in unsichere und bedrohliche Umstände hineingeboren, fragt das Kind in uns nach Sicherheit, indem es sagt: *»Beschützt du mich?«* Es fordert uns immer und immer wieder anhand wiederkehrender Erinnerungen dazu auf, nun neue Umstände zu schaffen, in denen es sich sicher und geborgen fühlen kann.

Wenn es lernte, dass der Rückzug und die Isolation die einzige Sicherheit bieten, werden wir auch als Erwachsene den Eindruck haben, uns auf andere Menschen nicht verlassen zu können. Wir werden, sobald ein Problem auftaucht, den Rückzug antreten und »mit uns selbst klarkommen«, wie wir es damals als Kind lernten.

Die Verbindung mit anderen Menschen oder Orten, gerade in der Not, wirkt beängstigend, wenn wir als Kind nicht die Erfahrung machten, dass sie auch eine Ressource und Kraftquelle für Trost und Halt sein kann. Insofern holt uns hier schon mal die Vergangenheit ein.

Die Vergangenheit kann dann zum Tyrannen werden, wenn wir ihre Sprache nicht verstehen.

Sobald wir begreifen, dass das Kind in uns nur deshalb aktiv ist, weil sich seine Prägungen und Ansichten über die Welt noch nicht mit unseren Vorstellungen, Sehnsüchten und Wünschen deckt, können wir völlig anders auf alte Muster und Verhaltensweisen, aber auch Erinnerungen reagieren.

Erinnerungen tauchen auf, damit wir ihnen neue Bedeutung geben – eine, mit der wir die »Wo-bist-du«-Frage des Kindes in uns beantwortet bekommen. Wenn wir uns den Ansichten des Kindes in uns aber hingeben, uns davon beherrschen lassen und weiterhin denken: *»Menschen sind gefährlich und das Leben sowieso. Ich kann mir nur alleine helfen«* kommen wir aus dem alten Hamsterrad nicht heraus. Das Kind in uns wird uns immer wieder die alten Geschichten erzählen, logisch, immerhin ist das auch seine Realität. Es wird das so lange tun, bis wir gelernt haben, ihm richtig zuzuhören und ihm anschließend neue, sinnerfüllte und uns dienliche Antworten beibringen. Wir sind sozusagen aufgefordert, ihm die Mama und der Papa zu werden, also die Eltern, die es früher brauchte.

Sobald wir dem Kind in uns, das Angst hat, sich zurückzieht oder wütend auf Ereignisse im Leben wird, mitteilen können: »Schatz, ich sehe dich, ich nehme deine Angst und Not wahr. Ich pass auf dich auf und beschütze dich«, kann es das Steuer über unser Leben loslassen und nach und nach darauf vertrauen, dass jetzt in uns jemanden gefunden hat, dem es vertrauen kann.

Du merkst an dieser Stelle vielleicht, dass einer der Hauptgründe, warum wir uns mit der Kindheit befassen, ist, zu lernen, dem Kind in uns zu geben, was es benötigt und gleichzeitig die Führung über unser Leben beizubehalten. Wir sind, im Angesicht von Leid, Schmerz und alten Erinnerungen, in gewisser Weise dazu aufgefordert, dem Kind in uns bessere Elternteile zu werden, als unsere es damals waren.

Aber nicht nur Sicherheit und Geborgenheit sind wichtig, um uns vertrauensvoll auf das Leben einlassen zu können und somit die Führung im eigenen Leben wieder zurückzugewinnen. Wir haben auch weitere Bedürfnisse, die erfüllt werden müssen.

Wo bist du, der mir das Gefühl gibt, von Bedeutung, wertvoll und wichtig zu sein?

Wenn ich dich in meiner Nähe habe, muss ich mich weder beweisen noch um meinen Platz innerhalb der Familie und im Leben kämpfen. Ich weiß um meine Bedeutsamkeit, weil du mir das Gefühl gibst, einzigartig, wertvoll und wichtig zu sein. Ich stelle dadurch meinen Wert nicht in Frage, weil du ihn nicht an Bedingungen knüpfst. Ich darf da sein und mich dabei wohl und angenommen fühlen.

Eine Voraussetzung für das Gefühl, einen Platz im Leben zu haben, der uns nicht nur Sicherheit, sondern auch Bedeutung zumisst, ist, dass uns jemand willkommen heißt und eine Freude über unser Dasein vermittelt.

Die größte Angst, vor allem als Kind, ist, abgelehnt zu werden. Deshalb, weil wir nur dann überleben können, wenn sich uns einer als Säugling und Kind annimmt. Keiner von uns kann als Baby überleben, wenn niemand da ist, der sich kümmert. Das wissen wir und tun alles dafür, um die Aufmerksamkeit dieses einen zu bekommen. Babys schreien einzig und allein aus diesem Grund. Sie brauchen ihre Stimme, um überlebensnotwendige Aufmerksamkeit zu bekommen, ansonsten wären sie dem Tod geweiht. Dabei ist der Mensch sehr zäh, aber nicht endlos. Vielleicht gelingt es ja, körperlich zu überleben, weil wir zumindest Nahrung erhielten, aber wenn wir dabei als Wesen und Individuum nicht beachtet wurden, kann ein wesentlicher Teil in uns zugrunde gehen: Selbstachtung und Selbstwirksamkeit. Wenn wir lernen, dass unsere Stimme nur unter ganz gewissen Umständen gehört wird, werden wir ab einem gewissen Alter dafür sorgen, diese herzustellen. Wenn Mama und Papa uns nur dann ihre Aufmerksamkeit zuteilwerden ließen, wenn wir entsprechend ihrer Vorstellungen funktionierten und ihre Erwartungen ausreichend erfüllt haben, werden wir uns anpassen, auch zu dem hohen Preis des Verlustes der Individualität und Selbstachtung.

Wenn wir so früh schon lernten, dass wir nicht gut genug oder nicht erwünscht sind, fühlt sich das Kind in uns abgelehnt und unser System »kämpft« um eine Daseinsberechtigung. Dieser Kampf kann sich in einer übertriebenen Freundlichkeit, Anpassung oder Rebellion äußern. Aber auch im Streben nach Perfektion. *»Bin ich jetzt endlich richtig, so wie ich bin?«* oder *»Darf ich sein?«* sind Fragen, die das Kind in uns infolgedessen stellt. Aber auch die Frage: *»Was habe ich falsch gemacht?«* und das Gefühl, für alles verantwortlich zu sein, das häufig in einem Burn-out endet, begleitet uns. Manches Mal so lange, dass wir noch mit 50 Jahren schauen, ob die Eltern zufrieden mit uns sind.

Es kann aber auch passieren, dass diese Frage so sehr dominiert, dass wir uns Partner suchen, die uns dasselbe Gefühl vermitteln wie damals als Kind. Einfach deshalb, weil wir es bisher nicht verstanden haben, diese Fragen richtig zu deuten. Wir stellen uns die Frage *»Bin ich falsch?«* oder *»Darf ich sein?«* nicht etwa, um eine mögliche Antwort oder Bestätigung vom Partner oder Chef oder den Eltern zu bekommen, sondern weil das Kind in uns in Not ist. Es ist unsicher, ob es da sein darf. Die einzig richtige Lösung ist demnach:

Wie und wodurch kann ich mir selbst das Gefühl geben, da sein zu dürfen, richtig zu sein und anerkannt zu werden?

Die Antworten auf diese Frage werden völlig andere Gefühle und Handlungsschritte auslösen, und somit werden wir auch andere Entscheidungen treffen können, die das Kind in uns wissen lassen: *»Aha, jetzt hast du mich verstanden, jetzt kann ich sicher und friedlich sein.«* Wir werden uns anhand dieser Frage weder Schuld, Scham oder Verurteilung hingeben, sondern vielmehr Lösungen. Denn eine mögliche Antwort könnte sein: *»Indem ich gut darauf achte, mit wem ich meine Zeit verbringe, wen ich in mein Leben lasse und wer auf mich Einfluss hat und wer nicht.«* Wir tun so lange alles, um zu beweisen, dass wir da sein dürfen und opfern dadurch einen kostbaren Teil unserer Selbst, nicht etwa, weil wir zu dumm oder zu kaputt wären, sondern weil das Kind in uns sein Verhalten noch immer auf die Frage *»Wo bist du, der mich mag?«* ausrichtet. Es braucht aber keine Beweise. Es braucht eine andere Haltung zu seiner Frage. Denn haben wir diesen kleinen Unterschied nicht erkannt, laufen wir der Anerkennung anderer stets hinterher.

Das Kind in uns hält an diesem Glauben fest, bis es eine zufriedenstellende Antwort erhält. Wir laufen deshalb nicht selten bis ins mittlere Alter durchs Leben und stellen diese Frage jedem, dem wir begegnen. *»Bin ich gut genug für dich, lieber Chef, lieber Partner, liebe Kinder, liebe Eltern, liebe Freunde, liebe Follower?«* beinhaltet die Not: *»Wo seid ihr, die ihr mich mögt und annehmen könnt, wie ich bin?«*

Wir werden vielleicht wütend oder traurig, sensibel und eingeschnappt, wenn wir feststellen, von ihnen kritisiert zu werden und fühlen uns wie damals als Kind. Je mehr das Kind in uns denkt, nicht zu genügen, desto wütender, trauriger, rebellischer oder trotziger reagieren wir im Angesicht von potenzieller Ablehnung. Niemand von uns will abgelehnt werden. Aber ein Mensch, der gelernt hat, dass Kritik bedeutet: »*Du bist falsch*« wird lernen, sich anzupassen, um nicht anzuecken.

Die Wahrheit aber ist:

Dein Verhalten mag womöglich nicht richtig gewesen sein, aber du selbst bist richtig und willkommen, selbst wenn du etwas falsch machst.

Mit diesem Wissen braucht es weder die Wut noch den Hass, die Sucht, die Abhängigkeit, die Rebellion, die Isolation oder die Depression, um uns selbst anzunehmen. Das Kind in uns hat dann gelernt, dass es gut ist, so wie es ist und kann sich entspannen, selbst im Angesicht von Kritik. Es ist deshalb unsere Aufgabe, als Erwachsene zu lernen, was und wer uns wirklich guttut und vor allem offen zu kommunizieren, was wir brauchen. Wenn Zweifel auftauchen, könnten wir dem Kind in uns mitteilen: »*Schatz, ich sehe deine Not. Du hast Sorge, abgelehnt zu werden. Ich verspreche dir, dass ich immer an deiner Seite bin, du wirst niemals alleine sein, weil ich da bin und ich sage dir: Du darfst sein. Du darfst Bedürfnisse haben, sie einfordern und ausdrücken. Du darfst Fehler machen und trotzdem wertvoll und von Bedeutung sein.*«

Wenn wir zur Bank gehen und sagen: »*Ich brauche bitte einen 200-Euroschein von meinem Konto*« und die Angestellte gibt uns einen zerknitterten Schein und sagt: »*Leider habe ich heute nur noch diesen hier*« werden wir ihn ablehnen und denken: »*Er ist wertlos, weil er zerknittert ist*«? Nein, natürlich nicht. Ein zerknitterter 200-Euroschein ist genauso wertvoll wie ein glatt gebügelter. Niemand von uns hat eine einwandfreie Biografie, die fehlerfrei verlief, aber deshalb haben wir doch nicht an Wert verloren! Wenn du das nächste Mal an dir zweifelst und deinen Wert in Frage stellst, schnapp dir fünf Euro, zerknitterte sie, geh dir damit etwas kaufen und beobachte, wie es dem Verkäufer gleichgültig ist, wie das Geld aussieht. Er nimmt es an.

Unser Job, im Angesicht von Selbstzweifeln ist es, uns immer und immer wieder bewusst zu machen: Ich darf hier sein und bin wertvoll, trotz allem, was ich mitbringe.

Das Kind in uns stellt sich aber noch weitere Fragen:

Wo bist du, der mich bedingungslos liebt, so wie ich bin und sich mit mir verbindet, auch wenn ich mal nicht funktioniere und mich anders verhalte wie von mir erwartet?

Wenn ich dich in meinem Leben habe, kann ich mich richtig fühlen, mich mit anderen verbinden und zum Leben Ja sagen. Ich kann gerechtfertigte Kritik annehmen und aus Fehlern lernen. Ich fühle Empathie und kann mich auf gesunde Beziehungen einlassen. Ich erkenne, wenn mir jemand nicht guttut und bin dazu in der Lage, gesunde Grenzen zu setzen und zu artikulieren, was ich brauche und was nicht.

Wenn wir uns als Kind, von wem auch immer, geliebt und verstanden fühlten, ist das eine Ressource, die ein Leben lang stärkt. Dabei ist es uns als Baby völlig gleichgültig gewesen, von wem unsere Bedürfnisse erfüllt werden. Es war als Säugling erst mal nur wichtig, dass sich jemand darum kümmert, und wir nahmen die Person als unsere erste und bevorzugte Bezugsperson an. Das kann die Oma, das Au-pair, ein Pflegeelternpaar oder eine Krankenschwester sein, nicht zwangsläufig die biologischen Eltern. Erst später, wenn wir älter werden und lernen, wie eine Familie auszusehen hat, erleben wir einen Mangel, wenn wir realisieren, dass nicht »die richtigen Eltern« in der »richtigen Konstellation« auf uns achteten, sondern jemand anders. Dann erst fühlen wir einen Verlust, Ablehnung oder nehmen wahr, nicht geliebt worden zu sein. Aber für ein Neugeborenes, Baby und Kleinkind spielt es keine Rolle. Es liebt seine Omi, wenn »nur sie da ist« über alles und es fehlt ihm an nichts, weil Omi bedingungslos liebt, nährt und versorgt. Leid entsteht deshalb, weil wir gewisse Dinge in ein Normdenken packen. Dabei ist es eine Tatsache, dass ein kleines Geschöpf bei jedem gesund groß werden kann, der feinfühlig seine Bedürfnisse erfüllt.

Werden wir abgelehnt und fühlen uns nicht geliebt, hinterlässt das, egal von wem diese Spuren kommen, ein Gefühl der Leere, aber nur wenn es keinen adäquaten Ersatz gab.

Tobias, 44, erzählt: *»Als ich geboren wurde, gab mich meine leibliche Mutter, die damals erst 14 Jahre alt war, zur Adoption frei. Ich wuchs bei meinen Adoptiveltern auf und es fehlte mir an nichts. Ich wusste, sobald ich sprechen konnte, dass ich im Bauch einer anderen Frau gewachsen und von ihr geboren worden war, weil meine Eltern mir das so erzählten. Ich empfand das als völlig normal und dachte: Wow, wie toll, es gibt da eine Mami, die mir das Leben schenkte und eine andere, die mich darin begleitet. Ich fühlte nie einen Verlust, eine Ablehnung oder dass ich nicht ausreichend geliebt wurde. Erst als ich in etwa zehn Jahre alt war und mich in der Schule die Kinder darauf ansprachen, ob ich denn irgendeinen Schaden hätte, weil meine Mama mich weggegeben hatte, fing ich an, an dem Konstrukt zu zweifeln. Gott sei Dank hatte ich Eltern, die mich gut auffingen und lehrten, dass bei gewissen Dingen nur meine Wahrheit zählen darf und niemals die der anderen. Nicht auszudenken, wo ich gelandet wäre, hätte ich den anderen Glauben geschenkt.«*

Natürlich gibt es Menschen, die von Adoptiveltern, Großeltern noch ihren eigenen Eltern weder ausreichend oder gar keine Liebe erhielten. Es gibt auch Leute, denen beigebracht wurde, Liebe wäre schmerzhaft und mit Qual verbunden. Wenn ein Kind das erlebt, denkt es: *»Das ist also Liebe. Liebe tut weh.«* Es hinterfragt nicht, weil es nichts anderes kennengelernt hat. Deshalb vermisst es im ersten Schritt auch nichts, sondern lernt, innerhalb dieses Schmerzes zu überleben.

Ein indisches Mädchen erzählte mir Folgendes: *»Jede Nacht kam mein Onkel zu mir ins Bett und tat Dinge, die ich nicht wollte und die mir wehtaten. Aber ich glaubte, dass das eben so sein muss und zum Leben dazugehört. Ich dachte sogar, dass es allen anderen auch so geht. Ich erfuhr erst mit 16 Jahren von einer Klassenkameradin, dass das, was mir passierte, falsch ist. Ich konnte das zunächst gar nicht glauben, es war, als hätte ich von einer anderen Welt erfahren. Ich verknüpfte bis dahin Schmerz mit Zuneigung und stellte das nicht in Frage.«*

Wir halten etwas so lange für normal oder unser Selbst für falsch, bis jemand kommt und uns von einer anderen Wahrheit berichtet.

Deshalb brauchen wir einander. Aber nicht nur irgendwie. Wir benötigen Menschen, die uns den Weg aus der Hölle und den Tiefen des Seelengrundes zeigen. Die Liebe und Empathie unserer Mitmenschen ist eines der kostbaren Werkzeuge auf diesem Weg und dafür ist es nie zu spät. Wir brauchen Menschen, die uns sagen: *»Hey, da läuft etwas falsch, komm, ich zeig dir einen Weg aus dieser Hölle.«* Das Kind in uns unterliegt einem Irrtum, wenn es meint, Liebe wäre nur durch Schmerz erhältlich. Es hat sich an dieses Erleben nur deshalb gewöhnt, weil es das eigene Überleben sicherte.

Das ging am vermeintlich besten, indem es vieles über sich ergehen ließ. Es passte sich an, im Glauben, nur so Liebe, Sicherheit, Bedeutsamkeit und Fürsorge zu erhalten. Es dachte, das Leid gehöre eben dazu und entwickelte entsprechende Strategien, um damit umzugehen, sodass es trotz allem überleben konnte.

Die einen wurden dadurch selbst aggressiv, misstrauten anderen oder zogen sich zurück. Andere taten so, als wäre alles in Ordnung, in der Annahme, dem wäre tatsächlich so. All das sind Strategien, um zu überleben und mit dem Schmerz zurechtzukommen. Denn ganz tief drinnen wissen natürlich auch schon Kinder, dass etwas nicht stimmt. Sie können es nur nicht zuordnen und benennen, weil es eben die Erfahrung »des anderen« braucht, um »das eine« richtig einordnen zu können.

Kinder suchen sich deshalb auch dann, wenn sie bereits groß sind, noch immer Menschen, die diesen Glauben weiter nähren, weil sie das andere schlicht nicht kennen.

Wenn ein Kind ausschließlich Gewalt erlebt, kann es diese nicht explizit als falsch einstufen, obwohl es sich natürlich so anfühlt. Es »erkennt« gewalttätige Menschen somit auch nicht als falsch, weil es an sie gewöhnt ist. Selbst als Erwachsene dominiert diese Denkweise so lange, bis das Kind in uns begriffen hat: *»Hier lief vieles falsch. Ich bin richtig in meiner Wahrnehmung. Ich brauche Hilfe. Jetzt bin ich (der erwachsene Blick) da, um dir zu helfen. Ich lass dich nicht mehr im Stich. Hier läuft etwas falsch und das lasse ich nicht mehr zu!«*

Damit ein Kind nicht erst groß werden muss, um zu dieser Einsicht zu gelangen, braucht es ein Umfeld, das achtsam und wachsam Missbrauch und Gewalt erkennt und sofort helfend eingreift.

Wusstest du, dass ein Kind im Durchschnitt 17-mal erzählen muss, dass es Gewalt oder Missbrauch erlebt, ehe ihm geholfen wird? Welches Kind ist schon so hartnäckig, da dranzubleiben? Es wird, wenn es keine Hilfe erhält, in sich kriechen und lernen, das Schicksal hinzunehmen. Die Wahrscheinlichkeit, dass es groß wird und sich auch noch als erwachsener Mensch in ähnliche Umstände wie damals begibt, ist sehr hoch. Eben deshalb, weil es kein klares Gegenüber gab, das eindeutig sagte: *»STOPP, HIER LÄUFT ETWAS FALSCH«* und anschließend entsprechend handelt, eingreift und dem ein Ende setzt. Tritt diese Hilfe nicht ein, ist das einer der Gründe, warum Erwachsene, die als Kind Gewalt erfahren haben, auch später in ähnlichen Umständen und Beziehungen weiterleben. Sie kennen nichts anderes und haben schlichtweg aufgegeben, sich auf die Suche danach zu machen. Dabei benötigen sie dringend Hilfe, Empathie und professionelle Begleitung und keine Verurteilung oder Ausgrenzung.

Manche von ihnen werden zu lebenslangen Opfern, die von einer Schieflage in die nächste geraten und leider auch jedem potenziellen Helfer misstrauen. Einfach deshalb, weil in deren Welt, Menschen Unglück und Schmerz, statt Hoffnung und Glück bringen. Sie fragen sich: *»Wie soll denn ein Helfer anders sein als die bisher kennengelernten Menschen aus dem Umfeld? Warum soll ausgerechnet jetzt geholfen werden und etwas Gutes passieren?«*

Das Leid wird irgendwann zur Philosophie.

Haben wir zu wenig oder die falsche Form der Liebe und Zuneigung als Kind erhalten, ist es trotz allem unsere Aufgabe, uns Unterstützung zu suchen, die uns wieder dabei hilft, gut, wahr und schön von falsch, Lug und Betrug unterscheiden zu lernen und nicht aus jedem Menschen, der uns begegnet, ein Monster zu machen. Ansonsten werfen wir ab einem gewissen Zeitpunkt das eigene Leben freiwillig in die Hand vergangener Tyrannen, das ist eine bittere Wahrheit, der wir uns aber stellen müssen. Diese Unterstützung finden wir in professionellen Einrichtungen und bei kompetenten Menschen, an die wir uns wenden können. Sobald dir Gewalt widerfährt, du aber nicht aktiv wirst, weil du denkst, das sei normal oder du selbst wärst schuld daran, sitzt das Kind in dir am Steuer und benötigt eine Korrektur der Wahrnehmung. Sag dir: *»Aha, offenbar interpretieren wir die Ereignisse auf eine Weise, die uns schadet. Ich verspreche dir, uns Hilfe zu holen, damit wir da rauskommen.«*

Wir dürfen nicht erlauben, dass jemand aus unserem Leben eine Hölle macht. *»Das Kind in mir kann mich mal«*, heißt an dieser Stelle: *»Ich sage stopp zu den alten Dramen!«*

Die Zeiten mit ausweglosen Notsituationen, Tyrannen und Monstern, vor denen wir uns verstecken und fürchten müssen oder die wir hart, alleine und ohne gesehen zu werden, bekämpfen müssen, ist vorbei. Sie enden, weil wir erkennen: *»Jetzt bin ich, anders als damals, groß und kann klar und deutlich zu den richtigen Personen sagen: Ich brauche bitte deine Hilfe! Zeig mir einen Weg da raus.«*

Ja, es braucht Mut und viel Kraft, um die Tür zu einer neuen Art von Leben zu sehen. Aber es braucht keine Energie mehr, um sie zu öffnen. Erkennen wir, dass wir Hilfe benötigen, geht sie von allein auf. Wir leben in einem Land, in dem es Menschen gibt, die füreinander sorgen. Wir leben in einem Land, in dem wir um Hilfe bitten können. Es gibt kostenlose Hotlines und zahlreiche Stellen und Menschen, an die wir uns wenden können, du findest sie auch im Anhang des Buches. Diese Hilfe anzunehmen, heißt weder, dass irgendetwas an dir kaputt ist oder repariert werden muss. Es bedeutet lediglich, dass du erkannt hast: *»Das Kind in mir kann mich mal... einfach leben lassen, weil ich ab sofort dafür sorge, dass es das kann.«*

Haben wir in unserem bisherigen Leben zwar durchaus Liebe von den Eltern bekommen, aber nur wenn wir dafür auch etwas getan haben, werden wir im Glauben groß, etwas für Liebe leisten zu müssen. Das kann vielerlei bedeuten:

- Besonders gut aussehen
- Viel arbeiten und mithelfen
- Besonders angepasst sein
- Besonders tapfer und mutig sein

Wenn wir erwachsen sind, werden wir uns mit sehr hoher Wahrscheinlichkeit genau in den Partner verlieben, bei dem wir all das »Erlernte« präsentieren können.

»Schau, wie schön, klug und fleißig ich bin! Du liebst mich bestimmt deshalb, richtig?« In den 20ern klappt diese Anpassung noch ganz gut. Ab 30 wird es dann holpriger, immerhin spielen wir in gewisser Weise eine Rolle, die uns auch anstrengt, oder wir stellen fest, dass wir durch die Geburt eines Kindes zugenommen haben und fühlen uns plötzlich nicht mehr so schön – in Folge ungeliebt. Manches Mal verlieren wir einen Job und fühlen uns, weil wir ja nun keinen Ort mehr haben, an dem wir unseren Fleiß unter Beweis stellen können, plötzlich ungeliebt und wertlos. Das Kind in uns klopft an die Tür und sagt: *»Schau her, jetzt wirst du nicht mehr geliebt!«* Das löst Panik in uns aus und wir versuchen, entweder so schnell wie möglich einen neuen Job, eine Diät, oder einen neuen Partner zu bekommen, um uns endlich wieder geliebt zu fühlen. Ein inneres Angetrieben-Sein entsteht und wir laufen der Liebe stets hinterher.

Je nachdem, was wir beigebracht bekamen, um Liebe

zu erhalten, werden wir Verhaltensweisen und Eigenschaften annehmen, die uns so lange begleiten, bis wir realisieren: *»Moment, muss ich wirklich gut aussehen, fleißig sein oder Ähnliches, um geliebt zu werden, oder geht das mit der Liebe auch anders?«*

Wo bist du, der mich fördert, mich ermutigt, mir die Welt zeigt, mir etwas zutraut und mich wissbegierig und neugierig sein lässt?

Wenn ich dich in meinem Leben habe, kann ich freudig explorieren und muss nicht ängstlich zu Hause sitzen. Ich kann Neues entdecken und mich auch darauf einlassen. Ich kann lernen und auch Fehler machen. Ich muss mich für nichts schämen, weil du mich ermutigt hast, immer weiterzumachen, was mir guttut. Ich kann Grenzen erkennen und setzen, weil ich sie kennenlernen durfte. Ich darf aber auch wagen, weil ich lernte, dass Fehler dazugehören.

Erst wenn wir die »Wo-bist-du«-Frage auf unsere Lebensbedürfnisse erfüllt wissen, ist das Kind in uns satt. Dabei ist aber wichtig zu wissen, dass jeder von uns mindestens zwei Bedürfnisse hat, die er unbedingt erfüllt haben muss, um sich glücklich und zufrieden zu fühlen. Es gibt Menschen, denen ist die Antwort auf die Frage nach Sicherheit deutlich wichtiger als die nach Exploration und Wachstum. Es gibt Menschen, die Neues brauchen, um sich gut zu fühlen und andere, die sich nach Beständigkeit sehnen.

Meist wollen wir das am meisten, von dem wir am wenigsten hatten.

Welche beiden »Wo-bist-du«-Fragen brauchst du in deinem Leben am meisten beantwortet, wonach sehnst du dich wirklich?

- Wo bist du, der mir *Sicherheit* gibt?
- Wo bist du, der mich so *annimmt*, wie ich bin?
- Wo bist du, der mich *liebt* und sich mit mir verbindet?
- Wo bist du, der mit mir *wächst* und sich auf ein Abenteuer einlässt?
- Wo bist du, der mir einen *Sinn* im Leben zeigt oder gibt?

Was von alledem ist dir persönlich am wichtigsten und vor allem: Wodurch genau denkst du, die entsprechende Frage beantwortet zu bekommen?

Wenn wir uns bewusst machen, wonach wir wirklich streben, verstehen wir, dass jede Entscheidung, die wir je getroffen haben und jede Verhaltensweise, die wir an den Tag legen, darauf basieren, dies zu erhalten.

Ein Beispiel: Paul kommt von der Arbeit nach Hause und sagt zu seiner neuen Freundin ganz aufgeregt: *»Sybille, stell dir vor, ich habe heute einen Urlaub für uns gebucht! Drei Wochen Peru, Dschungel, Abenteuer und nur wir beide, ist das nicht toll?«* Paul stellt an Sybille die Frage: Wo bist du, der Neues mit mir wagt, über sich hinauswächst und ein Abenteuer riskiert?

Sybille zeigt sich entgegen Pauls Erwartung aber entsetzt und sagt: *»Paul, du kannst doch nicht einfach ohne mich so etwas entscheiden! Ich will doch nicht nach Peru und schon gar nicht in den Dschungel, wo es so gefährlich ist! Ich will den Sommer in Caorle am Strand verbringen, wo ich immer schon den August über bin. Wie kannst du nur so eine wichtige Entscheidung über meinen Kopf hinweg treffen?«* Daraufhin denkt Paul, Sybille würde ihn einsperren wollen, wäre undankbar und langweilig. Sybille ist der Meinung, Paul sei unsensibel, übergriffig und empathielos, ja, sie sogar in Gefahr bringen wolle! Die Chance, dass die beiden miteinander glücklich werden, geht gegen Null. Sofern sie aber verstehen, was genau hier passiert, können sie wieder aufeinander zugehen. Denn weder Paul noch Sybille sind in Wahrheit das, was ihnen der jeweils andere vorwirft.

Merkst du, wie groß die Auswirkung der »Wo-bist-du«-Frage auf unser Leben ist? Eine liebe Freundin von mir, die in Österreich an der Universität zukünftige Lehrerinnen ausgebildet und der ich von der »Wo-bist-du«-These berichtete, lehrt diese Frage ihren Studentinnen in Bezug auf ihre Lehrtätigkeit, mit überaus erstaunlichen und ausschließlich positiven Ergebnissen. Sie bringt den Studentinnen bei, dafür zu sorgen, ihren zukünftigen Schülern eine Umgebung zu ermöglichen, in der die »Wo-bist-du«-Frage auf jedwede und bestmögliche Weise beantwortet wird.

Sie regt zum Gedanken an, was passiert, wenn ein sechsjähriges Kind, das zum ersten Mal zur Schule kommt, folgenden Satz vermittelt bekommt: *»Ich bin deine Lehrerin und ich sorge dafür, dass du dich in meiner Nähe wohl, sicher, anerkannt und gesehen fühlst. Ich sorge durch Beständigkeit, aber auch durch Abwechslung dafür, dass du dich auf das Lernen einlassen kannst.«*

Als Baby ist es für uns nicht nur enorm wichtig, dass unsere Bedürfnisse unmittelbar und feinfühlig erfüllt werden, sondern sogar lebensnotwendig.

Wir können uns auf dieser Basis sicher mit anderen und dem Leben verbinden, fühlen uns geliebt, getragen, wertvoll, willkommen, gehalten und kostbar. Auch wenn wir Angst, Wut, Ekel, Trauer, Schmerz, Neid oder Sorge empfinden, gelingt es uns, auf diese Ressourcen, die wir in der Vergangenheit erworben haben, zurückzugreifen.

Bis zu einem Alter von viereinhalb Jahren gehen wir davon aus, dass andere Leute genauso denken und fühlen wie wir. Erst ab diesem Alter finden wir heraus, dass andere anders denken und fühlen, und erst dann versuchen wir zu verstehen, warum andere Menschen anderes fühlen und denken. Weil wir in etwa die ersten Jahre aber davon ausgehen, dass es allen anderen gleich geht wie uns, sind wir auch sehr vulnerabel in der »Wo-bist-du«-Frage. Wir sind verletzlich und verwundbar, wenn wir uns etwa in einem Moment des Alltags ungeliebt und abgelehnt fühlen, weil beispielsweise Mama gerade am Kochen ist und nicht gleich mit uns freudig auf den Spielplatz hüpft, sondern zuerst ihre Hausarbeit erledigt. Erleben wir dieses Gefühl öfter, beinahe täglich, erinnern wir uns eher an eine Kindheit, von der wir erzählen: *»Nie hatte jemand Zeit für mich.«* Mama hat da aber eine andere Wahrnehmung und sagt: *»Ich war mit dir täglich auf dem Spielplatz!«*

Vielleicht gelingt es uns als Erwachsene, eine Distanz zur Wahrnehmung des Kindes in uns zu entwickeln und wir können sagen: *»Aha, das stimmt. Du warst wirklich mit mir täglich auf dem Spielplatz, das hatte ich wohl verdrängt.«*

Das Gefühl, ungeliebt zu sein, dominiert in dieser Phase der Entwicklung. Unser Gehirn hat die Eigenheit, sich besonders jene Dinge zu merken, die emotional sehr beeindruckend für uns waren. Wir benötigen darüber hinaus ca. fünf positive Erlebnisse, um ein negatives »zu überschreiben«. Es kann demnach gelingen, zu jedem Zeitpunkt unseres Lebens, vergangene Sichtweisen hinter uns zu lassen. Vor allem, wenn wir lernen, die »Wo-bist-du«-Frage nach eigenen Maßstäben zu beantworten.

Wer musste ich sein, um deine Liebe und Aufmerksamkeit zu bekommen?

Es gibt meist eine Person in unserem Umfeld, nach deren Liebe und Aufmerksamkeit wir uns besonders sehnen. Der Entzug von ihr schmerzt uns am meisten. Diese »eine« ist häufig genau die Person, die die »Wo-bist-du«-Frage durch ihr Verhalten aus unserer Perspektive heraus unzureichend beantwortet hat. Wenn wir beispielsweise erlebten, dass die Mutter immer zuverlässig an unserer Seite war, der Vater hingegen viel auf der Arbeit und deshalb unerreichbar für uns war, werden wir uns nach seiner Liebe, Aufmerksamkeit und seinem Zuspruch deutlich mehr sehnen als nach dem der Mutter.

Ein persönliches Beispiel: *Ich sehnte mich als Kind stark nach der Aufmerksamkeit und Liebe meines Papas. Sicherlich deshalb, weil er sehr viel auf der Arbeit war, um uns zu versorgen und wenig Zeit zu Hause verbrachte. War er daheim, fand ich schnell heraus, wie ich an seine Aufmerksamkeit und Liebe herankam, nämlich wenn ich mich einerseits »brav«, anständig, ruhig und klug verhielt, andererseits aber auch für seine Interessen öffnete. Diese waren Sport. Also fuhr ich mit ihm hinten auf dem Motorrad mit, begleitete ihn zu Motocross-Rennen und schaute am Wochenende mit ihm zusammen Formel 1 und Skifahren. Die Wahrheit aber war: Ich bin absolut unsportlich, mir waren Motorräder viel zu laut, vor der Schnelligkeit meiner Skier und der Höhe der Berge hatte ich Angst, und sonntags wäre ich viel lieber auf dem Spielplatz mit ihm gewesen als auf dem Sofa vor dem TV. Ich passte mich seinen Vorlieben an, um überhaupt Kontakt zu ihm zu haben. Das Umfeld ging davon aus: »Ja die Katharina ist ja so ein ruhiges Mädchen und genauso ein Sportfan wie der Papa.« Die Wahrheit war aber: Ich tat einfach alles, um irgendwie Zeit mit meinem Papa verbringen zu können. Ich liebte ihn abgöttisch und suchte nach Möglichkeiten, ihm nah zu sein. Durch das Bedürfnis nach seiner Nähe wurde ich aber auch ein Stück weit zu jemandem, der ich nicht war. Jetzt würden viele sagen: »Ist doch nicht so schlimm.« Aber ich glaube, dass wir diese Annahmen hintenanstellen müssen und uns besser die Frage stellen sollten: »Wie kann ich mir selbst und anderen näherkommen, ohne mich dabei zu verlieren oder anzupassen?«*

Wir sehnen uns nach dem, der unerreichbarer war und stellen die Frage *»Wo bist du?«* genau dieser Person. Entsprechend suchen wir nach Antworten, die wir meinen, über eine Anpassung in unserem Verhalten zu finden. Wir denken: *»Wenn ich mich anders verhalte, kann ich nah sein!«*

Wenn du herausfinden magst, welche Verhaltensweisen du dir als Kind angeeignet hast, die dir jetzt womöglich nicht mehr dienen, beantworte folgende Fragen:

Nach wessen Liebe und Aufmerksamkeit sehnte ich mich am meisten? Mama oder Papa? Oma oder Opa?

Wer musste ich sein, wie musste ich mich verhalten, um genau von dieser Person Liebe und Aufmerksamkeit zu bekommen? Welche Interessen musste ich haben?

Wer durfte ich nicht sein? Wie durfte ich mich nicht verhalten? Welche Interessen durfte ich nicht haben?

Je nachdem, wie deine Antworten ausfallen, wirst du Rückschlüsse auf deine Verhaltensweisen ziehen können, von denen du vielleicht dachtest, sie gehören zu dir, seien »eben du«.

Wichtige Fragen zur Korrektur verzerrter Erinnerungen können darüber hinaus folgende sein:

- Ist meine Reaktion in Bezug auf ein bestimmtes Ereignis im Hier und Jetzt angemessen, oder ist es eine Erinnerung an das Dort und Drüben von damals?
- Welche »Wo-bist-du«-Frage stelle ich gerade, und an wen genau ist diese gerichtet?
- Bin ich aufrichtig, wahrhaftig oder fange ich an, mich und andere zu täuschen, indem ich alte Geschichten als Wahrheit verkaufe?
- Kann ich mir selbst und dem anderen meine Wahrheit zumuten, wenn ich mich in ihn hineinversetze?

Oft braucht es einen Perspektivwechsel und unser Verständnis, um zu erkennen, was tatsächlich in uns oder im Gegenüber passiert. Paul und Sybille, um bei unserem Beispiel von vorhin zu bleiben, benötigen den Perspektivwechsel und das Verständnis, wo sich der andere gerade befindet, um sich begegnen zu können. Dazu müssen sich erst einmal beide bewusst werden, wonach sie sich sehnen, was sie vermissen und was sie brauchen.

Ansonsten werden die alten Geschichten immer wieder aktiv, und wir projizieren unsere Sicht auf den anderen, ohne dabei auf ihn eingehen zu können. Deshalb, weil das Kind in uns sich in einer Art Überlebenskampf befindet. Es hat den Eindruck, sich in einer Situation zu befinden, in welcher ihm die »Wo-bist-du«-Antwort enthalten bleibt und tut nun alles dafür, um sie zu finden.

Das ist auch einer der Gründe, warum beispielsweise gewaltfreie Kommunikation zwar überaus sinnvoll, aber in der

Hitze des Gefechts häufig nicht umsetzbar ist. Aber auch, warum wir innerhalb der Meditation und Yogastunde superfriedlich in uns verankert sind und im Leben draußen bei der nächsten Gelegenheit lautstark fluchen. Sobald wir uns in den Grundbedürfnissen angegriffen oder nicht verstanden fühlen, ist das Kind in uns aktiv und ruft: »*WO BIST DU?*«

Dem Kind in uns sind gewaltfreie Kommunikationstechniken, Entspannungspraktiken oder dein mögliches Friedensgeflüster in dem Moment schnurzpiepegal, es will einfach nur sicher, verstanden, geliebt, anerkannt, respektiert und gewollt werden. Was du daraus machst, ist deine Sache. Eines ist aber klar: Solange das Kind in uns denkt, es lebe im Mangel, rauscht es wie ein Schnellzug an uns vorbei und übernimmt die Führung im Gespräch.

Das ist vor allem für all jene sehr frustrierend, die sich viel Mühe dabei geben, eben nicht mehr in alte Muster zu kippen. Besser wäre es zu verstehen, warum wir das tun, als uns abzumühen, die Muster durch irgendwelche Techniken abzuwürgen. Sicher ist das nett, wenn wir im Angesicht einer möglichen Ablehnung reflektiert, ruhig und tief atmend sagen können: »*Du, wie genau hast du das gemeint? Bei mir hinterließ deine Aussage den Eindruck, du bist nicht ganz glücklich mit meinem Verhalten dir gegenüber? Wollen wir darüber sprechen?*« Das kann gelingen, aber nur wenn das Kind in uns weiß, dass es geliebt, anerkannt, respektiert und sicher ist. Dieses Wissen erlangt es durch unsere Achtsamkeit, unser Bewusstmachen und gesunde Einfordern und Mitteilen.

Alles andere ist ein Wegdrücken von Bedürftigkeit und Emotionen und wir belügen und betrügen das Kind in uns um eine wahrhaftige Beantwortung der »Wo-bist-du«-Frage, so wie es das schon aus der eigenen Kindheit kennt.

Dann gelingt es auch, sich die Frage zu stellen: »*Wer will ICH in dieser Situation für mich selbst und mein Gegenüber wirklich sein?*«

In der Realität wird das im ersten aufrichtigen Schritt eher so aussehen, dass wir uns im besten Fall erst mal denken: *»Du gehst mir so auf die Nerven mit deinen Anschuldigungen, echt! Jedes Mal gibst du mir das Gefühl, nicht gut genug zu sein, das kotzt mich so derbe an!«*

Gelingt uns der Sprung wahrzunehmen: *»Aha, da sind eine große Wut und Not in mir, was brauche ich wirklich, wonach sehne ich mich und was fehlt mir gerade?«* müssen wir uns nicht mit kräftezehrenden Dramen und Streitigkeiten auseinandersetzen, die zu keinem Ende und Ergebnis führen. Stattdessen verstehen wir zwischenmenschliche Konflikte als eine Art Einladung, zu schauen, wo noch Antworten fehlen und was wir brauchen, um sie zu finden.

Wenn wir glauben, wir könnten diese natürliche Suche nach Antworten durch Techniken, Konsum oder Süchte abwürgen, kompensieren wir. Das tun wir auch dann, wenn wir meinen, andere wären nur da, um uns die »Wo-bist-du«-Frage zu beantworten. Das nennen wir dann meist Egozentrik. Babys und Kleinkinder dürfen und müssen sogar Egozentriker sein, um zu überleben, ihnen ist es völlig egal, wie sich der andere fühlt.

Ein erwachsener Mensch, der egozentrisch ausschließlich seine eigenen Bedürfnisse in den Mittelpunkt stellt und sich über jene der anderen hinwegsetzt, hat eine große innere Not.

Er konnte nicht über die Phase des Kleinkindes hinwegwachsen, weil bisher die »Wo-bist-du«-Frage nur über Egozentrik beantwortet werden konnte.

Gerade in Partnerschaften besteht häufig der Irrtum:

»Gib du mir, wonach ich mich sehne, ansonsten bin ich nicht glücklich!« Genau deshalb liegt in der Partnerschaft das höchste Potenzial zu scheitern oder tatsächlich zu wachsen. Solange wir im Außen nach der Beantwortung suchen, ist das Kind in uns noch recht aktiv und wir suchen nach Schuldigen. Schuld hat in unserer Gesellschaft immer etwas extrem Negatives, weil sie sich untragbar anfühlen kann, wenn sie auf den eigenen Schultern liegt.

Schuld kann aber auch ein Signal sein, um festzustellen, dass wir auf dem falschen Weg sind.

Es kann ab und zu gut sein, sich schlecht zu fühlen, wenn wir dadurch realisieren, dass wir etwas anderes wollen, nämlich das Gute. Wir haben Vergleiche, die uns normalerweise runterziehen, weil wir jemanden folgen wollen, anstatt unser Ding zu machen. Der Vergleich mit anderen und der Neid auf diese kann auch bedeuten: *»Aha, da hat jemand etwas, wonach ich mich auch sehne.«* Jedes Gefühl, auch die »negativen«, kann uns dabei helfen, zu erkennen, wo unsere »Wo-bist-du«-Frage noch klare Antworten braucht.

- Wer will ich heute sein?
- Wie sollen meine Beziehungen aussehen?
- Wann fühle ich mich sicher?
- Was muss passieren, damit ich Sicherheit empfinde?
- Was muss passieren, damit ich mich geliebt, anerkannt, verstanden, verbunden und sicher fühle?
- Wie tief will ich in meinen Beziehungen wirklich gehen?

Erwachsen sein bedeutet, ich bin dazu in der Lage, Verantwortung zu übernehmen. Das tue ich am einfachsten, indem ich selbst dafür sorge, die »Wo-bist-du«-Frage zu beantworten und nicht, indem ich mich erneut von der Antwort Dritter abhängig mache oder mich in negativen Gefühlen verliere, sondern sie als Hinweis betrachte. Unsere Mitmenschen sind uns eine Unterstützung bei der Antwort, aber nicht die Quelle dieser. Das ist allerdings sehr schwer anzunehmen, wenn wir wirklich Verletzung und Traumata durch andere erlebt haben.

Wenn das Übel zum Treiber wird und wir zum Kamel

Haben wir Traumata oder Verletzungen erlebt und diese nicht verarbeitet, erinnert uns unser Gehirn daran, nur eben etwas anders, als wir es erwarten.

Es kann nicht differenzieren, ob die Erinnerung im Hier und Jetzt oder im Dort und Drüben erlebt wurde. Es denkt: *»Die Erinnerung passiert jetzt.«* Plötzlich wird aus Vergangenem eine Realität. Der Tag wird zur Nacht, an dem die Sonne uns verlässt. Und aus dieser düsteren Realität wird deine Realität. Ob du willst oder nicht.

Der falsche Rückschluss führt dazu, dass wir dieselben Gefühle, Bilder, körperlichen Reaktionen, ja sogar Schmerzen wie damals erleben. 1:1. Die meisten von uns können gar nicht richtig zuordnen, warum sie sich plötzlich so »fremd« anfühlen oder Dinge tun, die sie im Grunde nicht tun wollten. Vor allem wenn Erinnerungslücken da sind oder die Kindheit prinzipiell als »normal« oder »eh gut« empfunden wurde.

Umso erstaunter sind wir dann, wenn wir im Alltag oder in zwischenmenschlichen Beziehungen immer wieder an unsere Grenzen kommen. Weil wir ungern zugeben, wenn unser Verhalten nicht sinnvoll ist, reden wir uns selbst ein, dass wir richtig liegen. Gerade im Streit rechtfertigen wir unser Verhalten, auch wenn uns bewusst ist, dass wir falsch lagen, beharren wir erst recht darauf, einen »guten Grund« dafür gehabt zu haben.

Aber gerade Menschen, die als Kind Traumata erlebt haben, fühlen sich im Alltag, der für die Mitmenschen als völlig »normal« und belanglos erscheint, häufig hilflos, überfordert und permanent in Angst und Schrecken versetzt, ohne zu wissen, warum. Dazu müssen wir wissen, dass ein Trauma alles sein kann, was uns und unser System zu irgendeinem Zeitpunkt überfordert, schockiert, angeekelt oder entmachtet hat.

Ein Trauma ist nicht zwingend ein spezifisches Ereignis, es ist vielmehr eine Empfindung, während etwas passiert.

Wir erleben Situationen unterschiedlich – das ist einer der Gründe, warum Geschwister, die ein und dieselben Erlebnisse mit ihren Eltern hatten, ihre Kindheit unterschiedlich beschreiben und sich folglich auch unterschiedlich entwickeln können. Forscher an der Uni Bonn haben herausgefunden, dass traumatisierte Menschen Berührungsreize weniger beruhigend fanden als Menschen ohne Traumata. Außerdem, dass sie eine soziale Distanz von etwa zwölf Zentimetern mehr zu anderen Menschen halten. Begleiterkrankungen wie Depression oder Angstattacken sind dafür nicht verantwortlich, sondern die Traumatisierung selbst. Je heftiger jemand misshandelt wurde, desto schmerzhafter wird auch im Erwachsenenalter Berührung empfunden.

»Das wiederum bedeutet eine positive Nachricht, denn körperbasierte Therapien in einem sicheren Umfeld könnten ein Umlernen dieser Reizverarbeitung ermöglichen«, so die Forscherin Ayline Maier. Forscher an der Harvard University in den USA haben außerdem herausgefunden, dass Traumata nicht nur die psychische Gesundheit schädigen, sondern auch das Gehirn und den Körper schneller altern

lassen. Die American Psychological Association stellte fest, dass Kinder, die schon früh im Leben ein Trauma durch Missbrauch oder Gewalt erleiden, schneller biologische Zeichen des Alterns aufweisen als jene, die noch nie derartige Widrigkeiten erlebt haben.

Kinder hingegen, die Armut oder Vernachlässigung erlebten, zeigen diese Anzeichen nicht. Wissenschaftler machten eine weitere Entdeckung: Die verschiedenen Arten der Kindheitstraumata ließen die Hirnrinde in verschiedenen Bereichen schrumpfen. Bestimmte Hirnbereiche, die an der sozialen und emotionalen Verarbeitung beteiligt sind, dünnten sich durch Gewalt aus. Kinder, die Gewalt erfahren, kommen früher in die Pubertät, auch das hat die Natur als Schutzmechanismus so eingerichtet. In einer gewalttätigen und bedrohlichen Umgebung erhöht ein frühes Erreichen der Pubertät die Wahrscheinlichkeit, dass Menschen sich fortpflanzen, bevor sie sterben. Außerdem könnte eine schnelle Entwicklung, aus Sicht der Natur, Gewalt schneller erkennen und darauf entsprechend reagieren und sich zur Wehr setzen.

Allerdings hat das frühe und schnelle Altern verheerende Auswirkungen auf das Leben des Kindes, sobald es erwachsen wird. Eine höhere Wahrscheinlichkeit, an Krebs, Diabetes oder Herz-Kreislauferkrankungen zu erkranken, ist gegeben. Die Untersuchungen zeigen, dass ein rasches Intervenieren bereits in der Kindheit notwendig ist und präventive Schutzmaßnahmen unabdingbar sind, um eine später weiterhin aufkommende Ungleichheit zu verhindern.

Wenn ein Kind unter 16 Jahren mit einer Psychotherapie beginnt, ist die Wahrscheinlichkeit hoch, dass sich die Seele wieder regulieren kann und trotz allem, was geschah, ein gesundes Leben möglich sein kann. Es gibt Therapien und Möglichkeiten, die langfristigen Folgen von Kindheitstraumata zu verhindern. Selbstverständlich auch, wenn später damit begonnen wird. Diese müssen für alle Menschen zugänglich gemacht werden, ohne Bürokratie und lange Wartezeiten. Es ist erschreckend, wie lange Menschen auf einen Therapieplatz warten müssen – Wartezeiten von sechs bis zwölf Monaten und darüber hinaus sollten niemandem, der Hilfe braucht, zugemutet werden. Wenn wir Zahnschmerzen haben und hören: »*Kommen Sie bitte in sechs bis zwölf Monaten wieder*« ist das genauso wenig sinnvoll wie der Umstand, bei seelischer Not vertröstet zu werden. Eine Schmerztablette kann uns mal ein paar Stunden oder Tage bis zum Arzttermin hinwegretten, doch was hilft »mal eben schnell« bei seelischen Schmerzen? Sicherlich ist es sinnvoll, sich jemandem anzuvertrauen, damit die Last im ersten Schritt nicht mehr alleine getragen werden muss. Im nächsten wäre es jedoch notwendig, Rat von professionellen Menschen zu erhalten. Es gibt dafür Notfalleinrichtungen und Seelsorgedienste, die bereits sehr vielen Menschen geholfen haben, dennoch sind die notwendigen Therapieplätze rar.

Umso wichtiger ist es, darüber aufzuklären, dass es notwendig ist, Kindern, die von Gewalt berichten, Glauben zu schenken und zu intervenieren, indem wir so rasch als möglich professionelle Hilfe holen.

Ein Brüderpaar in den USA wurde, als sie 32 und 34 Jahre alt waren, getrennt voneinander befragt, warum sie denken, im Leben genau dazustehen, wo sie stehen. Der eine Bruder war wegen Drogenhandels im Gefängnis, der andere saß mit seiner Frau und den drei Kindern am Pool und genoss sein Leben. Beide Brüder gaben ein und dieselbe Antwort: »Was hätte denn anderes aus mir werden sollen – bei so einer Kindheit.«

Das müssen wir uns mal auf der Zunge zergehen lassen, vor allem, wenn wir die Hintergründe kennen. Die beiden Brüder wuchsen mit einer alleinerziehenden und drogenabhängigen Mutter in Armut auf. Ihr Vater schlug sie, bevor er die Familie von heute auf morgen sitzen ließ. Beide erlebten ein- und dieselbe Geschichte, aber bewältigten und interpretierten diese auf völlig unterschiedliche Weise. Der eine nahm sie als Antrieb, der andere als Entschuldigung, um anderen gleiches Leid zuzufügen.

Ereignisse und die damit verbundenen Gefühle können unglaublich mächtig sein. Aber wir alle erleben und ordnen diese entsprechend der »Wo-bist-du«-Frage unterschiedlich ein. Emotionen können sogar so mächtig werden, dass sie unser Leben bestimmen. Denken wir an Angst. Angst kann das Leben so sehr beherrschen, dass wir wie gelähmt in der Ecke stehen und nicht vorankommen. Angst kann zu Sucht, Mord und Hass hinreißen.

Wenn wir wissen, woher diese Gefühle stammen, können wir ihnen bewusst entgegenwirken.

Meist indem wir lernen, uns trotz ihrer Anwesenheit zu beruhigen und uns selbst die Sicherheit schenken, die wir schon damals im Dort und Drüben benötigt hätten.

Das heißt aber nicht, dass hinter jedem unerwünschten Gefühl automatisch ein Trauma oder eine Überlastung steckt! Es gibt ja leider auch hier den Trend, alle »unerwünschten Gefühle« wegzueliminieren, indem den Leuten erzählt wird: *»Da ist was falsch an dir, sobald du Ärger, Wut oder Angst spürst.«* Auch das ist eine unangenehme und hilflose Art, mit überwältigenden Gefühlen umzugehen, die dem Erziehungsstil von früher entspricht, aber nicht heilsam oder sinnvoll ist.

»Was uns nicht umbringt, macht uns stärker« – dieses Nietzsche-Zitat ist so etwas wie die Durchhalteparole in Krisensituationen. Die Vorstellung, an Leid zu wachsen, ist erst mal verlockend. Auch in Popsongs wird beispielsweise in »I will survive« besungen, dass eine Trennung einen nur

noch stärker macht. Selbst die Psychologie spricht von posttraumatischem Wachstum. Dr. Judith Mangelsdorf schreibt beispielsweise: »*Generell kann man durchaus sagen, dass die Mehrheit der Menschen erlebt, an Krisen zu wachsen – und zwar in ganz spezifischen Gebieten wie beispielsweise ein stärkeres Gefühl für den eigenen Lebenssinn zu haben oder aber tiefere soziale Beziehungen als vorher.*«

Dieses posttraumatische Wachstum ist allerdings relativ und vor allem subjektiv und alles andere als eine bloße Redewendung. Dr. Alexander Jatzko, Vorstandsmitglied der deutschsprachigen Gesellschaft für Psychotraumatologie, sagt: »*Es gibt mehr als 2778 wissenschaftliche Veröffentlichungen zum posttraumatischen Wachstum. Trotz dieser großen Zahl lässt sich Wachstum nach einer Krise nicht eindeutig belegen. Die Probanden der Studien werden selten vor der Krise befragt, sondern erst danach, hier spielt das eigene Empfinden eine große Rolle. Grundsätzlich kann man sagen, wer gelernt hat, mit der vergangenen Verletzung und Trauer zu leben, ist tatsächlich stärker, es gibt jedoch viele Varianten, das zu erreichen.*«

Grundsätzlich zeigen Studien, dass eine positive Lebenseinstellung, Sinn und Ziele und eine gewisse Offenheit für neue Ereignisse dabei helfen, Schicksalsschläge zu überwinden, sowie auch ein positives soziales Umfeld dabei unterstützt. Die amerikanische Wissenschaftlerin Angela Duckworth fasste folgenden Satz zusammen: »*Wachstum ist Herausforderung mal Unterstützung – ob von außen oder von innen.*«

Die innere Unterstützung kann sich somit, auch wissenschaftlich erforscht, trainieren lassen. Etwa indem wir uns jeden Abend zumindest drei Dinge überlegen, für die wir dankbar sind. Es geht dabei aber nicht, wie häufig vermutet, um die Dankbarkeit, sondern um den Perspektivwechsel, den wir einnehmen, während wir uns auf das Gute, Wahre und Schöne im Leben fokussieren.

Der Perspektivwechsel ist der Schlüssel zu einem Leben, das wieder die Perspektive auf das Gute, Wahre und Schöne möglich macht.

Wenn wir nachts vor einer versperrten Tür stehen und den Schlüssel verzweifelt in unserer Handtasche suchen, sind wir versucht, zur nächsten Laterne zu marschieren, um etwas Licht in die Tasche zu bringen. Liegt der Schlüssel in der Handtasche, wird uns dieser Perspektivwechsel helfen, ihn leichter zu finden. Wenn sich der Schlüssel aber gar nicht in der Tasche befindet, sondern im Haus, wird uns auch der Gang zur Laterne nicht dabei unterstützen, ihn in der Handtasche zu finden.

Häufig denken wir während Krisen: *»Ich habe schon alles versucht«*, stellen aber fest, dass dieses »alles« lediglich unseren eingeschränkten Blickwinkel und Möglichkeiten unterlag und längst nicht alle tatsächlich vorhandenen Möglichkeiten miteinschloss. Um eine Lösung zu finden, braucht es häufig den Perspektivwechsel aus den unterschiedlichsten Blickwinkeln, vor allem aus solchen, die uns selbst bisher unbekannt waren oder eben gar nicht in den Sinn kamen. Genau deshalb ist externe Unterstützung während Notlagen auch so essenziell. *»Ich mach das mit mir selbst aus«*, ist letzten Endes eine Philosophie, die auf der Erfahrung beruht: *»Mir kann eh keiner helfen.«*

An dieser Stelle sei allen Leserinnen und Lesern gesagt: *»Von neun Milliarden Menschen gibt es sicherlich mindestens einen, der ein ähnliches Problem wie du hatte und dir garantiert helfen kann. Wir leben in einer digitalen Welt, in der sich viele mitteilen, über ihre Schicksale berichten und vor allem Lösungswege anbieten. Wir müssen uns nicht mehr verstecken, sobald es schwer wird und schon gar nicht ›alleine‹ klarkommen. Es gibt Menschen, die nichts lieber* *tun, als dir zu helfen und die darin Erfüllung finden. Scheue dich nicht, so lange um Hilfe zu bitten, bis dir genau dieser eine Mensch die Tür aufmacht, der exakt und genau weiß, was du gerade durchmachst und dir kompetent weiterhelfen kann. Schicksalsschläge schenken uns auch die Erkenntnis: Ich muss wirklich nicht mehr alleine klarkommen – es gibt Menschen, die an mir interessiert sind.«*

Selbst Menschen, die schwere Verluste erlebt haben, wie das eigene Kind oder den Partner, sagen an einem gewissen Punkt, dass sie wieder Zuversicht wahrnehmen können, sobald sie an der Seite fürsorglicher Menschen durch die Trauer hindurchgehen konnten und anschließend die Erkenntnis hatten: *»Mein geliebter Mensch ist zwar noch immer tot, aber es fühlt sich nicht mehr nach einer Trennung an. Ich fühle über den Tod hinaus eine Verbindung. Außerdem hätte ich den Weg, der dadurch auf mich zukam, nicht gewählt, und dieser neue Pfad, den mir der Verlust eröffnet hat, ist durchaus auch positiv und wertvoll für mich.«*

Durch ein inneres Wachstum schließt sich bestenfalls der Kreis der Wofür-Frage. Manches Mal hilft aber nur der Blick zurück, mit dem wir sagen können: *»Ich habe das überlebt.«* Anschließend dürfen wir uns nicht einem inneren und äußeren Druck aussetzen, wenn es darum geht, Vergangenes hinter uns zu lassen, denn hierfür gibt es kein: *»Jetzt sollte ich es überwunden haben«* oder *»Genau so muss ich es machen, damit es gut ist«*, sondern vielmehr ein: *»Ich bin bereit, den Weg bis zum Ende zu gehen und das Ende ist der Anfang eines neuen Lebensabschnittes.«*

Wenn wir ein Trauma erlebt haben, bedeutet das nicht gleichermaßen: *»Das ist das Ende eines glücklichen Lebens!«*

Das persönliche Glück definiert sich nicht über die Momente des Schreckens, sondern vielmehr über das, was wir aus ihnen machen. Erlebte Traumata können somit durch einen Perspektivwechsel, den wir uns erarbeiten können, zu einer wertvollen Kraftquelle werden. Es gibt viele Menschen, die durch das Überwinden des Schreckens beruflich beispielsweise den Weg einschlagen, anderen in ähnlichen Situationen stützend zur Seite zu stehen oder auch einfach im Alltag zu Wegbegleitern werden, die besonders achtsam und aufmerksam mit ihren Mitmenschen umgehen. Ihnen ist es im besten Fall gelungen, das Schicksal zu überwinden, um anderen ein sicherer Begleiter durch die Schreckenstäler des Lebens zu werden.

Häufig haben Psychologen, Berater, Therapeuten und Coaches alles andere als eine leichte Kindheit hinter sich und sind nicht selten auch deshalb dazu in der Lage, einen besonders verständnisvollen und einfühlsamen Blick auf ihre Klienten zu werfen. Ich bewahre mir den Glauben daran, dass auch aus schlimmen Ereignissen etwas Wertvolles entstehen kann und sie nicht ausschließlich und nur das Ende von allem darstellen.

Alles unter Kontrolle

Einer meiner Klienten sagte: »*Ich wache schon mit dem Gefühl der Angst auf, fühle mich schlecht und hasse es. Ich bin intelligent und rational, ich sollte mich nicht so fühlen. Ich will das bearbeiten und endlich losbekommen. Ich habe sogar eine Essstörung entwickelt, weil es das Einzige ist, dass ich gefühlt kontrollieren kann. Ich will endlich wieder frei sein von diesem Kontrollzwang.*«

Gerade zielstrebige und intelligente Menschen haben häufig für alles Pläne und wissen, wie sie sich und ihr Leben beherrschen können. Unliebsame Gefühle, aber auch unvorhersehbare Ereignisse machen ihnen häufig Angst und bereiten ein Unbehagen. Niemals würden sie ihr Unbehagen aber als Angst bezeichnen, sondern vielmehr als »stressig«.

Unangenehme Gefühle möchten sie schnell wieder loswerden, um »normal« weiterleben zu können. Stress ist gerade für erfolgreiche Menschen ein anerkannter Zustand und wird häufig sogar noch gefördert, weil das Umfeld einen als »besonders engagiert und fleißig wahrnimmt«. Aber nicht jedes Gefühl entsteht, um weggedrückt oder eliminiert zu werden. Manche Empfindungen sind da, um sich ihrer wahrhaftig und ernsthaft anzunehmen. Das Bedürfnis, wieder die Kontrolle zu erlangen, kann aber auch über die Gefühle von Stress hinausgehen und wie im oben erwähnten Beispiel in einer Erkrankung enden, die gefährlich wird.

Wir erkennen ein »Oben« aber erst durch das »Unten«, das »Heiß« nur durch das »Kalt« und das »Links« nur durch das »Rechts«. Wenn wir nie gelernt haben, unsere Gefühle klar zu benennen, werden wir eher dazu tendieren, sie ins Abseits zu stellen oder sie kontrollieren zu wollen.

Genauso erkennen wir nur, wer wir sein wollen, wenn wir erleben, wer wir nicht sein wollen. Wenn du dich unwohl fühlst, weil du häufig zornig, traurig oder unzufrieden bist, dann erkennst du dich als jemand, der du nicht sein willst. Der Sinn und Zweck deiner Gefühle ist aber nicht, von dir ignoriert zu werden. Er besteht darin, dir dabei zu helfen, über dich hinauszuwachsen, in Beziehung mit dir zu gehen und zu erkennen, wie du dich stattdessen fühlen möchtest und was es für dich braucht, um den bisherigen Gefühlen eine Kehrtwende zu ermöglichen. Das gelingt umso leichter, wenn du lernst anzunehmen, wer du eben bist. Nicht nur »zielstrebig, kontrolliert und beherrscht«, sondern womöglich eben auch »unsicher, unkontrolliert und unbeherrscht.«

Unsere Gefühlslage besteht, genauso wenig wie das Leben und das Wetter, nicht nur aus Sonnenscheintagen. Um wachsen zu können, braucht eine Pflanze sowohl die Sonne als auch den Regen. Damit wir mit uns selbst in Beziehung treten können, erleben wir Sonnenschein-Gefühle und Regenschauer-Gefühle. Das bedeutet, dass wir nicht nur Freude, Leidenschaft und Ektase fühlen, sondern eben auch Zorn, Wut und Trauer. Beide Gewichte sind notwendig, um an uns und den Herausforderungen des Lebens zu wachsen. Manches Mal erleben wir auch einen Schauer an Gefühlen, der plötzlich über uns kommt, ohne von uns genauer begründet werden zu können. Das kann besonders beunruhigend auf uns einwirken. Sonnenschein-Gefühle können für Menschen, die sehr viel Regenschauer erleben, genauso beunruhigend sein, wie ein plötzliches Aufkommen von Wut oder Traurigkeit, wo man doch »eigentlich immer so gut drauf ist«. Der gesunde Umgang mit Gefühlen fällt nicht vom Himmel, sondern will erlernt werden.

Auch das Ungeplante ist ein wertvoller Teil des Lebens.

Menschen lieben Überraschungen, aber nur die, die ihnen Freude bringen, alles andere bezeichnen wir eher als Probleme. Problemen wollen wir aus dem Weg gehen. Sinnvoller ist es, sich ihrer anzunehmen, das wissen wir, zumindest aus der Theorie. Im Alltag schieben wir sie allerdings schon mal lieber von uns weg und stellen fest, dass einige von ihnen meist nur noch größer werden. Mit unangenehmen Gefühlen gehen wir ähnlich um wie mit unliebsamen Problemen – wir schieben sie erst mal zur Seite. Häufig sind wir dann überrascht, dass wir gelegentlich, trotz aller Bemühungen, die »Regenschauer«-Gefühle wegzudenken, erst recht traurig, wütend oder besorgt werden. Ein schmerzhafter Zahn wird nicht einfach aufhören, wehzutun, nur weil wir wochenlang Schmerzmittel nehmen oder so tun, als würde er nicht schmerzen. Dann, wenn wir uns Hilfe suchen, kann er von Grund auf Heilung finden. Alles andere ist ein Glücksspiel, doch das Leben ist zu kostbar, um mit unseren Problemen oder unliebsam gewordenen Gefühlen, metaphorisch gesehen, ins Casino zu gehen.

Das Leben ist auch keine Superheldenreise, in der es »das Böse« zu besiegen gibt, sondern vielmehr ein Feld grenzenloser Möglichkeiten, uns selbst besser kennenzulernen. Wenn unsere innere Welt aus zu vielen regnerischen Tagen besteht, ist das ein Hinweis darauf, dass wir Hilfe benötigen und wir diese auch in Anspruch nehmen sollten. Eine liebe Klientin von mir sagte mir einmal:

»Ich lernte, mich zu halten, aber vor allem ›auszuhalten‹ und nicht aufzugeben. Auch innerhalb aller unmöglichen Emotionen. Das ist eine der schönsten Erfahrungen, die ich machen konnte.«

Häufig bewerten wir Gefühle, mit denen wir bisher keinen gesunden Umgang finden konnten oder die wir schwer ein- und zuordnen können, als belastend, ja sogar als irgendwie »gefährlich«, eben deshalb, weil es bedrohlich auf uns wirkt, wenn wir von unliebsamen Gefühlen überrollt werden. Erleben wir beispielsweise, dass wir zu oft in Rage geraten, wenn unser Partner oder Kleinkind nicht das tut, was wir uns von ihm wünschen, kann das mitunter belastend oder beängstigend auf uns wirken.

»Wie könnte ich diese Gefühle stoppen?« oder *»Wie bekomme ich mein Kind oder meinen Partner dazu, endlich zu tun, was ich will, damit ich mich nicht mehr so aufregen muss?«* sind häufig Gedanken, die uns anschließend plagen. Wir kommen meist nur durch einen externen Berater auf die Idee, uns zu fragen: *»Was will mir diese Welle an Gefühlen eigentlich mitteilen?«*

Was im Leben genau eine Gefahr für uns bedeutet, ist für uns alle individuell und entscheidet jeder Mensch für sich selbst, häufig unreflektiert und in gewisser Weise unbewusst. Unser System, das sämtliche bisherigen Prägungen und Erfahrungen gespeichert hat, entscheidet darüber, was es als Bedrohung eingestuft und reagiert entsprechend mit einem Gefühl und einer anschließenden Verhaltensweise. Viel davon entsteht, weil wir Erlebnisse in uns gespeichert haben, an die wir uns bewusst nicht mehr erinnern können, die uns aber nach wie vor prägen, eben in Form von »plötzlichen Gefühlen, die wir nicht kontrollieren können«. Für manche von uns ist das Gefühl der Ohnmacht und Trauer eine Gefahr, für andere lediglich ein vorübergehender Gefühlszustand. Entscheidend ist häufig, was mit dem Gefühl unbewusst oder auch bewusst assoziiert wird.

Eine Gefahr kann eine schöne Frau sein, die sich deinem Mann nähert, genauso ein Brief, auf dem *Finanzamt* steht oder aber auch ein Glas Alkohol. Je nach eigener Perspektive und Erfahrung wählt unser System aus, wen oder was es als Säbelzahntiger eingestuft und wen oder was nicht. Was für den einen völlig harmlos ist, ist für andere ein Anlass, in Angst und Panik zu geraten. Wenn Menschen übermäßig viel Angst haben, ist alles eine potenzielle Gefahr und das eigene System permanent im Überlebensmodus. Das ist zwar anstrengend und auf Dauer ungesund, hat aber seine Gründe. Manches Mal liegt ein unbearbeitetes Trauma, eine Überlastung des Nervensystems, aber auch ein unausgewogener Hormonhaushalt, zu viel Stress und zu wenig Schlaf der Angst oder unangenehmen Gefühlen zugrunde. Manches Mal resultiert die Angst aber auch aus Erfahrungen, die unser System als Referenzwert heranzieht, um sie erneut zu aktivieren. Im Grunde laden uns unliebsame und wiederkehrende Gefühle dazu ein, sie zu ergründen und sich ihnen zuzuwenden. Nicht, indem wir uns mit ihnen identifizieren oder an ihnen haften und meinen: *»Das bin ich«*, sondern vielmehr, indem wir uns ihrer als »Gast« annehmen.

Ich erkläre das an dieser Stelle so ausführlich und auch immer wiederkehrend in diesem Buch, weil ich mit der falschen Ansicht aufräumen möchte, dass »negative« Gefühle darauf hindeuten, es wäre etwas falsch an uns oder wir wären nicht smart oder erwachsen genug, um drüberzustehen oder sie zu kontrollieren. Gerade die Esoterikbranche betreibt ein gefährliches Spiel, indem sie Menschen suggeriert, sie sollen ausschließlich positive Gefühle haben, weil auch nur dadurch positive Schwingungen ausgesandt werden, die letzten Endes zu positiven Erlebnissen im Leben führen sollen. Diese völlig verdrehte Interpretation und

Auslegung kann dazu führen, dass Menschen glauben, sie dürften weder Traurigkeit noch Angst oder Wut empfinden, weil ansonsten etwas »Schlimmes« in ihrem Leben passiert oder sie gar selbst für Schicksalsschläge verantwortlich sind, wenn sie mal wütend und traurig oder ängstlich und unsicher waren.

Das ist bedauerlicherweise eine völlig falsche Denkweise, die nur zur Verstärkung der inneren Not führt, aber nicht zu einem Gefühl von: *»Ich bin o.k., so wie ich bin, mit allem, was ich mitbringe.«* Wir sind dadurch und durch zahlreiche gesellschaftliche Prägungen versucht, alles »wegzudrücken«, was als »negative Emotion oder Gefühlslage« bezeichnet wird, anstatt uns die Zeit zu nehmen zu ergründen, was unser System braucht, um über die Angst, Traurigkeit oder Wut hinauszuwachsen. Es geht im Leben nicht darum, das, was passiert zu kontrollieren, sondern das »Wie« wir damit umgehen in unsere eigenen Hände zu legen. Wir sind nicht selten darauf konditioniert, alles, was nicht dem ultimativen Glücksgefühl (Erfolg) entspricht, als »irgendwie falsch« einzustufen, sodass wir uns nicht mehr trauen, auch unangenehme Emotionen als einen sinnvollen Teil unserer Selbst und bis zu einem gewissen Grad als Teil des Lebens anzuerkennen.

Wenn wir, um beim vorigen Beispiel zu bleiben, jedes Mal wütend mit unserem Kleinkind oder Partner werden, sobald diese nicht tun, was wir uns wünschen, kann es sein, dass es einen Teil in uns gibt, der sich übergangen fühlt, dessen Grenzen vermutlich schon früh nicht respektiert wurden und der womöglich lernte: *»Ich zähle weniger als andere.«* Ist so etwas im eigenen System verankert, macht es besonders wütend, wenn gerade diejenigen, die einem so nahestehen und die es »eigentlich besser wissen müssten«, die alten Emotionen in uns hochholen. Es liegt natürlich nicht am Verhalten des Kleinkindes, das diese Gefühle »verursacht«, sondern an der Art und Weise, wie wir diese interpretieren und anschließend damit umgehen. Mit einem alten Erleben von *»Ich bin eh allen egal«* erlebe ich den natürlichen Drang nach Autonomie des Kleinkindes anders als mit der Prägung: *»Ich bin wichtig, ich zähle und darf sein, so wie ich bin und deshalb bist auch du wichtig und darfst sein, so wie du bist.«*

Wut zeigt uns im besten Fall an, dass etwas verändert werden muss. Durch sie realisieren wir, dass wir damit nicht länger einverstanden sind. Sie regt uns an, einen Perspektivwechsel und Wandel in die Wege zu leiten.

Ärger entsteht, wenn jemand über die eigenen Grenzen geht oder nicht zulässt, dass die eigenen Grenzen erweitert werden. Traurigkeit entsteht, wenn etwas, das wir als zu uns gehörig ansahen, gefühlt oder auch real nicht mehr da ist.

Wenn wir über etwas wütend werden, dann meist, wenn wir das, was vor unseren Augen passiert, als nicht richtig ansehen. Beispielsweise fühlten sehr viele Menschen Wut, als sie den Angriff auf die Ukraine mit ansahen. Die Wut hat sie dazu bewegt zu helfen.

Wut kann demnach, richtig kanalisiert, auch ein Antrieb für Positives sein.

Allerdings muss das Kanalisieren erlernt werden, das können wir nicht einfach so. Denn nur Wut, die kanalisiert zu etwas Positivem und Hilfreichen verwandelt wird, ist sinnvoll und gesund. Wenn wir als Kind nicht lernten, wie wir mit Wut umgehen können, sodass sie uns als Hinweisgeber für Neues dient, müssen wir uns das als Erwachsene erarbeiten. Wenn wir vermittelt bekommen, dass Wut etwas Böses ist, lernen wir sie nicht einzuordnen als das, was sie wirklich ist: Ein Anzeichen dafür, dass wir uns mit etwas, das geschieht, sehr unwohl fühlen.

Es wurde festgestellt, dass wir die Reaktion Wut durch unser Umfeld adaptieren. Wenn dieses etwa in unserer Kindheit auf Wut mit Aggression reagierte, übernehmen wir mit hoher Wahrscheinlichkeit diese Verhaltensweise. Nicht immer indem wir andere schädigen, sondern auch indem wir uns selbst Schaden zufügen, durch negative Gedanken, Süchte oder bewusste Gefahren, in die wir uns bringen. Wenn wir nie gelernt haben, die Wut richtig einzuordnen, kann sie zerstörerisch werden, uns fehlt die Impulskontrolle, und das kann verheerend werden. Menschen, die sich oder anderen aus Wut Schaden zufügen, haben nicht gelernt, ihr eine gesunde Bedeutung zu geben.

Auch wenn wir sie unterdrücken, ist das nicht gesund. Fressen wir den Unmut in uns hinein und schieben ihn weg, werden, laut Hirnforschern, Stresshormone und Neurotransmitter ausgeschüttet, die nicht gleich wieder abgebaut werden. Die Folge ist eine anhaltende Aktivität, vorwiegend in der Amygdala, wo es die meisten Rezeptoren für Stresshormone gibt. Das wiederum kann zu chronischen Veränderungen auf Hirn- und Verhaltensebene führen. Es können Depressionen und andere psychische Erkrankungen entstehen.

Wenn wir also nicht lernen, Wut und Ärger richtig einzuordnen, mündet dies in einer innerlichen Erschöpfung, die uns selbst schadet. Lassen wir sie frei und unkontrolliert raus, kann das anderen, aber auch uns selbst schaden. Die Brücke für diese scheinbare Diskrepanz ist das bewusste Wahrnehmen unserer Gefühle und das Erlernen einer reflektierten Haltung, wie wir mit dem Unerwünschten im Leben auch umgehen können. Nämlich nicht nur durch Destruktivität, sondern durch persönliches Wachstum und Fortschritt, der einem selbst und auch anderen dienlich ist. Es gibt viele Untersuchungen, die belegen, wie toxisch Ärger-Gefühle für das Herz und die ganzen inneren Organe sind. Deshalb ist es dringend notwendig zu verstehen, was uns die Wut mitteilen möchte und einen gesunden Umgang mit ihr zu erlernen. Das passiert nicht, wenn wir sie weiterhin als »schlecht« bezeichnen und ablehnen, sondern nur, wenn wir ihr, wie allen anderen Gefühlen auch, grundsätzlich eine positive Eigenschaft zuschreiben und konstruktive, gesunde und sinnerfüllte Wege finden, Veränderungen herbeizuführen, die niemandem schaden.

Wut zeigt auch eigene Grenzen auf und kann genauso bedeuten: *»Halt, stopp, ich bin hier überfordert, das geht zu weit.«* Wenn ein Kind nicht lernt, Wut empfinden zu dürfen, dann lernt es auch nicht, Grenzüberschreitungen einzuordnen. Es schluckt hinunter, was eigentlich gesagt werden sollte und wird zunehmend defensiver, ruhiger und zurückhaltender oder eben das Gegenteil davon: verhaltensauffällig. Sie werden als Kinder ausgegrenzt und missverstanden und in Folge zu Erwachsenen, die »alles mit sich machen lassen«, kaum ihre inneren und äußeren Grenzen artikulieren oder gar wahrnehmen und vieles tun, obwohl es ihnen nicht mehr guttut. Es ist überaus wichtig, einander einen gesunden Umgang mit Wut beizubringen, vor allem aber auch Kinder, die häufig sehr wütend werden, nicht aus Gruppen auszugrenzen, sondern deren Not wahrzunehmen. Hinter Wut steckt häufig die Angst, nicht dazuzugehören, ausgegrenzt zu werden oder mit einer Situation nicht zurechtzukommen. Grenzen wir Kinder in der Wut aus, beispielsweise aus dem Stuhlkreis oder der Kindergartengruppe, und geben diesen Kindern eine »Auszeit«, fördert das nur eines: die innere Not des Kindes. Deshalb darf Ausgrenzung als Erziehungsmaßnahme nie ein Mittel der Wahl sein, sondern stets Integration, Feingefühl, Miteinander und achtsames Wahrnehmen der Bedürftigkeit des kleinen Menschleins.

Im Grunde sollte schon an der Grundschule ein Unterrichtsfach »gesunder Umgang mit Emotionen« eingeführt werden, um Kindern langfristig psychische Gesundheit zu ermöglichen. Mir ist bewusst, dass dies einen deutlich höheren Aufwand, Betreuungsschlüssel und somit auch höhere finanzielle Mittel bedarf. Gleichzeitig lohnt es sich, diese Investition so früh als möglich in unsere Kinder zu tätigen und sowohl in Kindergärten, Krippen, als auch in Schulen den Lehrern und Kindern mehr Unterstützung anzubieten. Es kann nicht wirklich gut gehen, wenn auf 29 Kinder nur zwei Betreuer fallen, das sagt auch der gesunde Menschenverstand. Gewaltprävention beginnt schon bei den Kleinsten, indem ausreichend erwachsene Menschen in der Nähe sind, die reflektiert und besonnen eingreifen, sobald ein Kind Unterstützung benötigt.

Von Erwachsenen, davon gehen wir zumindest aus, dürfen wir annehmen, dass sie ihre Wut kontrollieren können und »im Griff« haben. So darf es zumindest in dieser Berufsgruppe erwartet werden. In der Realität scheitern Millionen Menschen täglich daran.

Wir stehen als Beobachter neben einem ängstlichen oder wütenden Menschen und können diese Gefühle womöglich nicht nachfühlen und schon gar nicht rational erklären. Das geht uns vor allem dann so, wenn unser Gegenüber offensichtlich mit Wut und Angst überfordert ist oder wenn wir selbst damit überfordert sind. Wir übergehen die Wut des Gegenübers oder tun womöglich sogar so, als würden wir sie nicht wahrnehmen. Wir sagen vielleicht: *»Jetzt komm mal runter«* oder *»Meine Güte, reg dich nicht so auf, bleib sachlich.«* Das kann durchaus ab und zu helfen, aber meist macht es das Gegenüber nur noch wütender. Warum? Weil die Person sich in einer Not befindet und sich durch diese Sätze nicht wahrgenommen und verstanden fühlt. Wir alle wissen, wie das ist, wenn wir wütend oder traurig sind – diese Gefühle lassen sich nicht einfach mal sachlich abstellen. Um das zu können, muss man es auch erlernen.

»Komm mal runter« ist kein Hilfsangebot, sondern eine Art Fliegenklatsche für ein präsentes Gefühl, das unser Gegenüber gerade plagt. Besser wäre: *»Du bist sehr aufgebracht, was belastet dich im Moment, und wie könnte ich dir bestmöglich zur Seite stehen. Was brauchst und wünschst du dir?«* Wenn wir das in einem ernsten, aber nicht vorwurfsvollen Ton sagen können und unser Mitmensch sich dadurch abgeholt fühlt, kann dieser Satz eine Einladung sein, miteinander herauszufinden, was an der aktuellen Situation verändert werden muss, damit er sich wieder wohlfühlt. Wenn wir uns aber von der Wut anstecken lassen und selbst ärgerlich werden, macht ein Gespräch in dem Moment keinen Sinn. Das Ergebnis wird nur noch mehr Frust auf beiden Seiten sein. Besser wäre es, an dieser Stelle zu sagen: *»Ich merke, dass ich selbst gerade wütend werde und das Gefühl gerade nicht gut bewältigen kann. Ich brauche eine kurze Pause. Lass uns das Gespräch bitte nachholen, wenn wir uns wieder etwas beruhigt haben. Eine Klärung ist mir wichtig.«* Es ist wichtig zu lernen, sich aus überfordernden Situationen »rauszuziehen«, ohne in Vorwürfen oder Schuldzuweisungen zu enden. Das braucht Zeit, viel Übung und Geduld, mit sich und dem Umfeld.

Manches Mal wissen wir, was genau uns verärgert, andere Male nicht. Manches Mal können wir darüber sprechen, andere Male nicht. Gelegentlich hat der Ärger mit der direkten Umgebung und ihren Verhaltensweisen zu tun, andere Male mit einer Erinnerung an vergangene Tage.

Eine alte Erinnerung, mit den dadurch ausgelösten Gefühlen, kann durch ein präsentes Ereignis wieder hervorgerufen werden. An dieser Stelle ist es nicht immer leicht, augenblicklich zu reflektieren und sagen zu können: *»Ich bin gerade verärgert, weil mich unser Gespräch an eine Situation aus meiner Kindheit erinnert, die mich sehr aufgebracht und verärgert hat. Damals fühlte ich mich unverstanden, so wie jetzt auch. Gern würde ich das durch ein Gespräch mit* *dir auflösen. Im Moment brauche ich aber noch etwas Zeit, um das gut einordnen zu können.«*

Meist ist es aber auch ein Gedanke, der den Ärger oder die Erinnerung auslöst. Wir bewerten eine Situation oder Person als »gegen uns« und stören uns folglich an ihr. Dieser Gedanke, der das Gefühl auslöst, gehört in dem Moment zu uns und unserer »inneren Welt«, aber mit ihm zu verschmelzen oder sogar zu ihm zu werden, das ist letzten Endes eine andere Sache und eine Entscheidung, die wir treffen. Sobald die Wut und der Ärger unser emotionales Zuhause werden, sollten wir realisieren, dass diese Emotionen eine wichtige Botschaft für uns haben und unsere Aufmerksamkeit in Form einer Lösungssuche verlangen. Wir dürfen nicht »zum Ärger« werden und zulassen, nur noch mürrisch durchs Leben zu gehen, in der Annahme, dass das eben zu einer unserer Charaktereigenschaften gehört.

**Ärger, der sich festsetzt,
will gesehen und wahrgenommen werden.
Er braucht, wie ein Kind in der Not,
Zuwendung, mit der Absicht,
Trost und Lösungen zu finden.**

»Du steigerst dich da in etwas rein«, ist ein Satz, den wir alle kennen. Sobald wir uns in etwas »reinsteigern«, haben wir die Entscheidung getroffen, dass der Ärger ein Teil von uns wird, mit dem wir verschmelzen. Das ist jedoch auf Dauer gesundheitsschädlich. Der Puls geht hoch, der Blutdruck steigt, das Herz rast und wir sind dauerhaft nervös.

Im Grunde müssten wir lernen, genau das Gegenteil von dem zu tun, was uns das Ärger-Gefühl sagt. Meist sagt es: *»Attacke! Alarm! Gib alles und hau drauf!«* und nicht: *»Beruhige dich. Meditiere. Atme tief ein und aus, spüre was du* *brauchst, ruh dich aus, sprich über deine Bedürfnisse, geh spazieren oder mach etwas Sport zum Ausgleich!«*

Die Ratschläge, die in den 70er-Jahren erteilt wurden: *»Schlag auf ein Kissen«* oder *»Lass deine Wut raus«* oder *»Geh in den Wald brüllen«*, sobald man Ärger fühlte, sind im Grunde kontraproduktiv. Denn solange wir uns wütend verhalten, sorgen wir auch dafür, dass der biochemische Unrat in uns bleibt und sich die innere Anspannung eher noch verstärkt.

Ist uns danach zu schreien und machen wir das auch jedes Mal, wenn wir wütend sind, sollten wir alles dafür tun, um diesem Impuls nicht länger nachzukommen und stattdessen tief ein- und ausatmen und versuchen, uns zu beruhigen und zu schauen, was hinter dem »Rufen« steckt. Wonach verlangt unsere Seele eigentlich gerade so laut?

Das kurze Innehalten und Nachspüren geht am besten, indem du versuchst, erst mal laut von zehn runterzuzählen oder zu summen. Durch das Zählen und Summen ist ein anderer Bereich unseres Gehirns beschäftigt und wir lenken den trainierten Impuls: *»Hau drauf und schrei los!«* in eine andere Richtung und zwar eine, die uns tiefer ergründen lässt, was eigentlich und wahrhaftig in uns gerade vor sich geht und »los ist«.

Der Zählvorgang dauert in etwa zweieinhalb Sekunden, das ist der Zeitraum, den dein Gehirn braucht, um Emotionen wie trainierten Ärger oder Angst loszulassen. Es würde im Grunde nur zweieinhalb Sekunden dauern, ehe dein Gehirn realisiert, dass es eine Alternative zum antrainierten Ärger gibt. Das bedeutet, dass jede unliebsame und gewohnte Emotion, die über den Zeitraum von zweieinhalb Sekunden hinausgeht, eine freiwillig getroffene Entscheidung ist. Wenn wir lernen, die Wut als solche wahrzunehmen, sie anschließend durch den Zählvorgang, innerhalb von zweieinhalb Sekunden, zu regulieren und danach klar und deutlich zu kommunizieren, was wir wirklich brauchen. Das kann eben jetzt gerade deshalb gelingen, weil wir den dahinter verborgenen Sehnsüchten und Bedürfnissen endlich Raum geben, sich zu zeigen. Dadurch sollte das mit der zwischenmenschlichen Beziehung deutlich besser klappen.

Das klingt am Blatt Papier natürlich deutlich einfacher als im realen Leben. Dennoch ist es erlernbar und kann wie ein Muskel trainiert werden. Zeitgleich brauchen viele von uns dabei Hilfe. Es gibt sehr gute Therapieformen, um die Regulation zu erlernen und wir sollten einander ermutigen, diese Angebote zu nutzen.

Ist unser Impuls beispielsweise, im Streit wütend davonzulaufen und die Türen zuzuschlagen, könnten wir trainieren, kurz innezuhalten, laut von zehn runterzuzählen, zu summen, dabei tief ein- und auszuatmen. Durch dieses Innehalten kann das eigentliche Bedürfnis, das hinter der Wut steht, zum Vorschein kommen, und wir lernen dadurch womöglich, zu bleiben und stattdessen auszudrücken, was wir brauchen, um uns wieder besser zu fühlen. Das liest sich hier zwar recht einfach, in der Situation fallen wir dann doch wieder allzu oft ins alte Muster zurück. Manches Mal, so scheint es, sitzt da ein unbezwingbares Monster im eigenen Seelenkeller, das wild um sich tobt und keine Ruhe findet, auch nicht durch »kluge Ratschläge«. Deshalb braucht es viel Engagement und Willenskraft, vor allem aber Durchhaltevermögen, uns immer wieder daran zu erinnern, nicht nur das eigene Verhalten zu korrigieren, sondern auch den Mut zu sammeln herauszufinden, was dem »Monster« im Keller fehlt, was es braucht und wie es eigentlich leben möchte. Diese Kellermonster scheinen gegen uns zu sein, aber in Wahrheit sind sie da, um uns auf Missstände und notwendige Perspektivwechsel aufmerksam zu machen. Kommunikationstechniken zu erlernen, ist zwar toll, aber erst im zweiten Schritt sinnvoll. Zuerst müssen wir trainieren, unsere Emotionen sinnig einzuordnen, dem »Monster« zuzuhören und es dadurch zu regulieren, erst anschließend können wir ausdrücken, was wirklich los ist.

Vielleicht hast du gerade an deinen Partner oder jemanden aus deinem nahen Umfeld im Sinn, der womöglich häufig aufbrausend reagiert, und denkst: *»Diese Person ist einfach so, das ist das Temperament, er oder sie kann nun mal nicht aus der eigenen Haut.«*

Die Persönlichkeit, ob sich jemand schnell aufregt oder eher gelassen bleibt, spielt auf alle Fälle eine Rolle. Wobei sich schwer trennen lässt, wie viel davon anerzogen oder angeboren ist. Je schneller wir »aufgehen wie ein Hefeteig«, desto mehr müssen wir, egal ob Genetik dahintersteckt oder nicht, den »Dableibe- und Rede-Muskel« trainieren. Es braucht dann eben noch mehr Willenskraft, Engagement und Durchhaltevermögen.

Aber auch eine gesunde Distanz zu sich selbst, allen Titeln, die man meint, errungen zu haben und verteidigen zu müssen und vor allem eine gesunde Portion Humor. Das sind die echten »Das-regt-mich-auf«-Killer.

Disclaimer an dieser Stelle, um Missverständnisse zu vermeiden: Das gilt selbstverständlich nicht, wenn unser erwachsenes Gegenüber gewalttätig ist! An dieser Stelle müssen wir uns in Sicherheit bringen und die Situation verlassen!

Ich weiß, es ist alles andere als einfach, »ruhig zu bleiben«, vor allem, wenn wir uns übergangen, nicht wertgeschätzt, verlassen und ungehört fühlen. Manches Mal ist die Lösung nicht ruhig bleiben, aber eben auch nicht das Gegenteil – laut werden –, sondern aussprechen und verbalisieren, was wirklich gebraucht wird. Klar kann das nicht weggeräumte Geschirr oder die falsch ausgedrückte Zahnpastatube schnell zum Ärgerobjekt werden, das uns im Grunde aber sagt: *»Ich fühle mich nicht wertgeschätzt, wenn du alles stehen lässt, sondern gesehen, wenn du meinen Raum und mein Bedürfnis nach Ordnung respektierst.«* Anstatt dem anderen die nicht kanalisierte Wut entgegenzuschleudern, wäre dieser Satz hilfreich, um im Kontakt mit unserem wahren Bedürfnis und somit auch dem anderen zu bleiben. Das gelingt, wenn wir vor den Monstern im Keller keine Scheu mehr haben und uns ihnen stattdessen mutig stellen.

Viele Male sind wir auf andere im Leben sauer, weil wir Dinge von ihnen erwarten, die wir uns selbst hätten geben müssen. Der andere wird zum Monster, das jedoch im Grunde tief in unserem Keller sitzt und endlich verstanden, geliebt, angenommen und gehört werden will.

Wut kann als eine Art Einladung zu einem einfühlsamen Dialog verstanden werden. Einem Dialog mit uns selbst und mit unserem Umfeld.

Aber Achtung, ein Dialog ist nur dann möglich, wenn unser Gegenüber sich reflektiert und einsichtig zeigt, nicht aber wenn die Wut zum Werkzeug der Machtdemonstration wird und wir dieser permanent ausgesetzt sind! Manches Mal ist es notwendig, sich von Menschen zu distanzieren, die einfach nicht begreifen wollen oder können, dass Wut eine reflektierte Antwort benötigt und keineswegs anzeigt, dass alle anderen gefälligst dafür sorgen sollen, dass es einem wieder besser geht und der eigene Wille mit aller Gewalt durchzusetzen ist.

Jeder Mensch hat ein Recht auf Emotionen und Bedürfnisse, aber genauso auf Grenzen.

Es ist unsere Aufgabe, uns mit Menschen zu umgeben, die das genauso sehen.

Denn wenn wir immer ungehört bleiben, kann uns das in psychische Krankheiten treiben. Als Kind konnten wir nicht einfach sagen: *»Tschüss, ich gehe, ihr übergeht zu häufig meine Grenzen und Bedürfnisse, ich suche mir eine neue Familie.«*

Aber als Erwachsene sind wir dazu in der Lage, für uns einzustehen, für uns zu sorgen und Verantwortung für unser Leben zu übernehmen. Erkennen wir jedoch, dass wir uns nicht dazu in der Lage fühlen, brauchen wir Hilfe und dürfen um diese bitten. Das sollten wir, wenn es um die Bewältigung der Vergangenheit geht, immer im Hinterkopf behalten. Denn wenn wir unser Leben lang Wut und Ärger unterdrücken oder dies unreflektiert ausleben, können wir das Alte nicht gut hinter uns lassen. Wir ziehen es sozusagen immer und immer wieder, wie an einem Seil hängend, zurück in unser Leben und wiederholen dadurch alte Muster. Der Ärger wird dann zum Salz der Suppe, das nicht fehlen darf.

»Immer passiert mir das Gleiche!« oder *»Keiner versteht mich«* sind Aussagen, die deine inneren Alarmglocken läuten lassen sollten. Sie zeigen dir, dass du dich schon viel zu lange in einem Umfeld oder mit Gewohnheiten im Schlepptau befindest, welche dir nicht guttun. Solltest du an dieser Stelle sagen: *»Das ist nicht so einfach. Ich kann nicht einfach gehen«*, zeigt dir dieser Gedanke, dass du dich in einer Art Abhängigkeit befindest und meinst, in einer Falle zu stecken, aus der du nicht mehr rauskommst. Hol dir bitte professionelle Unterstützung, die dich langsam und in deinem Tempo dabei begleitet, dich aus toxischen Beziehungen zu lösen.

Das Schlimmste ist nicht, wenn wir feststellen, dass wir uns in vergifteten Beziehungen und Verhältnissen befinden. Das Schlimmste ist die Tatsache, dass wir anschließend meinen, es gäbe keine Alternative für uns – und bleiben.

Hast du Angst, innerhalb einer Beziehung deinen Weg zu gehen, deine Bedürfnisse auszusprechen oder deine Grenzen abzustecken, ist diese Beziehung entweder nicht das Richtige für dich oder du steckst in einem alten Verhaltensmuster fest und kennst es nicht anders aus deiner Kindheit. Du denkst womöglich, dass deine Bedürfnisse keine Rolle spielen und lässt deshalb »vieles mit dir machen.«

Wenn wir uns selbst einreden: *»Ist doch nicht so schlimm, ich stecke das weg«* unterliegen wir einem Irrtum, der nur Schlimmes heraufbeschwört. Sobald dir gegenüber ein Mensch durch Worte oder Taten gewalttätig wird, musst du dich in Sicherheit bringen, wenn nötig sogar die Beziehung so schnell es geht verlassen. An dieser Stelle rate ich immer und dringend, aus der Schusslinie zu gehen und deinem erwachsenen Gegenüber nicht zur Verfügung zu stehen. Denn eines sei dir gesagt: Menschen, die ihre Wut wiederkehrend dafür einsetzen, um andere zu demütigen, zu kontrollieren, zu beherrschen oder einzuschüchtern, benötigen dringend eine Therapie. Von alleine werden sie nicht »rauskommen« können. Es ist nicht deine Aufgabe, die Impulskontrolle zu übernehmen. Es ist dein Job, dein Leben zu leben, und zwar so, dass du am Ende eines jeden Tages sagen kannst: *»Heute habe ich gut, wahr und schön gelebt.«*

Wir haben selbst in der Hand, wie lange die Vergangenheit an unserer Fußsohle klebt.

Von der Kraft der Täuschung

Die Fremd- oder Selbsttäuschung ist eine Form des Schutzes vor unangenehmen Gefühlen, sowohl in Bezug auf uns selbst als auch auf andere. Manches Mal ist die Wahrheit einfach schwer zu ertragen. Die Realität von Gefühlen oder Erlebnissen wird mit Hilfe der Täuschung bearbeitet, um sie erträglicher und annehmbarer zu machen. So kann es vorkommen, dass wir sagen: *»Ich bin doch gar nicht wütend!«*, obwohl wir vor Wut schon am Überlaufen sind.

»Ich habe doch keine Angst!« oder *»Ich bin doch gar nicht sauer, das bildest du dir nur ein!«* sind Sätze, die wir häufiger zu hören bekommen, auch weil diese Gefühle mit Schwäche in Zusammenhang gebracht werden. Selbst wenn die Angst oder die Wut unseren Körper so sehr mobilisiert, dass augenblicklich alles in uns steigt, der Blutdruck, Adrenalin, Herzrhythmus, Muskeltonus, werden wir uns selbst im besten Fall beruhigen können, indem wir uns sagen: *»Schau her, ich habe diese Situation bewältigen können! Angst, nein, die brauche ich gerade doch nicht.«*

Das ist sinnvoll und eine Methode der Regulation. Aber es kann natürlich auch eine Form der Verdrängung sein, die sich negativ auf uns auswirken kann, vor allem, wenn wir uns immer und immer wieder in ähnliche Situationen bringen, die Emotionen übergehen und aus dem Gefühl der Angst oder Wut nichts Gewinnbringendes lernen. Dadurch tauchen sie nur öfter auf als uns lieb ist.

Wir können diesen Erregungszustand deshalb nicht lange aushalten, weil wir ihn nicht korrekt interpretieren und einordnen und wollen uns so schnell es geht davon befreien. Ein Anfang kann das Abstreiten sein. Wir verleugnen, bagatellisieren, verdrängen, rationalisieren oder intellektualisieren gern, was uns überlastet. *»Das war doch gar nicht so schlimm«* ist beispielsweise so ein Satz, den wir sicher alle bereits als Kind hörten, auch oder vor allem wenn wir uns verletzen, unser Körper, aber auch unsere Seele schmerzte, wir weinten, tobten oder nicht zur Ruhe fanden. Unsere Not wurde uns aberkannt, und dadurch lernten wir nicht, mit ihr umzugehen.

Täuschung dient der Selbststabilisierung und Abwehr von Kränkung und Verletzung.

Schwierig wird es dann, wenn wir die Realität der Mitmenschen nicht mehr wahrnehmen und die eigene Realitätsprüfung versagt.

Menschen mit Traumata müssen sich deshalb nicht zwingend genau an ein schlimmes Ereignis erinnern können, sie nehmen häufig nur anhand ihrer Gefühle und Körperempfindungen wahr, »dass etwas nicht stimmt«, können es aber nicht immer zu- und einordnen.

Wenn beispielsweise 20 Menschen in einem Bus sitzen und einen Unfall erleben, bei dem sich keiner körperlich verletzt hat und Außenstehende sagen würden: *»Da habt ihr noch mal Glück gehabt«*, geht es 18 Insassen nach einem kurzen Schock wieder gut, zwei hingegen erleben ein Trauma und sind psychisch dadurch mindestens für mehrere Monate destabilisiert. Alle haben denselben Unfall erlebt, aber nicht alle haben ihn gleich empfunden, eingeordnet und interpretiert.

»Es ist doch gar nichts passiert, wovor hast du Angst? Warum bist du seit dem Unfall so depressiv, antriebslos

oder ständig sauer?«, werden sie von ihrem Umfeld hören und finden dazu selbst keine rationale Antwort.

Ähnliches passiert, wenn wir beispielsweise als Kind erlebt haben, dass wir uns auf Bezugspersonen auf eine gewisse Weise nicht verlassen können, uns von ihnen womöglich sogar bedroht, ignoriert oder missachtet fühlten. Bei vielen »geht das gut«, sie leben ihr Leben weiter und haben nicht das Gefühl, dadurch negativ oder schwer beeinträchtigt zu sein. Bei einigen aber passiert Nachhaltiges. Das Gehirn überträgt diese Erlebnisse nämlich auf das gesamte Lebenskonzept und ist in ständiger Alarmbereitschaft, weil es uns schützen will. Wir können das anhand folgender Hinweise erkennen:

1. Passiert etwas Gutes in deinem Leben, bist du erst mal skeptisch und traust deinem Glück nicht. Du bist innerlich immer auf dem Sprung und erwartest, dass das Gute, Wahre und Schöne nicht lange andauert und sicherlich gleich »etwas passieren wird«. Außerdem tendierst du dazu, deine Erfolge herunterzuspielen und sie auf keinen Fall zu feiern. Ganz tief in dir fühlst du: *»Ich verdiene es nicht, glücklich zu sein.«*
2. Du hast ein inneres Verlangen danach, alles bis ins kleinste Detail zu planen. Du fühlst dich verloren im Ungewissen und wirst frustriert, wenn du nicht weißt, was auf dich zukommt und vor allem wenn etwas nicht so läuft, wie du es dir vorstellst. Du kontrollierst deshalb, weil du dich nach Sicherheit und Halt sehnst und deine Gefühle sich in gewisser Weise noch immer in einer traumatisierenden Erfahrung verlieren. Du kannst schlecht andere planen lassen und hast ein Misstrauen, dass »sie es hinbekommen«. Du gehst davon aus, dass es nur dir zufriedenstellend gelingen kann. Sätze wie *»Lass mal, ich mach das«* kommen dir sehr bekannt vor. Du tendierst deshalb dazu, dich auszubrennen, aber

auch öfter krank zu sein, weil dein Immunsystem durch den Stress, den du latent andauernd empfindest, schnell im Keller ist.

3. Du hast eine große Angst davor zu scheitern. Prinzipiell ist die Angst davor zu scheitern, ein normales menschliches Verhalten. Doch wenn sie zu groß ist und das dazu führt, dass du keine Motivation mehr hast, etwas Neues anzupacken, dann hindert dich diese Angst, die vermutlich auf ein früheres Trauma zurückzuführen ist, vor dem Leben. Du versäumst dadurch viele Gelegenheiten und Chancen und verlierst deine Kreativität und Neugierde im Leben. Das kann aber auch zu Perfektionismus führen und einem permanenten Gefühl der Unsicherheit. Das Grundbedürfnis nach Abwechslung liegt bei dir weit hinten. Du hast außerdem eine große und starke Angst vor Erfolg, was auch auf ein frühes Trauma zurückzuführen ist. Hast du dich selbst jemals davor zurückgehalten, einen Erfolg anzunehmen, ihn anzustreben oder zu verlangen, aus dem Gefühl heraus: *»Ich will das gar nicht?«* Nicht weil du es nicht verdient hättest, sondern aus der Angst heraus, was passieren könnte, wenn du tatsächlich erfolgreich sein wirst? Das kann daran liegen, dass du dich davor fürchtest, etwas zu verlieren, was du noch gar nicht hast. Die Tendenz, dich unbewusst immer wieder kleinzuhalten, an dir zu zweifeln und anderen den Vortritt zu lassen, ist groß. Die tiefe Angst vor Erfolg und der eigenen Größe kann vor allem bei Menschen vorkommen, die sehr früh auf irgendeine Weise einen Missbrauch erlebt oder den Verlust eines geliebten Menschen erfahren haben.
4. Du kannst dich schlecht konzentrieren und fokussieren. Deinen Augen gelingt es nicht, ein Bild »scharf« zu stellen. Es ist, als würde ein Schleier auf deinem Auge liegen. Es ist nicht unüblich, dass ein überwältigendes Ereignis dafür sorgt, dass wir uns nicht mehr konzen-

trieren können. Das innere System schaltet die Funktion der Präsenz und Klarheit ab und sagt im Grunde: *»Bitte gönn mir meine Ruhe, ich will gerade gar nicht hier sein, sondern an einem sicheren Platz in Geborgenheit.«* Bei der Diagnose von ADHS wird oftmals übersehen, dass es sich bei Konzentrationsstörungen und permanentem Zappeln auch um unverarbeitete überwältigende Gefühle, Traumata und Ereignisse handeln könnte. Sobald diese Kinder sich aber sicher fühlen und jemanden an ihrer Seite haben, der sich voll und ganz auf sie einlässt, »beruhigt« sich deren System.

5. Du vergisst immer wieder so einiges im Alltag, aber auch vieles aus deiner Vergangenheit. Es kann vorkommen, dass du dich wirklich an nichts mehr aus deiner Kindheit erinnern kannst und dich fragst, woran das liegt. Vielleicht zweifelst du auch an dir selbst, weil du ansonsten ein »intelligenter Mensch« bist, der weit entfernt von Demenz ist. Wenn wir unter den Folgen eines Traumas leiden, leidet auch unser Erinnerungsvermögen. Dein Gehirn sagt dadurch: *»Bitte hilf mir, mein Trauma zu überwinden.«* Die Sprache des Gehirns ist demnach: *»Ich kann mich erst wieder auf den Alltag konzentrieren und wirklich ›am Leben‹ teilnehmen, wenn ich mich wieder sicher fühle.«* Das Kind in dir fühlt sich nicht sicher und »hängt« vermutlich noch in alten Erlebnissen fest, die es nicht überwinden konnte, weil sie offenbar zu überwältigend waren. Zu vergessen ist eine Form, mit überfordernden Ereignissen zurechtzukommen.
6. Du hast Schwierigkeiten, bei Problemen andere um Hilfe zu bitten. Du bist misstrauisch und hast das Gefühl, niemandem wirklich vertrauen zu können. Gerade wenn du Missbrauch oder in gewisser Weise eine Vernachlässigung deiner Grundbedürfnisse erlebt hast, tust du dir schwer damit, andere um Hilfe zu bitten. Dein

tiefer innerer Grundsatz ist: »*Ich muss mir alleine in der Not helfen, denn ich werde darin nicht wahrgenommen oder gerettet.*« Dein früherer Erfahrungswert ist, dass andere Menschen, die dir helfen sollten, es nicht getan oder dich verletzt haben, worauf dein System zurückschließt, dass alle Menschen so sind und keiner dir helfen wird. Also leidest du eher still vor dich hin, ehe du andere um Hilfe bittest. Dein Misstrauen ist umso größer, wenn Misshandlungen, Missbrauch oder Vernachlässigung (logischerweise) überwältigend war. Du möchtest weder erneut verletzt, zurückgewiesen, abgelehnt, noch verurteilt oder als schwach angesehen werden, deshalb vermeidest du tiefe Kontakte.

7. Du verletzt dich selbst oder andere. Sobald du innerlich unangenehme Gefühle hast, agierst du anderen Menschen gegenüber unsanft, wenig sensibel oder gar harsch. Du schubst die, die du liebst, von dir weg, wann immer du dich unwohl fühlst oder nicht weiterweißt. Es gibt Zeiten, in denen du dich selbst schlecht behandelst, kleinredest, schlägst oder Drogen, Alkohol zu dir nimmst. Du wirst schnell sehr emotional, gerätst außer Kontrolle und bist hypersensibel. Du verlierst deine Contenance und machst Dinge oder Beziehungen kaputt. Du inszenierst viel Drama und fühlst dich dadurch irgendwie wieder lebendig.
8. Du hast Probleme damit, Selbstvertrauen aufzubauen oder dich im Vertrauen dir selbst gegenüber gut zu fühlen. Studien zeigten beispielsweise, dass Patienten mit Posttraumatischer Belastungsstörung (PTBS) oft sehr unter Selbstzweifeln leiden.
9. Du hast unerklärliche psychologische Symptome. Du fühlst dich unerklärt voller Panik oder Angst, und zwar aus heiterem Himmel. Es ist schwer für dich, an Dingen Freude zu haben, die du früher mochtest. Ab und an verlierst du deinen Appetit oder kannst schlecht ein-

oder durchschlafen. Studien zeigen, dass Ängstlichkeit, Depressionen oder dissoziatives Verhalten und Panikattacken oftmals der Grund für ein verborgenes Trauma sind. Albträume, emotionale Instabilität, starke Schlafprobleme oder Rückenschmerzen zeigen oftmals ebenso ein ungelöstes Trauma auf.

Diese Punkte sollen dir als Orientierung dienen, sie lassen aber nicht automatisch darauf rückschließen, dass dir tatsächlich ein Trauma passiert ist. Haben wir Traumata erlebt, tauchen im Alltag ab und an Gefühle oder Erinnerungen auf, die ein mulmiges, angespanntes, ängstliches oder antriebsloses oder erschöpftes Gefühl hinterlassen.

Wir können diese Gefühle aber nicht immer einer bestimmten, gezielten Erinnerung zuordnen und fühlen uns folglich von ihnen überwältigt. Sicherlich auch deshalb, weil bewusste Erinnerung meist erst mit der Entwicklung von Sprache entsteht. Solange wir noch nicht »verstehen«, was passiert und es auch nicht benennen können, speichert sich Erinnerung nicht in Form von klaren Bildern ab, sondern vielmehr in Form von Empfindungen.

Viele Menschen fühlen sich im Alltag »seltsam«, wissen aber gar nicht, woher das kommt. Selbstverständlich belastet das. Wenn wir hingegen beispielsweise wissen *»Als ich auf die Welt kam, hatte ich einen Sauerstoffmangel und musste beatmet werden. Ich wurde von meiner Mutter getrennt und musste ohne sie auf die Intensivstation. Meine Mutter hatte schreckliche Angst und konnte erst nach einer Woche zu mir. Auch Papa durfte ich nicht sehen und die Schwestern hatten zu der Zeit so viel zu tun, dass ich häufig nicht wirklich getröstet werden konnte«* können wir später eventuell auftauchende Gefühle von Existenzangst, Einsamkeit und Misstrauen deutlich besser zuordnen.

Wir könnten uns in diesem Moment beispielsweise sagen: *»Ah, da ist es wieder das gleiche Gefühl wie damals*

als Baby. Mein System braucht nun eine Beruhigung. Deshalb nehme ich mir einen Augenblick Zeit, um dem Teil in mir, der Angst hat, zu sagen, dass er in Sicherheit ist, ich da bin und ihn nicht alleine lasse.

Alles wird gut. Schau, jetzt bist du in Sicherheit, es wird dir nichts geschehen.« Wir könnten beispielsweise einen Spaziergang machen, etwas Leckeres kochen, ein Bad nehmen, etwas joggen gehen oder einfach bewusste Selbstfürsorge im Hier und Jetzt betreiben.

Selbstfürsorge darf kein unnötiger »Luxus« sein, für den wir keine Zeit haben, sondern sollte wie das tägliche Zähneputzen in den Alltag integriert werden.

Wenn wir eine Woche keine Zähne putzen, fangen wir an zu stinken. Dasselbe Prinzip gilt, wenn wir uns eine Woche nicht um unser seelisches Wohlergehen kümmern – wir werden »stinkig«. Herauszufinden, was uns im Hier und Jetzt guttut und was nicht, ist ein notwendiger Schritt, um sich selbst näherzukommen und Vergangenes zu überwinden. Diese Form der Selbstregulation wirkt unmittelbar entspannend und kann uns im Alltag dabei helfen, mit unkontrolliert auftauchenden Gefühlen und Ängsten sofort umzugehen, aber auch, die Tyrannen der Vergangenheit hinter uns zu lassen. Der bewusste Akt, sich »dem Selbst« und all dem Guten, Wahren und Schönen im Leben zuzuwenden, kann sehr heilsam sein.

Es gibt Menschen, die »wieder zu sich kommen«, wenn sie ihre nackten Füße aufs Gras stellen, einen Baum umarmen oder in die Natur gehen. Andere finden zu sich, indem sie meditieren und sich auf die Stille, die auch, selbst im größten Sturm, vorhanden ist, konzentrieren. Andere kommen wieder bei sich selbst und in ihrer Mitte an, wenn sie sich mit Freunden treffen, Sport machen oder ein Buch lesen. Es gibt »unzählige Wege, die nach Rom führen«.

Sobald wir uns beispielsweise auf die Ruhe konzentrieren, denkt unser Gehirn: *»Aha, es ist nun wieder alles ruhig, ich kann dein System entspannen.«* Das denken aber nur Gehirne von Menschen, die keine schweren Traumata erlebt haben. Ein traumatisiertes Gehirn wird in der Ruhe unruhig, misstrauisch und wartet nur darauf, dass gleich der nächste Säbelzahntiger ums Eck springt. Deshalb kann hier Bewegung, Aktion und »Rausgehen« helfen.

Am besten gelingt der Fokus auf die Ruhe, wenn wir diese als nicht bedrohlich erlebt haben. Indem wir uns kurz, mit beiden Beinen fest auf dem Boden stehend, auf die Pause zwischen den Zahlen konzentrieren, können wir herausfinden, wie es uns mit der Ruhe so geht: Durch die Konzentration auf die 1 – PAUSE – 2 – PAUSE – 3 – PAUSE– 4 –PAUSE und so weiter, lernen wir Ruhe kennen und vor allem, wie wir auf sie reagieren. Macht sie uns unruhig, nervös oder sogar traurig? Welche Gefühle löst die Ruhe wirklich aus, und welches möchte ich stattdessen erleben? Es braucht ein achtsames Herannähern an die Ruhe, vor allem für Menschen, die mit ihr eher unangenehme Gefühle verbinden.

Denn nur die PAUSE bringt tatsächlich Ruhe. Pausen sind jedoch häufig etwas, das uns beunruhigt. Wir lernten womöglich als Kind, dass wir dann faul seien oder ein Taugenichts, der keinen Beitrag leistet und anderen nur auf der Tasche liegt. Wenn wir mit einer bewussten Pause derartige Assoziationen haben, ist es kein Wunder, wenn wir uns durch den Alltag peitschen oder beim bloßen Gedanken an Ruhe unruhig werden. Wenn wir nicht zur Ruhe finden, während wir atmen oder zählen, dann liegt das daran, dass Atmen und der Zählvorgang bewegende Aspekte sind, Bewegung jedoch nichts mit Ruhe zu tun hat. Deshalb ist es ratsam, sich nach und nach an die Stille zu gewöhnen, indem wir nach und nach immer langsamer zählen und die Aufmerksamkeit auf die Pausen dazwischen lenken und uns sagen: »*Auch hier bin ich willkommen, wertvoll und respektiert.*« Du siehst, unbehagliche Gefühle sind auch hier ein Wegweiser, der uns näher an unser Selbst und darin verborgene Verletzungen oder negative Assoziationen heranführen kann.

Eine weitere Technik ist *Vipassana,* eine sehr alte Meditationstechnik aus Indien, die besagt, die Dinge so zu sehen, wie sie sind (ohne sie schlimmer zu machen). Diese Technik besteht im Wesentlichen darin, dem Selbstbild Zeit zu widmen und sich von außen zu betrachten. Dafür können wir an einen entspannten und sicheren Ort gehen, die Augen schließen und uns auf unseren Atem (oder die Pausen dazwischen) konzentrieren. Im Geiste gehen wir im Anschluss jeden Bereich unseres Körpers durch und achten kurz darauf, wie er sich anfühlt. Braucht er Zuwendung, mehr Ruhe oder mehr Bewegung?

Eine weitere Übung für alle, die keine Traumata erlebt haben, ist, uns Situationen, in denen wir uns hilflos oder ausgeliefert fühlen, bewusst vorzustellen und zu beobachten, was genau diese Gefühle in uns ausgelöst hat. So können wir innerhalb eines geschützten Rahmes lernen zu verstehen, was genau diese Emotionen und Gefühle in uns auslöst, aber auch, wie wir sie gegebenenfalls ersetzen oder mindern könnten.

Manche Menschen resonieren aber auch mit Kunst-, Aroma- oder Musiktherapie. So kann der Klang einer Klangschale, das Malen eines Mandalas oder das Riechen an Aromaölen dabei helfen, »wieder bei sich anzukommen«. Herauszufinden, was wir individuell benötigen, um auf konstruktive Weise zu uns zu kommen und unser System wieder zu entspannen, braucht etwas Zeit, aber lohnt sich enorm.

Mach dir vielleicht eine Liste von konstruktiven Dingen, die dich ruhig und entspannt stimmen. Umgib dich im Alltag so viel es geht mit diesen »Ruheankern«. Sobald du in eine Situation gerätst, die dich überlastet, lege deinen Fokus auf diese »Ruheanker« und sorge dafür, dass du dir die Zeit dafür nimmst. Das klingt so banal, aber ein kleiner Ruheanker in der Not ist wie ein Glas Wasser in der Wüste, ein Rettungsboot auf einer einsamen Insel oder eine liebevolle Umarmung, wenn wir sie gerade dringend nötig haben. Wir dürfen, auch hier, die kleinen Dinge des Alltags nicht unterschätzen.

Wenn das Unerwartete zum Segen wird und die Wahrheit ans Licht kommt

Wenn wir über unsere vergangenen Traumata und die dadurch ausgelösten Verhaltensweisen in unserem heutigen Alltag nicht Bescheid wissen, kann es passieren, dass wir denken: »*So bin ich eben. Ich bin jemand, der ängstlicher oder antriebsloser, vielleicht auch sensibler oder gar cholerischer und hyperaktiver ist als alle anderen. Ich selbst, aber auch mein Umfeld müssen eben damit umgehen lernen.*«

Diese Betrachtungsweise kann allerdings belastend werden, wenn es sich doch nicht nach »uns«, sondern eher nach einem Etikett anfühlt, das uns im Laufe des Lebens jemand verpasst hat. Für den einen ist ein euphorischer und positiver Mensch gleich hyperaktiv, für den anderen einfach nur euphorisch und positiv. Es ist wichtig, dass wir hinterfragen, welche Rollen und Etiketten wirklich zu uns passen und zugleich bewusst machen, dass sie immer nur Momentaufnahmen, aber keine in Stein gemeißelten Wahrheiten sind.

Denn sobald Angst, Hypersensibilität oder beispielsweise Gereiztheit zu unserer Identität werden, wir aber fühlen, dass das nicht zu ihr passt, ist es wichtig klarzustellen: »*Das bin ich nicht ausschließlich, das ist lediglich eine Wahrnehmung, ein Teil von mir.*«

Auch Etiketten können zum Tyrannen der Vergangenheit werden – solange, bis wir klarstellen, dass sie nicht (mehr) zu uns passen.

Diese Klarstellung kann auch uns selbst gegenüber erfolgen. Solange wir uns selbst oder andere aber durch Verdrängung in den Rollen gefangen halten, zeigen sich die Auswirkungen vergangener Erlebnisse oder Rollen defizitärer.

»Als ich fünf war, verließ uns mein Papa, weil er eine Affäre hatte, seither bin ich eben jemand, der keinem Mann vertraut«, sagt die Frau, die jedes Mal Schluss macht, wenn es zu nah wird.

»Als ich ein Kind war, wurde ich von meinen Lehrern oft bestraft, seither bin ich eben etwas unsicherer«, sagt der Mann, der sich jedes Mal quält, wenn er einen Fehler macht.

»Mein Großvater schlug mich mit seinem Gürtel, das war früher nun mal so, wenn man nicht gehorchte. Ich bin halt auch ein Rebell«, sagt ein Mann, dessen Partnerin ihn wegen körperlicher Gewalt anzeigte.

»Wenn ich als Kind meine Aufgaben nicht ordentlich erledigte, sprach mein Vater oft Tage nicht mit mir. Ich glaube, das hat mich gelehrt, immer alles zu geben«, sagt die Frau, die zum zweiten Mal ein Burn-out hat.

»Meine Familie hat mir zum Studium geraten, weil ich als Arzt viel mehr Geld verdiene als als Künstler. Sie hatten recht. Ich habe genug Geld und bin eben kein Künstler«, sagt der Mann, der nach Feierabend immer einen Whiskey braucht und nachts nur mit Tabletten schlafen kann.

»Damals musste ich immer alles aufessen, aber so habe ich gelernt, nichts zu verschwenden«, sagt die Frau, die täglich Kalorien zählt, weil sie sich für zu dick hält.

»Als Baby ließen mich meine Eltern oft schreien, auch viel alleine zu Hause, das machte man früher halt so, aus

mir wurde ohne dieses neumodische Verwöhnen trotzdem jemand!«, sagt der Mann, der bei jedem Krümel am Boden neurotisch in die Luft geht.

»Mein Bruder war der Liebling der Familie, ich halt nur das Mädchen, das keiner wollte. Aber das ist schon so lange her, das Leben muss weitergehen«, sagt die Frau, die von Seminar zu Seminar und von Mann zu Mann läuft, um endlich ihren Frieden zu finden.

Etiketten, die wir im Laufe unseres Lebens übergestülpt bekommen und anschließend als Tatsache abspeichern, können unser Leben auf eine Weise beeinflussen, die sehr unangenehm ist. Wir werden zu jemandem, der wir womöglich gar nicht (mehr) sind, weil wir die Meinung anderer als Wahrheit annehmen. Den größten Nachhall und die größte Wirkung auf die Sicht auf uns selbst haben grundsätzlich die Antworten auf die »Wo-bist-du«-Frage jener Menschen, die uns als Kind begleitet haben.

Zu den Kindheitsbegleitern zählten die Eltern, die näheren Bezugspersonen, Familienmitglieder, aber auch Lehrerinnen und Erzieher. Im Grunde jeder Mensch, der als Kind Einfluss auf uns nahm. Wenn wir früher oft hörten: *»Ja, die Lotte ist halt unser kleiner Wirbelwind«* oder *»Der Maxi ist ein kleiner Quälgeist, immer will er was haben!«*, dann beeinflusst das die Wahrnehmung auf unser Selbst. *»So bin ich eben und so war ich schon immer«* sind Aussagen, die wir tätigen, aber selten auf ihren Wahrheitsgehalt überprüfen.

Genau deshalb schreiben wir dem Kind in uns und der Kindheit so viel Bedeutung zu. Es wird nach wie vor davon ausgegangen, dass die Erfahrungen aus der Kindheit noch immer einen großen Einfluss auf uns als erwachsene Person haben. Die Beziehung zu den Eltern und die früh geprägte Sicht auf das Selbst kann zu einer Lebensaufgabe werden, selbst über den Tod der Eltern hinaus. Es gibt Menschen, die der Liebe und Anerkennung ihrer Eltern noch hinterherjagen, wenn sie selbst bereits erwachsen sind.

Häufig fragen sie sich: *»Wäre Papa jetzt stolz auf mich?«* oder *»Würde Mutter mich trotzdem lieben und wäre ich noch ihr braves Kind?«* Das permanente Suchen nach Antworten durch die Eltern kann zu einer zermürbenden Lebensaufgabe werden, die das eigene Leben und Handeln, ja sogar die Partnerschaft blockiert. Im Grunde aber suchen wir nach einem eigenen Selbstbild. Womöglich sogar einem, das dem der Eltern widerspricht.

Unser Selbst ist nicht ausschließlich ein Produkt aus der Sicht der Eltern und den Erlebnissen der Vergangenheit, dem wir hilflos ausgeliefert sind, sondern im Grunde auch die Art und Weise, wie wir uns dafür öffnen, ihm neu und individuell zu begegnen.

Wir haben jederzeit die Möglichkeit die »Wo-bist-du«-Frage auf eine gesunde und erfüllende Art und Weise zu beantworten, ohne in Abhängigkeit Dritter zu geraten. Häufig wird uns das aber erst bewusst, wenn wir anfangen uns zu fragen: *»Bin ich das, was über mich gesagt und von mir erwartet wird, alles wirklich?«*

Heilung passiert auf vielfache Weise.

Dem Kind in uns tut die »Nachbeelterung« besonders gut. Das bedeutet, dass wir uns selbst die Eltern werden, nach denen wir uns gesehnt haben und uns selbst die Etiketten geben, die uns wahrhaftig guttun. Darin liegt im Grunde unsere Freiheit. Im Alltag denken wir jedoch, wir hätten keine Wahl – wir sind nun mal so, weil wir schon immer waren.

Wenn wir als Erwachsene auf irgendeine Weise erleben, dass es jetzt ein Umfeld gibt, in dem wir uns wohlfühlen, fällt es uns deutlich leichter, schädliche Verhaltensweisen abzulegen und wieder Ja zu unserem eigentlichen Selbst und dem Leben zu sagen, welches fernab der Anpassung und im

Buhlen um externe Antworten auf die »Wo-bist-du«-Frage existiert. Manches Mal glauben wir, uns selbst verloren zu haben, dabei suchen wir nur nach dem Ich, das dem Ich entspricht und nicht den Erwartungen anderer.

Wir verlieren aber nicht unser Selbst, sondern vielmehr die Gewissheit, dass es uns zusteht, willkommen, sicher und geliebt durchs Leben gehen zu dürfen. Es ist diese Gewissheit, nach der wir suchen. Das Selbst kann nie verloren gehen.

Es braucht hierfür weder die Konfrontation mit den Kindheitsbegleitern oder den Tätern der Kindheit noch die akribische Aufarbeitung sämtlicher Erlebnisse der eigenen Kindheit. Was es braucht, sind positive Erfahrungen, ein sicheres Umfeld, Achtsamkeit für unsere Bedürfnisse und der Wille, den Fokus darauf zu legen, was uns guttut. Die Zeit, die wir uns für uns selbst im Alltag nehmen, wird oft als Luxus bezeichnet. Dabei ist es vielmehr das Bewusstsein dafür, dass unsere körperliche, emotionale und seelische Gesundheit immer vorgeht.

Wenn wir unser Selbst auf die Erlebnisse der Kindheit reduzieren, entmachten wir das Selbst, das auf unserem bisherigen Lebensweg entstanden ist. Solange wir denken, Selbstfürsorge wäre egoistisch, überflüssig oder Luxus, suchen wir die Antwort auf die »Wo-bist-du«-Frage im Außen. Wir limitieren uns, weil wir nach wie vor der Annahme sind: *»Es steht uns nicht zu.«* Wir glauben, wir müssten zuerst etwas Besonderes leisten, sein, haben oder tun, um die Erlaubnis für Selbstfürsorge zu erlangen. Dabei ist das Bestreben, gut für die eigene Gesundheit zu sorgen, nicht nur das Gesündeste, sondern auch das Natürlichste der Welt.

Wenn wir permanent auf Konfrontation mit unserer Vergangenheit gehen oder diese ausblenden, ist das nicht besonders fürsorglich oder gesund.

Wir entmachten dadurch nicht nur das Selbst, sondern auch den Einfluss sämtlicher Erlebnisse unseres Erwachsenenlebens, die im Hier und Jetzt stattfinden und das Potenzial haben, eine bessere Zukunft für uns zu bewirken. Wir machen uns abhängig von einer Vergangenheit, auf die wir ausschließlich durch eine gesunde Rückschau Einfluss nehmen können. Dazu gehört Distanz und die Fähigkeit, sagen zu können: *»Das ist eine Vergangenheit, aber nicht mehr meine.«*

Die Kraft, die auf unser Selbst einwirkt, birgt nicht nur die Vergangenheit in sich, sondern auch die Gegenwart und die Zukunft. Dorthin müssen wir uns wenden, wenn die Vergangenheit wie ein Sog auf uns einwirkt, der uns nur noch tiefer in den Schmerz hineinreißt.

Deine Zukunft lässt sich im Hier und Jetzt vollumfänglich beeinflussen, deine Vergangenheit nicht. Auf sie kannst du nur noch eingeschränkt einwirken. Wäre es da nicht logisch, sich voll und ganz auf das zu konzentrieren, worauf du zu 100 Prozent Einfluss nehmen kannst? Diese Wahrheit ist entscheidend anzuerkennen. Denn sie wird, wenn du sie implementiert hast, viele deiner Entscheidungen und somit dein gesamtes Leben beeinflussen. Wir können im Hier und Jetzt nur durch den Blick auf die Zukunft unser Schicksal beeinflussen.

Wenn wir uns nur damit befassen, nach hinten zu schauen, können wir nicht gleichzeitig nach vorne schauen.

Aber wenn wir nach hinten schauen, um Antworten für uns im Alltag zu finden, die uns wieder nach vorne schauen lassen, dann bewegen wir uns in die richtige Richtung.

Ich bin unglaublich vielen Menschen begegnet, die auf der Suche nach dem Selbst in ihrer Vergangenheit und vor lauter Vergangenheitsbewältigung den Blick in die Zukunft verloren haben. Sie haben so exzessiv nach der Heilung im Dort und Drüben gesucht, dass ihnen das Hier und Jetzt entglitten ist. Wenn sie mit der Aufarbeitung ihrer Biografie »in diesem Leben« fertig waren, haben sie sich im Glauben an ein letztes Leben verloren, das es zu bereisen und zu heilen galt. Doch wenn wir der Ansicht sind, es gebe immer und immer wieder etwas zu holen, suchen wir nach dem einen »Fehler«, der alles erklärt und verlieren uns in dieser Suche, wie die Nadel im Heuhaufen. Dabei entgeht uns das Hier und Jetzt mit seinen Möglichkeiten zur Veränderung und Heilung, vor allem aber der Blick in die Zukunft. Ich bin davon überzeugt, dass es alles andere als gesund ist, immer und immer wieder die alten Geschichten, Traumata und Verletzungen hervorzuholen, um eine mögliche Erklärung für aktuelle Defizite oder Probleme zu finden, denn sie halten uns auf Dauer in einer Opferrolle fest. Wir müssen lernen, was uns wiederkehrende Gedanken und Gefühle an die Vergangenheit mitteilen möchten und sie gezielter angehen. Zum Beispiel, indem wir uns erst mal drei Ereignissen widmen und Antworten auf die Fragen finden, die uns damit verbunden quälen.

1. Das Ereignis, das uns am meisten entmachtet hat und dem wir die Schuld für unsere aktuelle Misere geben, mit der Frage: *Was hätte ich rückwirkend gebraucht, und wodurch kann ich mir diese Ressource jetzt ermöglichen?*
2. Das Ereignis, an dem wir die größte Kraft fühlten und daraus die größte Ressource schöpften, mit der Frage:

Wie könnte die Ressource mir so viel Halt und Trost geben, dass ich auch heute noch davon genährt werde – vor allem, wenn es schwierig wird?

3. Das Ereignis, an dem wir womöglich unsere eigene Macht missbraucht haben oder meinen, zu wenig getan zu haben und anderen dadurch Schaden zufügten, mit der Frage: *Was habe ich dazugelernt, und welcher Mensch möchte ich zukünftig aufgrund dieser Erfahrung sein?*

Die Vergangenheit sagt nicht: »*Bleib bei mir, damit ich nicht so alleine bin und opfere auch deine Zukunft für mich*«, sondern vielmehr: »*Schau mich an, nimm mit, was dir hilft, um dein Leben heute besser leben zu können und dann lass mich da hingehen, wo ich hingehöre, ins Dort und Drüben.*«

Die Vergangenheit ist dazu da, um all das mitzunehmen, was dabei hilft, ein besseres Miteinander zu leben und alles gehen zu lassen, was dieses Miteinander blockiert (hat).

Als ich zwölf Jahre alt war, starb mein Großvater. Er fiel einfach um und war tot. Direkt vor meinen Augen. Das Ereignis war für mich prägend. Damals lag ich mit Grippe auf dem Sofa, hatte Fieber und keine Lust, mit ihm zu sprechen, als er sich kurz vor seinem Tod nach mir erkundigte. Deshalb stellte ich mich schlafend, als er mit mir ins Gespräch kommen wollte. Keine Minute später fiel er um und verstarb. Jetzt könnten wir sagen, dass das sicherlich das Potenzial hat, traumatisierend auf mich einzuwirken. Das Kind in mir dachte damals, in seiner Omnipotenz: »*Oje, ich habe den Opa umgebracht. Wenn ich mit ihm geredet hätte, würde er noch leben.*« Viele

Jahre lang machte ich mir wegen seines Todes Vorwürfe und hatte Schuldgefühle. Niemand erklärte mir damals, dass ich keine Schuld daran hatte. Diese fehlende Kommunikation und Erklärung war im Grunde das Hauptproblem.

Später als Erwachsene hatte ich zwei Fehlgeburten und schwups waren sie wieder da, die gleichen Schuldgefühle von damals. Ich erkannte die Ausmaße dieses inneren Irrtums erst Jahre später.

Ich sagte in Folge selten Nein, wenn jemand etwas von mir wollte und hatte ausnahmslos für jeden ein Ohr, traute mich nicht wirklich, Grenzen in zwischenmenschlichen Beziehungen zu setzen, aus Angst, mein Gegenüber würde das genauso wenig wie mein Opa verkraften können und womöglich einfach umfallen und sterben.

Ich versuchte, mich korrekt und richtig zu verhalten und vernachlässigte meine Bedürfnisse immer häufiger. Wenn ich mal krank war, legte ich mich für wenige Stunden mitten ins Wohnzimmer und blieb für jeden erreichbar. Für mein Umfeld war das natürlich toll, denn es wusste, dass ich zu jederzeit für alle uneingeschränkt da war. Mit 28 Jahren war ich ausgebrannt und ausgelaugt. Ich konnte, selbst mit unzähligen Therapiestunden und meinem fachlichen Wissen, dieses mittlerweile schädliche Verhaltensmuster nicht gänzlich aus mir herausbekommen. Egal worum es ging, ich hatte jedes Mal ein schlechtes Gewissen, wenn es darum ging, gut für mich zu sorgen und Nein zu den Anforderungen Dritter zu sagen. Im Grunde hatte ich etwas Natürliches erlebt – den Tod – und trotzdem wollte das Kind in mir den Glauben, es wäre dafür verantwortlich und könnte durch sein Verhalten die Umstände kontrollieren, nicht loslassen. Es war beharrlich und hatte die Oberhand über mein Tun.

Also sagte ich mir: »Das Kind in mir, das kann mich mal!«

Keine zwei Wochen nach dieser Erkenntnis, besuchte mich jemand bei mir zu Hause, dessen Anonymität ich an dieser Stelle wahren möchte. Diese Person berichtete mir, dass mein Großvater ihn als kleines Kind mit dem Gürtel geschlagen hatte. Ich war unglaublich betroffen und entsetzt, und ZACK war sie da: die innere Befreiung. Das, obwohl ich schon zuvor so viele Schritte gewagt hatte, mich von der alten Denkweise zu befreien. Ein jahrzehntelanger Ballast an Schuldgefühlen fiel plötzlich von mir ab. Das Kind in mir begriff durch diese Information eines: *»Ich beschütze niemanden, der geschlagen hat«* und ZACK ließ es los. In diesem Moment war ich frei. Frei von der Omnipotenz des kleinen Kindes in mir und seinem Irrglauben, mächtiger als das Schicksal gewesen sein zu können. Frei davon zu denken, ich hätte Schlimmes verhindern können, wenn ich nur »da« gewesen wäre. Ich begriff auch endlich tief in mir, dass ich keine Schuld an meinen Fehlgeburten hatte.

Wenn wir uns vorstellen, welchen verheerenden Einfluss häufig völlig unbewusste, kindliche Denkweisen und Fehlinterpretationen, die schon so lange zurückliegen, nach wie vor auf unser Leben haben können, kann man häufig nur ungläubig den Kopf schütteln. Mein gedanklicher Irrtum als Kind sorgte dafür, dass ich mich als Erwachsene noch so lange erschöpfte, bis mein Körper sagte: *»Es reicht!«*

Zuvor tat ich alles Mögliche, um mir selbst zu vergeben. Aber es gelang mir nicht gänzlich. Ich hatte diese Bürde an Schuldgefühlen auf meiner Schulter sitzen, egal was ich auch dafür tat, um es loszulassen, zu heilen und zu vergeben, es gelang nicht. Bis zu diesem einen Tag. Er lehrte mich folgendes: *Wenn wir glauben, wir müssten noch daran arbeiten, jemanden oder uns selbst zu vergeben, etwas loszulassen oder zu heilen, tritt dieses Loslassen nicht immer nur ausschließlich durch Therapie, Innere-Kind-Arbeit oder andere Angebote zur Selbstheilung ein.* Das kann unglaublich frustrieren, weil wir denken könnten, an uns wäre etwas falsch oder wir würden uns nicht genug Mühe geben oder wären noch nicht beim richtigen Therapeuten oder Heiler angekommen. Wir können uns anschließend rastlos oder wie Versager fühlen.

Heilung tritt aber oft mitten im Alltag, völlig unerwartet ein. Durch Gespräche, durch Begegnungen und auch durch das Leben, das im Hier und Jetzt stattfindet.

Laura, 29 erzählt: »*Ich habe vor zwei Jahren meinen kleinen Sohn durch plötzlichen Kindstod verloren und keine zwei Tage später meine Mama. Ich wusste nicht, warum mich das Schicksal so schwer traf und wollte die Gefühle, die dieses Leid auslöste, auch nicht mehr fühlen. Ein ganzes Jahr lang betrank ich mich täglich, ging in Clubs und schlief mit mir völlig unbekannten Männern, nur um dem Schmerz zu entkommen. Ich fühlte mich so alleine und vom Leben bestraft. Dann, einfach so, mittendrin im Alltag, traf ich ihn. Meinen Mann und vermutlich Lebensretter. Durch ihn erkannte ich, dass das Leben weitergeht und ich es in der Hand habe. Jetzt habe ich eine Tochter und bin wieder glücklich. Den Fußabdruck meines Sohnes ließ ich mir auf meinen Handrücken tätowieren, sodass er immer bei mir ist und jetzt weiß ich auch: Meine Mama ging, damit er nicht so alleine da oben ist. Das tröstet mich und gibt mir Kraft.*«

Die Geschichten unseres Lebens lehren uns vieles, aber vor allem eines: *Das Leben sorgt von sich aus für uns, wenn wir uns ihm wieder schenken.* Die Vergebung und das Loslassen, ja die Heilung wird sich uns eines Tages offenbaren. Sie wird einfach vor uns liegen, ohne irgendein Hexenwerk. Ich bin zutiefst davon überzeugt, dass Vergebung und Heilung immer eintreten werden, einzig und allein deshalb, weil wir die Intention dazu haben. Wie lange sie braucht, können wir nicht immer vorhersehen. Aber wenn wir uns erlauben, ihr den Raum und die Möglichkeit zu geben, auch für uns da zu sein, wird das geschehen. Ich glaube an Gnade, daran, dass es eine Kraft gibt, die uns durch die dunklen Stunden trägt und daran, dass es an uns ist, die Vorhänge zu öffnen und das Licht wieder ins Leben zu lassen. Nichts kann in Wahrheit ein liebendes Herz zum Sterben bringen, nicht einmal der Tod.

Dieses Wissen kann tröstlich sein, es kann entspannen und uns im Augenblick ankommen lassen. Es nimmt den Druck und Gedanken heraus, an uns wäre womöglich etwas derart kaputt, dass nicht einmal das Loslassen oder Vergeben möglich ist.

Das Kinder in uns kann so lange ihr Unwesen in unserem Leben treiben, bis wir es aus den Fängen seiner Irrtümer befreien.

In meinem Fall war das Zünglein an der Waage weder eine Therapie, Meditation, noch Lebenserfahrung, Fachwissen, auch keine Rituale und nicht mein Job.

Es half nur eines: *die Wahrheit*. Die Wahrheit kann uns befreien. Weil wir die Suche beenden können.

Natürlich habe ich lange überlegt, ob ich diese sehr persönliche Geschichte, die bisher nicht einmal eine Handvoll Menschen wussten, in diesem Buch erzählen soll, einerseits, weil das Kind in mir nach wie vor die Sorge in sich trägt, wie fremde Menschen auf meine öffentlich kommunizierte und persönliche Schwäche reagieren könnten, andererseits, weil auch ich entdeckte, dass ich Sorge hatte, irgendjemandem dadurch zu nahe zu treten.

»Alles muss perfekt sein« ist eine längst überholte Anforderung an eine idealisierte Menschheit, die schlichtweg niemals existieren wird. Das ist, nebenbei erwähnt, ein Segen. Denn Wahrhaftigkeit ist deutlich interessanter und ergiebiger, als die Perfektion es jemals sein könnte.

Wenn wir den Mut fassen können, auch all das Unpassende und »Falschgelaufene« in unserer Biografie als einen Teil anzuerkennen, der zu uns gehört, fällt es uns deutlich leichter, Frieden mit uns und der Vergangenheit zu schließen.

Die Wahrheit und die realistische Betrachtung der Begebenheiten, unter denen wir leben mussten, ohne diese zu verschlimmern, kann uns dabei behilflich sein. Häufig werden wir mit der Wahrheit verschont, weil sie »zu hart« sein könnte. In Wahrheit aber befreit sie.

Sie … Sie ist eine Frau, die immer nur eines wollte:
heil und glücklich sein
Wie alle anderen auch
Sie wollte dazugehören
Aber sie sah sich weder als heil noch als glücklich an
Egal wie sehr sie ihre Wunden auch leckte und ihre
Verletzungen ansah
es wurde nicht besser
Sie fühlte sich anders
Irgendwie kaputt
Und fehl am Platz
Innerlich leer
Aber sie lächelte
Tat so als wäre alles heil in ihr

Sie lief von Seminar zu Seminar
Von Therapeuten zu Therapeuten
Von Heiler zu Heiler
Sie wurde nicht heil
Sie blieb zerbrechlich
Bis sie eines Morgens, im kalten Winter aufwachte und erkannte:
Ich bin schon all das, was ich will
Ich bin bereits heil
Ich bin genau richtig
Ich bin weder kaputt, noch muss an mir etwas repariert werden
Ich darf mich mit all dem, was mir passiert und auch nicht passiert ist,
richtig und bedeutungsvoll fühlen
Und ich nehm mein Schicksal an
Mit all den Kratzern und Beulen
Mit all den Wunden und Verbänden
Ich darf mich gern haben
Muss nicht perfekt sein
Ich bin mir selbst gut genug
Dein Urteil über mich darf nicht länger mein Schicksal sein
Deine verlorene Liebe ist meine gewonnene Liebe.
Ab diesem Tag war sie glücklich
Sie kam in ihrem Leben an
Sie kam bei sich an
Sie hörte damit auf, die Vergangenheit zu bekämpfen
Sie begann sich zu lieben
Und das jetzt – das wurde nun von ihr gelebt
Mit dem ganzen Gepäck an Bord, das sie mitgebracht hat, begann sie zu lieben. Lehnte ihr Selbst nicht mehr aus Gewohnheit ab, sondern feierte ihr Dasein.

Und sie verstand: Es ist der Gegenwind, der den Drachen steigen lässt.

- Welchen falschen Ideen unterliegt das Kind in mir?
- Inwiefern prägt es mich noch immer?
- Welche Auswirkungen hat das auf mein Leben und meine Beziehungen?
- Welche alternative Wahrheit könnte mich davon befreien?

Der Hase und der Fuchs – Wenn es alleine doch nicht geht, miteinander aber auch nicht

Trifft ein Hase in freier Wildbahn auf einen Fuchs, wird er nicht sehr erfreut sein. Entweder er rennt weg oder stellt sich tot. Der Hase weiß, dass es wenig bringen wird, dem Fuchs eine zu scheuern, deshalb wird er das unterlassen. Er wird auch nur fliehen, wenn er körperlich fit oder sein Bau in der Nähe ist. Diesen Rückschluss können Hasen ziehen, deshalb werden sie, sobald beide Umstände nicht gegeben sind, die einfache Variante wählen und sich totstellen. Wenn er das aber tut und der Fuchs ihm immer näherkommt, an ihm schnuppert, ihn zu drehen versucht oder ihn sogar beißt, wird das für den Hasen so eindrucksvoll sein, dass er mit einer hohen Wahrscheinlichkeit einen Herzstillstand erlebt.

Hasen sind deutlich weniger widerstandsfähig als wir Menschen. Ein Kind, das sich totstellt und beispielsweise eine Misshandlung über sich ergehen lässt, wird keinen Herzstillstand erleiden, aber einen Stillstand der seelischen und geistigen, mitunter auch körperlichen Entwicklung erleben. Wenn ein Kind Mobbing, Isolation oder Ausgrenzung erlebt, wird das Spuren hinterlassen. Denn Kinder haben nun mal selten die Wahl, ob sie vor ihrem Peiniger fliehen oder sich vor ihm verstecken können. Die Welt des Täters wird zu ihrer Welt.

Es braucht laut Studien sieben Versuche, ehe dem Kind von seinem Umfeld geglaubt und geholfen wird. Wir können uns sicherlich gut vorstellen, dass nur ein sehr selbstbewusstes und hartnäckiges Kind sieben Mal das Gespräch sucht. Die meisten Kinder, denen Gewalt angetan wird, hinterlassen Hinweise, geben aber rasch auf, Unterstützung zu finden. Einerseits weil sie, wenn sie mit Gewalt oder Missbrauch groß werden, denken: *»Das ist das Leben. Das gehört dazu«* und den Missbrauch als solchen nicht benennen oder als falsch wahrnehmen können. Andererseits weil sie, wenn sie diesen benennen, selten Hilfe bekommen. Wir leben bedauerlicherweise in einer opferproduzierenden und täterschützenden Gesellschaft. Wir schenken Kindern und anderen Opfern von Gewalttaten viel zu wenig Glauben, und bilden uns deutlich zu wenig in Sachen Psychologie weiter. Die zahlreichen Hinweise, die Opfer, aber auch Täter hinterlassen, werde schlichtweg übersehen. Diese Themen wiegen so schwer, dass wir das Ausblenden und Ignorieren bevorzugen. Das ist sicherlich einer der Gründe, warum Opfer erst so spät Unterstützung bekommen und oft für ein gesamtes Leben traumatisiert sind.

Entwicklung braucht das Gefühl von Sicherheit.

Nur wenn wir uns sicher fühlen, entwickeln wir uns gesund weiter und bleiben offen und neugierig für die Welt und unsere Mitmenschen. Aber auch das Sich-Mitteilen-Können benötigt ein gewisses Maß an Sicherheit. Doch wie kann sich jemand entwickeln oder mitteilen, zu dessen Alltag Trauma, Verletzung und Gewalt gehörten? Es gibt viele Studien über die Auswirkungen von Gewalt und Trauma auf Kinder und alle zeigen, dass diese verheerend sind. Es braucht ein komplexes Konstrukt an qualitativ hochwertigen Therapien, sozialem Gefüge, Umfeld und wiederkehrend positive Einwirkungen, um diesen Kindern und später Erwachsenen wieder ein Leben zu ermöglichen, das ohne Flashbacks (schmerzhafte Erinnerungen) und permanente Ängste zu bewältigen ist. Wenn du dich als Leserin an so einem Punkt befindest, lege ich dir ans Herz, dich an die kompetente Hilfe eines Psychotherapeuten oder spezialisierten Beraterin zu wenden, dem/der du Vertrauen schenken kannst.

Was passiert, wenn wir zwar zu jenen Glücklichen gehören, die als Kind keinen Missbrauch und keinen Gewalteinflüssen ausgesetzt waren, sondern »noch mal halbwegs gut« durch die Kindheit gekommen sind, aber dennoch im Alltag von Gefühlen und Verhaltensweisen überwältigt werden, mit denen wir schwer umgehen können?

Die Frage, ob wir eventuell eine Begebenheit aus unserer Kindheit oder Vergangenheit verdrängt haben, die sich auf unser jetziges Ich auswirken könnte, stellt sich spätestens dann, wenn wir immer wiederkehrend von Gefühlen wie Antriebslosigkeit, Ohnmacht, Depression, Traurigkeit, Wut, Hass, Ekel, Scham oder Zorn konfrontiert werden. Aber auch dann, wenn wir uns immer wiederkehrend in Konflikten mit unserem Umfeld befinden, Unfälle, Trennungen oder Schicksalsschläge erleben.

Die Seele eines Kindes ist zart, verwundbar und behutsam zu betrachten, gleichzeitig aber auch enorm widerstandsfähig. Da wir selbst alle einmal Kinder waren, steckt dieses zarte Kind noch in uns selbst, aber ebenfalls die Widerstandskraft.

Auch wenn wir von Missbrauch und Gewalt verschont blieben, können wir Dinge erlebt haben, die einen überwältigenden Eindruck hinterließen. An manche vergangenen Begebenheiten erinnern wir uns, an andere nicht. Jene, an die wir uns bewusst erinnern können, haben wir entweder verarbeitet und bewältigt oder eben als bedeutungslose Erinnerung abgespeichert.

Wir fühlen, während wir uns erinnern, vielleicht ähnliche Gefühle von damals, können diese aber in der Vergangenheit lassen. Unser Gehirn weiß: *»Das ist Dort und Drüben und nicht im Hier und Jetzt passiert.«*

Sobald wir aber bemerken, dass wir uns an etwas erinnern, auch wenn es nur schemenhaft ist, und mit dieser Erinnerung stärkere Gefühle oder Körperempfindungen einhergehen, können wir davon ausgehen, dass unsere Seele mit dieser Erinnerung noch zu tun hat und sie nicht bewältigt wurde. Sie ist somit nicht verarbeitet, geheilt oder gelöst. Sie ist präsent. Dies hat zur Folge, dass vergangene Erlebnisse, auch wenn diese viele Jahre zurückliegen, noch unser heutiges Leben beeinflussen können. Im Grunde sind wir, was das angeht, recht einfach gestrickt.

Nehmen wir einmal an, du bist im Urlaub und gehst auf einer Promenade spazieren. Du hältst die Hand deines Mannes, und deine Tochter fährt neben euch entspannt mit dem Laufrad. Es riecht nach Sonnencreme und Eis. Du freust dich über den Urlaub und genießt den Spaziergang. Doch plötzlich wird dir mulmig zumute, irgendwie unwohl, du weißt aber nicht warum. Eigentlich ist doch alles gerade so schön, warum ist dir auf einmal so komisch zumute?

Nach einigen Minuten setzt du dich mit deinem Mann hin, atmest tief durch und riechst erneut die Sonnencreme. Du fängst an, deinem Mann davon zu erzählen, wie es dir geht und dass du darüber nachdenkst, warum du dich gerade so seltsam fühlst.

Da dämmert es dir. Als du mit acht Jahren im Urlaub warst, bist du gemeinsam mit deinen Cousinen und Cousins eine Promenade entlangmarschiert, als einer deiner Cousins plötzlich hinfiel und sich so stark am Knie verletzte, dass er ins Krankenhaus musste. Du hast getan, was alle (nicht traumatisierten) Menschen in so einer Situation machen: helfen und unterstützen. Das gelingt uns in Notsituationen deshalb, weil unser Gehirn von jetzt auf gleich alle Gefühle abschalten und einfach handeln kann.

Erst später, als du zur Ruhe kamst, kamen all die unangenehmen Gefühle in dir zum Vorschein. Angst, Sorge und Schrecken. Du hast vielleicht auch ein wenig gezittert und dir war trotz sonnigem Wetter plötzlich kalt. Das kann übrigens ein Zeichen dafür sein, dass dein Körper gerade dabei ist, einen Schock zu verarbeiten.

Leider war damals keiner da, der dich in den Arm genommen und getröstet hat, deshalb musstest du die Situation alleine verarbeiten. Dies gelang auch recht schnell, nach einigen Tagen, war alles »vergessen«, denn dein Cousin wurde entlassen. Unser Gehirn kann unangenehme Situationen, die punktuell auftreten, relativ schnell verarbeiten und uns weitermachen lassen wie bisher. Dennoch speichern wir die gesamte Erinnerung, mit allem, was dazugehört, in uns ab.

Viele Jahre später triggert der »Duft von Sonnencreme und Eis«, die Kulisse des Meeres und das Spazieren auf der Promenade dein Gedächtnis und du fühlst dich, einfach so, wie aus dem Nichts, plötzlich mulmig – und ähnlich wie damals. In dem Moment, in dem dir diese Erinnerung bewusst wird, tröstet dich vermutlich der Gedanke, dass es deinem Cousin damals wie heute wieder gut geht. Wenn du keine anderen negativen Erlebnisse mit Angst um jemand anders oder Unfälle erlebt hast, wirst du dich relativ rasch wieder erholen und deinen Urlaub angenehm fortsetzen können. Vielleicht erinnerst du dich aber nicht an das konkrete Erlebnis und du bemerkst lediglich eine Auswirkung dieser Erinnerung auf dein Verhalten.

Mal angenommen, deine kleine Tochter, die mit ihrem Laufrad an deiner Seite fährt, kommt etwas ins Straucheln und du fühlst dich zunehmend unwohler, ja sogar ängstlicher und schlägst aus diesem Grund deiner Tochter vor, auf der Promenade nicht mehr weiter das Laufrad zu benutzen, sondern an deiner Hand zu laufen. Selbst dann, wenn deine Tochter weiterfahren möchte und sie das Laufrad gut beherrschst, wirst du darauf bestehen, dass sie absteigt. Deshalb weil dir dein Gehirn, basierend auf der alten Erinnerung, eine Gefahr vorgaukelt, vor der du sie augenblicklich bewahren willst.

Dein Gehirn arbeitet sehr rasch, wenn es um die Verwertung von Informationen geht, und in diesem Fall fordert es dich dazu auf, deine Liebsten in Sicherheit zu bringen, damit so etwas wie damals nicht noch mal passiert. In diesem Moment wäre es sinnvoll, jemanden an der Seite zu haben, der uns dabei hilft, diese alte Angst richtig zuzuordnen. Wenn der Papa beispielsweise achtsam das Gespräch sucht und sagt: *»Schau, Liebes, es ist vollkommen sicher hier. Unsere Tochter trägt einen Helm und lange Jeans. Sie ist sehr geübt im Fahren, auch in unserer Nähe und niemand sonst ist auf der Promenade, der ihren Weg überraschenderweise kreuzen kann. Sie ist sicher, wenn sie weiterfährt. Vertrau ihr.«* Durch den Fokus auf die Umstände im Hier und Jetzt hätte das Gehirn die Chance zu erkennen: *»Mein Kind ist in Sicherheit.«* Dieses Beispiel lässt sich auf sämtliche Situationen des Lebens übertragen, die »wie aus heiterem Himmel« unangenehme Gefühle in uns erwecken.

Das Dort und Drüben von damals ist vergangen und hat nichts mit der Situation gerade zu tun. Es ist eine »Fehlverknüpfung«, die nichts mit der Realität zu tun hat.

Erinnerungen kommen oft plötzlich und unverhofft, weil uns ein Reiz im Außen triggert. Sie können sich anhand von Gefühlen, körperlichen Reaktionen, Bildern, Gerüchen oder Verhaltensweisen äußern. Je weniger eindrucksvoll diese Erlebnisse waren, umso weniger Einfluss nehmen sie auf unser Jetzt, weil es dem Gehirn gelingt, zwischen Jetzt und Damals zu unterscheiden.

War die Erinnerung aber sehr eindrucksvoll und taucht nicht nur in Bildern, sondern auch in Gefühlen und körperlichen Reaktionen auf, können wir diese nicht immer sofort zuordnen und wissen womöglich gar nicht, was mit uns geschieht. Wir nörgeln anschließend an uns selbst oder dem Umfeld herum, fühlen uns schlecht gelaunt und wissen gar nicht wirklich, warum das so ist. Ab und zu zetteln wir einen Streit an oder fühlen uns verletzt, ohne scheinbar sichtbaren Grund.

Diese bildhafte Erinnerungslücke verwirrt und beeinflusst unser Handeln. Haben wir in diesem Moment aber jemanden an unserer Seite, der den Fokus auf die gesicherten Umstände im Hier und Jetzt lenkt, kann unser Gehirn dieses als solches erkennen und als gefahrlos einstufen. Es ist aber auch möglich, gewisse Eindrücke nachgängig zu verändern, indem wir sie bewusst verzerren. Ist ein unangenehmes Bild der Vergangenheit groß, farbig und mächtig, könnten wir es in unserer Vorstellung beispielsweise ganz klein, blass und weit entfernt vorstellen. Wir könnten das Paket von einem helfenden Mentor oder Schutzwesen, sofern wir daran glauben, abholen und von uns entfernen lassen, am Meeresgrund versenken oder in die Sonne werfen und dort verbrennen lassen. Wenn wir uns ein Bild, das uns entlastet, immer und immer wieder vorstellen, überwiegt diese entlastende Erinnerung eines Tages, sodass die alte langsam schwinden kann. Das funktioniert deshalb, weil unser Gehirn fünf positive Bilder benötigt, um eine negative Erinnerung zu überschreiben. Wenn wir uns aber gedanklich immer und immer wieder die alten Bilder herholen, verstärken wir den Schmerz, weil unser Gehirn eben nicht immer zwischen: »*Das passiert jetzt*« und »*Das passierte damals*« unterscheiden kann und Bilder immer Gefühle auslösen, das kennen wir von besonders bewegten Träumen.

Je mehr Verletzungen, Irritationen oder Traumata wir erlebt haben, desto häufiger erinnert sich unser Gehirn im Hier und Jetzt, mitten im Alltag daran. Das kann, wie du dir sicherlich vorstellen kannst, unser Leben massiv beeinflussen, ab und an sogar so stark, dass wir uns dadurch gehindert fühlen, den Alltag als erfüllt und entspannt wahrzunehmen.

Weil wir diese Art Erinnerungen und Empfindungen aber nicht immer als vergangen zuordnen können, kann es passieren, dass wir sie auf aktuelle Ereignisse und Beziehungen übertragen. Wir legen, ohne es zu realisieren, unseren Mitmenschen den Stempel auf und projizieren das Alte auf sie.

- »Nie verstehst du mich!« oder
- »Immer bin ich dir egal.« oder
- »Wegen dir fühl ich mich schlecht.« oder
- »Jedes Mal verletzt du mich aufs Neue.«

Wir streiten um Nichtigkeiten oder fühlen uns von unseren Mitmenschen, meist Partner, bedroht, weil die Tyrannen der Vergangenheit suggerieren, das Alte passiert erneut.

Manches Mal weiß unser Gegenüber gar nicht, wie ihm geschieht, immerhin kann ja niemand, oft nicht einmal wir selbst, in uns hineinschauen und wissen, was da gerade vor sich geht.

Gerade in nahen Beziehungen fühlen wir uns häufig an alte Zeiten zurückerinnert, ohne das überhaupt zu realisieren. Wir denken: »*Du nervst und verletzt mich doch bewusst!*«, dabei ist es meist nur eine schemenhafte Erinnerung an alte Zeiten, mit alten Gefühlen und alten Glaubensmustern, die einen gegenwärtigen Moment übermannen können. Häufig interpretieren wir das Verhalten des Partners in einer Form, die unsere alten Erinnerungen bestätigt. So denken wir, er würde unangenehme Gefühle in uns auslösen, uns bewusst verletzen oder wenig Rücksicht auf unsere Gefühle nehmen, eben weil er etwas sagt oder tut, oder eben nicht, was wir aber eigentlich brauchen würden. Tatsache ist jedoch, dass der Partner meist nichtsahnend vor uns steht und gar keine Ahnung hat, was wirklich in uns vorgeht. Meist deshalb, weil wir es selbst nicht wissen und deshalb auch nicht darüber sprechen können. In so einem Trigger-Moment ist es kaum möglich, Folgendes auszudrücken: *»Schatz, dein Verhalten erinnert mich an meine Kindheit und die Beziehung zu meinen Eltern. Ich fühle mich gerade unverstanden, ungeliebt und abgelehnt und brauche ein wenig Zeit, um dir gegenüber wieder zugänglicher zu sein. Mein inneres System offenbar meint, du wärst für diese Gefühle verantwortlich, dabei weiß ich, dass du mich liebst und nur das Beste für mich im Sinn hast. Trotzdem bitte ich dich um Nachsicht und Mitgefühl, weil ich gerade sehr zu tun habe, mit alten Erinnerungen.«*

Wenn es uns gelingen könnte, in Konflikten etwas zu sagen, was diesen Sätzen ähnlich kommt, würde unser Gegenüber sicherlich sanfter mit uns umgehen und erkennen: *»Aha, ich bin also gar nicht gemeint. Ich bekomme gerade etwas ab, das gar nicht für mich, sondern für andere bestimmt war.«* Doch meist passiert stattdessen, dass man sich gegenseitig hochschaukelt, irgendwo zwischen Angriff und Verteidigung festhängt und der Dialog einem Fußballendspiel gleicht, bei dem jeder versucht, den eigenen Ball ins gegnerische Tor zu bekommen, ohne Rücksicht auf Verluste.

Doch Partnerschaft ist, so wie unser Leben auch, kein Wettkampf, bei dem es Verlierer und Gewinner geben darf.

Es ist vielmehr ein Spielfeld, sich selbst und einander besser kennenzulernen und sich im besten Fall gegenseitig all das zu geben, was die »Wo-bist-du«-Frage in einer Weise beantwortet, die erfüllt.

Wenn du allerdings in einer Partnerschaft mit einem Suchtkranken oder gewalttätigen Menschen steckst, der nicht bereit für eine langjährige Therapie ist, wird dir dein Partner oder deine Partnerin niemals die »Wo-bist-du«-Frage beantworten können. Es ist einfach unmöglich. Deshalb suche sie erst gar nicht in dieser Person, ziehe nicht an diesem Menschen, sage lebwohl, geh weiter und wünsche das Beste.

Es macht, sobald wir häufiger durch unsere nahen Mitmenschen getriggert werden, durchaus Sinn, uns folgende Fragen zu stellen:

- Wo habe ich es oft schwer mit dir?
- Kenne ich ein ähnliches Verhalten von Mama oder Papa?
- Hatte ich es als Kind ähnlich schwer mit den beiden, wie jetzt mit dir?
- Welche Verhaltensweisen an dir erinnern mich an sie damals?
- Welche Gefühle löst das in mir aus, und worin liegt meine Not?
- Was brauche ich wirklich, um stabil im Hier und Jetzt zu bleiben?
- Welche »Wo-bist-du«-Frage stelle ich in dem Moment? Sehne ich mich nach Sicherheit, Geborgenheit, Liebe und Verbindung oder nach Wertschätzung, Respekt und Sinn?

Sobald wir bemerken, dass alte Geschichten unsere Beziehungen beeinflussen, sollten wir uns zuerst sagen: *»Ich will nicht, dass diese alten Erlebnisse meine Beziehung negativ* *beeinflussen.«* Erst im nächsten Schritt können wir etwas verändern. Dadurch, dass wir verstanden haben, dass es sich nicht um unseren Partner handelt, sondern um eine alte Erinnerung, die noch im Drama und falschen Illusionen festhängt, können wir wieder ins Hier und Jetzt zurückfinden. Das braucht ein klares, deutliches und lautes Statement:

»Das Kind in mir kann mich mal! Jetzt ist jetzt und jetzt bin ich groß! Jetzt kann ich für mich sprechen und einfordern, was ich brauche, ohne mir oder anderen dabei zu schaden. Was brauche ich also wirklich?«

Vielleicht liegt die Lösung darin, dass wir uns dem Partner mitteilen, anvertrauen und sagen, was an seinem Verhalten uns an damals und Dort und Drüben erinnert und warum wir uns dadurch getriggert fühlen. Wir könnten offen mitteilen, was wir in so einer Situation brauchen und durch dieses Gespräch eine Verbindung zum Hier und Jetzt herstellen. Sobald wir realisiert haben, dass uns die Vergangenheit steuert, können wir entgegensteuern, indem wir uns bewusst machen: *»Halt. Stopp. Da läuft gerade ein alter Film. Den will ich nicht sehen. Ich stehe auf, verlasse den Saal und suche mir einen Film, der mir guttut.«* Der Wechsel vom Drama der Vergangenheit in eine Komödie, Romanze oder Doku von heute kann herrlich erfrischend sein.

Gelingt uns das wiederkehrend nicht, brauchen wir bitte professionelle Hilfe oder eine entsprechende Traumatherapie.

Es ist nicht der Job unseres Partners oder unseres Umfeldes, sich so zu verhalten, dass wir uns nicht getriggert fühlen – es ist unser Job, das Drama zu beenden, indem wir die volle Kontrolle über unsere Knöpfe zurückgewinnen.

Das hier ist eine kurze Übung, die dir dabei hilft, dich aus dem Dort und Drüben (der Erinnerung) ins Hier und Jetzt zurückzukatapultieren. Am besten wendest du sie an, sobald du merkst: »*Hoppala, da wurde ein Triggerknopf gedrückt, den ich gerade nicht kontrolliert bekomme*«:

Schau dich im Raum um und nenne zuerst fünf, dann vier, drei, zwei Dinge und schließlich ein Ding, die du siehst. Danach fünf, dann vier, drei, zwei Dinge, ein Ding, die du hörst und fünf, dann vier, drei, zwei Dinge, ein Ding, die du in dir wahrnimmst.

Atme tief durch und sag dem Kind in dir: »*Ich bin in Sicherheit! Jetzt ist gerade alles gut.*«

»Mir hilft doch sowieso nichts und niemand!« – Wenn Therapie zum Goliath wird

Vielleicht hast du das Gefühl, noch nicht ganz bei dir oder im Leben angekommen zu sein. Vielleicht fühlst du dich, obwohl du unter Menschen bist, ab und zu einsam. Vielleicht stehst du an einem Punkt in deinem Leben, an dem du dir die Frage nach dem Sinn stellst und findest keine Antwort, die dich tief in deiner Seele berührt.

Obwohl du schon so viel an dir gearbeitet hast, suchst du dich und deinen Weg, deine Mitte, dein inneres Seelenwohl noch immer und möchtest endlich in Frieden in dir selbst ankommen. Du hast keine Geduld, dass es einfach vom Himmel fällt, und brauchst Lösungen, die dir im Hier und Jetzt weiterhelfen können. Du hast vielleicht auch keinen Bock auf Therapie oder anderes »Heilungs-Gedöns« und schon gar nicht, irgendwelchen Fremden von deiner Seele und den Schmerzen zu erzählen, die dich plagen.

Ich möchte dir an dieser Stelle mitteilen und ich hoffe, du fühlst die Wahrheit in diesen Worten:

Wenn du dieses Buch in deinen Händen hältst, weißt du tief in dir, dass du richtig, wichtig und kostbar bist.

Wenn dem nicht so wäre, würdest du jetzt nicht diese Zeilen lesen, sondern etwas Destruktives tun. Du könntest etwa damit beschäftigt sein, dich mit irgendetwas Belanglosem abzulenken, von dem du dir selbst vorgaukelt, es wäre unfassbar wichtig für dich. Ich meine damit nicht die »Gut-Tu-Belanglosigkeiten« in Form einer Entspannungstätigkeit, sondern vielmehr die *»Ich-habe-mich-bereits-aufgegeben«*- und die *»Das-bringt-ja-sowieso-alles-nichts«*-Belanglosigkeiten. Wenn wir tagein tagaus nur am Sofa liegen und die Abende vor dem Fernseher verbringen, anstatt uns dem Leben und unseren Lieben zuzuwenden, hat ein Teil in uns den Glauben an das Gute, Wahre und Schöne verloren. Wenn das passiert, greifen wir nicht mehr zu einem Buch, sondern lassen uns berieseln.

Selbst wenn du das Gefühl hast, nicht zu wissen, dass du wertvoll genug bist, um das Gute, Wahre und Schöne zu erleben, so hat deine Seele dich zu diesen Zeilen geführt, weil sie es dir damit mitteilen möchte. Und wer weiß, vielleicht reicht dir diese simple Synchronizität des Lebens schon, um es als eine Wahrheit zu akzeptieren: *»Du bist die richtige Person, die zur richtigen Zeit am richtigen Ort ist und das Richtige tut.«*

Du bist weitaus unkomplizierter, als du denkst und das weißt du, deshalb hat dich das ganze Gerede von Therapie und Heilung bisher auch so genervt. An dir muss weder etwas repariert noch in Ordnung gebracht werden, weil nichts an dir kaputt ist. Wir Menschen haben ab und zu einfach Dinge erlebt, die wir noch nicht so eingeordnet haben, dass sie aufhören können, unser Leben zu belasten. Deine Seele spricht durch diese Zeilen zu dir und wer weiß, vielleicht hast du ja doch irgendwann mal Bock, mit jemandem zu reden, bei dem du sicher sein kannst, gesehen und gehört, verstanden und gewollt zu werden, und zwar genau so, wie du bist, und dann wird dich deine Seele zu genau diesem Menschen führen.

Die Vergangenheit hat nur die Bedeutung, die wir ihr geben. Wenn wir begreifen, dass sie häufig überbewertet ist, können wir uns auf unser Leben im Jetzt einlassen.

Wir warten so oft auf ein Wunder und erkennen: *»Ich bin mein Wunder. Alleine deshalb, weil mein System ganz genau weiß, was es wann zu tun hat, um mich am Leben zu erhalten.«* Wir sind so unfassbar geniale Wesen, wenn wir uns auf diese Genialität einlassen können, ohne Leid und Scham, kann sie wachsen und richtig viel Gutes bewirken.

Ich glaube schon daran, dass wir einen inneren Kompass haben, der in gewissen Bereichen gerade deshalb so gut funktioniert, weil die Vergangenheit nicht so rosig für uns war. Wenn dein innerer Kompass eine Ablehnung gegen Therapie verspürt, dann ist das im Moment eben so. Da kann dich auch keiner dazu zwingen, auch du selbst nicht, und die Chance, dass sich das von jetzt auf gleich ändert, besteht zwar, aber liegt in deinen Händen. Du kannst im Falle einer inneren Abneigung lernen, dich und dein Bedürfnis so anzunehmen, wie es eben nun mal derzeit ist und gleichzeitig offen dafür bleiben, dass es sich auch mal ändern kann.

Du weißt schon, wann du so weit bist, dich anvertrauen zu können, und bis dahin geht dein Leben weiter. Die Vergangenheit läuft uns sowieso nicht davon. Sie bleibt, so lange, bis wir uns mit ihr auseinandersetzen wollen, sowieso bestehen. Aus diesem Grund sind Floskeln wie: *»Du musst dich mit deiner Vergangenheit beschäftigen, um gut zu leben«* nicht immer nur sinnvoll, sondern auch abschreckend und ab und zu einfach auch falsch. Ich kenne mindestens genauso viele Menschen, die noch nie über ihre Kindheit nachgedacht haben oder in einer Therapie waren, wie Menschen, die da »Profis« darin sind. Unterm Strich ist es die eigene Entscheidung, wie wir mit unserer Vergangenheit umgehen und niemand, auch gut gemeint, darf sich anmaßen, uns vom Gegenteil zu überzeugen, wenn wir darauf keine Lust oder dafür einfach keine Kraft haben.

Selbstverständlich müssen wir auch mit den Konsequenzen umgehen können und damit leben lernen. Aber das tun wir sowieso, wenn wir verantwortungsvoll Entscheidungen treffen. Wusstest du, dass wir täglich rund 20.000 Entscheidungen treffen? Da kann schon mal eine davon am nächsten Tag abgeändert werden, ohne einen Nachteil mit sich zu ziehen. Was will ich damit sagen? Der Großteil unserer Entscheidungen ist nicht in Stein gemeißelt, die notwendigen und für uns wertvollen sollten es aber sein.

Wenn wir beispielsweise einen Partner haben, der davon überzeugt ist, dass wir dringend eine Therapie benötigen, weil sich unsere offenbar nicht aufgearbeitete Kindheit negativ auf die Beziehung auswirkt, wir aber absolut keinen Zugang dazu haben, dann kann eine mögliche Konsequenz durchaus die Trennung sein. Wir können uns ja beiderseits zu nichts zwingen, das uns widerstrebt. Wir können uns aber dafür entscheiden, mit aller Konsequenz das Leben nach unseren Maßstäben und in unserem Tempo zu leben. Auch der Partner hat das Recht darauf zu sagen: *»Du, so kann ich nicht mehr weitermachen.«* Wenn dem so ist, dann ist dem eben so.

Da wird auch keine zwangsbeglückende Paartherapie daran rütteln können., selbst dann nicht, wenn sie wirklich helfen könnte. Wenn wir an dieser Stelle aber darauf vertrauen können, dass dieses »Nein« nicht gegen, sondern für uns ist, sind wir auf dem richtigen Weg.

Vermutlich können wir viele Jahre später zurückschauen und bestenfalls an der Seite eines anderen, wundervollen Partners sagen: *»Das war gut, dass ich damals noch nicht bereit dazu war.«* Ich bin sehr davon überzeugt, dass alles im Leben Sinn machen kann, sofern wir dazu bereit sind, allem einen Sinn zu geben, bestenfalls einen, der uns und anderen dienlich ist.

Manches Mal lehnen wir eine Therapie aber auch aus Sorge, Angst oder Irrtümern ab, obgleich sie uns tatsächlich guttun würde. Vielfach ist sie, vor allem in ländlichen Gegenden, wo sich jeder kennt und sowieso alles besser weiß, verpönt und die Angst, was die anderen denken könnten, überwiegt. Vorwiegend ältere Menschen geben die Idee weiter, dass »Sich-Hilfe-holen« nur etwas für Weicheier oder Psychos ist. Wir denken deshalb womöglich: *»Wenn ich eine Therapie mache, ist das ein Eingeständnis, dass etwas an mir falsch ist, man könnte mich für schwach halten oder schlimmer noch, für einen ›Psycho‹.«*

Es ist wichtig, sich bewusst zu machen, dass ein guter Therapeut einem dabei hilft, achtsam und mit Bedacht persönliche Herausforderungen aus einer anderen Perspektive zu betrachten, die wir selbst bisher noch gar nicht einnehmen konnten.

Jeder von uns geht zum Arzt, wenn etwas wehtut, und keiner käme auf die Idee zu sagen: *»Ach, das ist doch nur der Blinddarm, das bekomm ich selbst mit ein paar Kräutern wieder hin!«* Warum also nicht auch Hilfe holen, wenn die Seele schmerzt?

Hemmungen diesbezüglich sind häufig »erlernt«, es lohnt sich deshalb auszuprobieren, ob das Erleben dem Erlernten gleichkommt. Eine gute Therapeutin wird sich der Ängste annehmen, ohne Verurteilung, Schuldzuweisung und Vorwurf. Sie oder er hat Antworten auf Fragen, die uns quälen und Erklärungen, die uns dabei helfen, uns oder andere besser zu verstehen und dadurch auch zu vergeben. Therapeuten geben uns im Grunde Abkürzungen und sparen uns eine Menge Leid und vor allem Zeit. Es kam nicht nur einmal vor, dass einer meiner Klienten zu mir sagte: »*Wow, ich habe in einer Stunde mehr über mich erfahren als in den letzten 30 Jahren zusammen.*« Warum also unnötig Zeit damit vergeuden, sich zu quälen, wenn es doch Menschen gibt, die gelernt haben, uns zu begleiten.

Die Suche nach einem guten Therapeuten, der zu uns passt, kann durchaus auch etwas Zeit in Anspruch nehmen, aber sie lohnt sich. Es gibt unzählige Menschen, die davon profitiert haben und deren Leben durch eine Therapie wieder lebenswerter wurde.

Was gibt es noch für Gründe, die uns dazu bewegen, etwas abzulehnen, das uns im Grunde guttun würde?

Stell dir folgendes Szenario vor: Ein Kind und sein Vater fahren mit dem Auto. Plötzlich kracht es und der Vater stirbt am Unfallort. Der Sohn wird in die Klinik eingeliefert, das Ärzteteam kommt und ein Mitglied sagt: »*Oh Gott, das ist mein Sohn!*«

Frage an dich: Wie kann das sein?

Vielleicht denkst du jetzt: »*Ist es ein Kuckuckskind? War es nicht der leibliche Vater? Ist es aus einer Patchworkfamilie? Vielleicht wird das Kind verwechselt?*«

Die Realität ist aber folgende: Das Teammitglied ist weiblich und Ärztin. Sie ist die Mutter des Kindes.

Du siehst anhand dieses Beispiels, dass wir die Realität gefiltert wahrnehmen und auch nur so, wie wir es eben gelernt haben. Wenn wir etwas ablehnen, das uns eigentlich guttut, dann tun wir das, weil wir ein eingeschränktes Wahrnehmungsfeld haben, das danach ruft, erweitert zu werden. Nicht aber immer deshalb, weil wir mit unserer Ablehnung auch richtig liegen. Auch wenn wir das nicht gern hören und lieber der Ansicht sind, wir hätten prinzipiell recht, stünden über allem und könnten uns und andere unter Kontrolle bringen.

Die Wahrheit ist vielmehr: Wir sortieren die Meinungen über die Welt, das Leben und die Menschen darin gern in Schubladen, beschriften diese anschließend, erzählen unseren Kindern davon und entfernen die schönen Etiketten ungern, wenn sich unsere Meinung als unwahr herausstellt. Wenn wir zum Beispiel denken: »*Zum Seelenklempner gehen doch nur Bekloppte!*« werden wir tunlichst vermeiden, diesen selbst aufzusuchen. Zu groß wäre die Schmach, einer von diesen »Bekloppten« zu sein. Wenn wir aber denken: *»Therapie ist ein wichtiges Tool, um mir weiterhin Schmerz und Umwege zu ersparen«*, sind wir eher offen dafür. Deshalb ist es sinnvoll herauszufinden, welche Ressentiments wir in uns tragen, um erkennen zu können, warum wir die Unterstützung von Dritten oder eine Therapie ablehnen oder einfach nur ein vorgefertigter Glaubenssatz, der uns im Vorankommen blockiert.

Wieso machen wir uns das Leben eigentlich allzu oft so schwer?

Hirnforscher stellen fest, dass wir nicht die Welt wahrnehmen, sondern ein Fantasiebild, das sich mit ihr deckt.

Wir leben in einer Welt der Polarität. Wir begreifen das Oben nur, weil es ein Unten gibt. Das kalte Wasser erkennen wir nur deshalb als kalt, weil wir auch sein Pendant, das warme Wasser, kennen. Das Kind in uns, das bildhaft für das Vergangene und Alte steht, braucht, um sich weiterentwickeln und wachsen zu können, einen Gegenpol: eine neue, verlässliche Zukunft. Es benötigt eine neue Welt, die es wahrnehmen, auf die es sich verlassen kann. Das bedeutet, dass es im Grunde unser Job als Erwachsene ist, dem Kind in uns diese zu zeigen. Indem wir uns ein wohlwollendes und wertschätzendes Umfeld bauen, aber auch indem wir uns Gutes tun und erkennen, wann wir wieder einen Denkfehler der Vergangenheit unterliegen. Bis dahin gehen wir der alten Realität immer wieder auf den Leim und denken: *»Das ist es also, das Leben. Es besteht aus Menschen, denen ich nicht vertrauen kann und Ereignissen, denen ich ausgeliefert bin.«*

Wenn wir wissen, dass die Zukunft besser ist als die Vergangenheit, bewegen wir uns darauf zu. Solange die Zukunft ungewiss ist, verharren wir am Platz und suchen Halt in der Vergangenheit und ihren antrainierten Methoden. *»Wie aber lässt sich eine Verlässlichkeit in die Zukunft aufbauen, die ja noch gar nicht vorhanden ist?«*, denkst du nun vermutlich und zu Recht.

Du hast bereits erfahren, wann wir Menschen bereit für Veränderungen sind. Sobald wir Freude in Aussicht gestellt bekommen und Schmerz verhindern können, tun wir, was zu tun ist.

Wenn dir ein Arzt mitteilt, dass du nur noch drei Monate zu leben hast, wenn du nicht endlich das Rauchen aufgibst, was tust du? Du hörst mit dem Rauchen auf! Natürlich, schließlich willst du am Leben bleiben. Was tun wir, wenn uns ein neuer, deutlich angenehmerer und besser bezahlter Job sicher in Aussicht gestellt wird? Wir kündigen endlich. Freude und Schmerz sind die Hebel, die selbst das Kind in uns, mit all seinen Vorbehalten und Irrtümern, in Bewegung setzen. Warum? Weil das Kind in uns ein sicheres Bild in der Zukunft und eine neue Wahrheit braucht, um seine alten Ängste loszulassen.

Ein sicheres Bild der Zukunft entsteht einerseits durch Erfahrungswerte, auf die wir zurückgreifen können, aber andererseits auf Handlungen, die mit Freude gekoppelt sind und eine positive Veränderung in der Zukunft in Aussicht stellen.

Doch dafür müssen wir etwas tun. Das fällt nicht einfach so vom Himmel.

Eine Therapie ist gedanklich jetzt nicht unbedingt prickelnd, deshalb gehen die meisten von uns ihr eher aus dem Weg als zu sagen: *»Juhu, endlich darf ich einmal die Woche in meinen alten schmerzvollen Erinnerungen herumstochern, wie geil ist das bitte?«* Die Selbsthilfebranche, mit all ihren schnellen Dirty-Lösungen boomt deshalb so, weil sie schnelle Heilung, ohne Schmerz oder eigenes Zutun verspricht.

Seelen-Junkfood ist genau das, was wir wollen, sobald es unangenehm werden könnte.

»Mach du mal bitte!« oder *»Einmal Heilung zum Mitnehmen im Expressversand bitte!«* sind Dinge, die uns besonders anlocken. Sobald uns etwas eine rasche Heilung verspricht, die wenig Zeit und Aufwand erfordert, springt unser Gehirn an und sagt: *»Los geht's, mach mal!«* Wenn wir aber hören: *»Heilung braucht Zeit, Geduld, Reflexion und Engagement«*, klingt das Ganze nicht mehr so sexy, wir fühlen uns überwältigt und tun lieber so, als wäre nichts. Das Problem dabei ist nur, dass sich dadurch auch nichts ändert. Solange es uns halbwegs gut geht, ist das eine Taktik,

die aufgehen kann. Wenn wir aber feststellen, dass es uns damit nicht mehr gut geht und der Schmerz überwiegt, lassen wir uns auch auf so etwas wie eine Therapie ein. Menschen mit einer starken narzisstischen Struktur etwa lehnen Therapien so lange vehement ab, bis ein heftiger Schicksalsschlag geschieht, beispielsweise eine Trennung oder der Verlust von Ansehen. Erst dann ist der ein oder andere bereit, auch das eigene Verhalten in Frage zu stellen.

Wir verlassen gewohnte Bedingungen erst, wenn entweder eine andere, bessere Zukunft in Aussicht gestellt wurde und diese am besten noch leicht erreichbar ist oder wenn die gewohnte Bedingung absolut untragbar geworden ist.

Bis dahin sagt unser Überlebensmechanismus: »Komm, spar dir die Energie, die brauchen wir für den Alltag. Wer weiß, was kommt. Bleib besser hier, hier finden wir uns zurecht und kennen uns aus.«

Das gilt im Übrigen auch für das Festhängen an alten Erinnerungen und einer schmerzhaften Vergangenheit. Wir können sie meist erst dann loslassen und uns innerlich mit den Erinnerungen versöhnen, wenn das Hier und Jetzt eine deutlich bessere Zukunft als das Festhängen am Dort und Drüben verspricht.

Es braucht viel Klarheit und Bewusstsein, um aus diesem alten Rad der Evolution »Überlebensmechanismus« auszusteigen oder einfach genug Druck und Leid aufzubauen, dass eine Veränderung klappt. So tickt der Mensch einfach.

Auf alle Fälle fühlen wir nicht etwa deshalb ein inneres Unvermögen, Vergangenes hinter uns zu lassen, weil wir zu dumm oder zu hasserfüllt sind, sondern weil wir eine deutlich bessere Zukunft in Aussicht gestellt wissen müssen, damit unser menschliches System endlich in die Gänge kommen kann. Dabei begehen wir leider häufig einen Denkfehler: Wir machen die Zukunft und das Hier und Jetzt von äußeren Umständen abhängig, nicht aber von uns selbst. Wir denken: »*Wenn der Mann endlich aufhört zu saufen, dann wird es besser*«, statt »*Ich muss ihn verlassen, damit ich es künftig leichter habe. Dafür benötige ich Hilfe, denn alleine schaffe ich es nicht.*«

Oder wir denken: »*Immer behandeln mich alle ungerecht. Die Welt muss wirklich besser werden*«, statt: »*Es liegt an mir, mit wem ich mich umgebe. Mein aktuelles Umfeld erinnert mich an alte Zeiten, in denen ich mich hilflos und schutzlos fühlte. Meine Entscheidung, erneut in so einem Umfeld zu leben, lässt mich festhängen, nicht die Welt und das Leben an sich.*«

Damit wir in Bewegung kommen und etwas verändern, braucht es einen inneren Perspektivwechsel, eine neue Ausrichtung und Einstellung. Neue Umstände entstehen, indem wir erkennen, dass wir jetzt, anders als damals oder als Kind, über neue Ressourcen verfügen und uns selbst dadurch durchaus etwas Neues ermöglichen können. Aber häufig auch durch eine außenstehende Person, vor allem dann, wenn wir sie selbst nicht erkennen können.

Veränderungen sind wie ein neues Gericht – wir probieren sie erst aus, wenn wir sicher sind, es schmeckt

Veränderung geschieht meist erst, wenn wir mit unserer alten Methode nicht mehr weiterkommen. Schmerz und Freude sind dabei die Hebel. Und wenn sie passiert, dann am liebsten geplant und möglichst stressfrei. Wenn dir also tatsächlich ein Arzt sagt, dass du in vier Wochen sterben wirst, wenn du nicht mit dem Rauchen aufhörst, wird dein Gehirn alles dafür tun, um dich davon zu überzeugen, dass die Zigarette keine weitere Option ist, deine Bedürfnisse zu befriedigen. Es wird dich zu einer Veränderung deines Verhaltens bringen, weil es dein Überleben sichern möchte.

Das ist im Prinzip die einzige Aufgabe, die unser Gehirn hat. Es will weder unsere Glückseligkeit noch außergewöhnliche Momente, sondern einfach nur eines: dafür sorgen, dass wir überleben. Dauerhaftes Glücklichsein ist nicht der Job der Evolution, darum müssen wir uns selbst kümmern. Wir empfinden von Natur aus nur dann Glück, wenn es um unser Überleben geht. In Zeiten der Paarsuche, des Verliebtseins oder wenn ein Kind zur Welt kommt, erhalten wir eine ordentliche Portion Glückshormone, nicht etwa deshalb, weil unser Gehirn sagt: *»Jö, schau, ich gönn dir alles Glück* *der Welt«*, sondern weil es dafür sorgen will, dass unsere Nachkommenschaft gesichert ist.

Glück trägt dazu bei, dass wir uns kümmern. Außerhalb der Paarungszeit müssen wir selbst zusehen, wie wir ans Glück herankommen, bis dahin ist das System Mensch ziemlich leidensfähig und Veränderung steht nicht unbedingt oben auf der Liste. Deshalb bleiben Menschen auch so lange in unmöglichen Umständen, Jobs und Partnerschaften. Solange diese, wenn auch nur irgendwie, »das Überleben sichern«, ist das empfundene Glück zweitrangig.

Du hast vielleicht schon mal über dich selbst den Kopf geschüttelt, nachdem du eine unangenehme Situation oder einen dich blockierenden Menschen verlassen konntest, und dich gefragt: *»Wie habe ich das nur ausgehalten?«* Vielleicht dachtest du dir das aber auch bei einem dir nahestehenden Menschen.

Die gute Nachricht ist:

Unser Wille ist jener Teil des Menschen, der dafür sorgt, dass wir auch dann nach mehr streben oder etwas verändern, wenn nicht unbedingt gleich unser Überleben auf der Schippe steht, sondern einfach, weil wir es wollen!

Besonders willensstarken Menschen gelingt es eher, schlechte Gewohnheiten oder Umstände in einem besonders frühen Stadium zu verändern, oder es gar nicht erst so weit kommen zu lassen. Willensschwachen Menschen gelingt das hingegen meist nur mit einem enormen Kraftaufwand, oder wenn ihr Leben in Gefahr ist.

Denk mal darüber nach, wann du etwas in deinem

Leben verändert hast. Meist erst, wenn es unumgänglich war. Es ist zwar zum Trend geworden, am Anfang des Jahres gute Vorsätze aufzuschreiben oder mit Familie und Freunden zu besprechen, was man sich nun alles vorgenommen hat, besser zu machen, aber Mitte Januar ist das meist schon vergessen. Warum? Weil unser Gehirn, solange es uns gut geht, keinen Antrieb darin sieht, uns beim Veränderungsprozess zu unterstützen. Als mein Papa verstorben ist und ich meine Diagnose bekam, setzten sich mein Lebensgefährte und ich gemeinsam an den Tisch und besprachen sämtliche Lebensbereiche, in denen wir etwas verändern mussten, das taten wir, obwohl wir zuvor dachten: *»Passt doch!«* Uns wurde wieder einmal bewusst, wie kostbar dieses Leben und die eigene Gesundheit ist. Obwohl wir davon ausgegangen waren, dass wir schon sehr vieles »richtig« machen, fiel uns während dieses Gesprächs durchaus auch auf, wie viele klitzekleine Umstände des Alltages wir duldeten, obgleich sie uns nicht wirklich gefielen, wir sie aber verändern hätten können. Manches Mal sind wir Menschen zu bequem, andere Male fehlt die Zeit und wieder ein anderes Mal fällt uns gar nicht auf, was ein Update braucht. Im Rad des Alltages leben wir meist so vor uns hin, als wäre das Leben unendlich. Zack sind ein Jahr, fünf oder zehn Jahre vergangen, in denen wir sagten: *»Bald ändere ich etwas, wenn ich mehr Zeit dafür habe oder der Stress weg ist.«*

Wenn du beispielsweise mit dem Rauchen aufhören willst, klappt das nach einem guten Vorsatz meist zwei Wochen lang, danach sagst du dir: *»Na gut, nur eine, ist ja auch grad stressig, das geht schon.«* Es wird keine vier Wochen dauern und du bist wieder Raucher. Warum ist das so? Warum tun wir Dinge, obwohl wir sie nichtwollen?

Die Antwort ist ganz einfach: Weil wir es irgendwo in uns doch wollen. Wie meine ich das? Unser Gehirn beantwortet durch das Beispiel »Rauchen« die »Wo-bist-du«-Frage!

Rauchen belohnt die menschlichen Bedürfnisse, auch

wenn es prinzipiell schädlich ist und dir das als Raucher bewusst ist – du wirst es trotzdem tun.

Das Gehirn sagt sich: *»Oh, es ist gerade stressig, das Rauchen gibt mir die Sicherheit, dass sich mein Zustand etwas entspannen wird, außerdem bringt es Abwechslung, ich kann kurz rausgehen, quatschen und mich wieder gut fühlen.«* Zack sind gleich mehrere Grundbedürfnisse der »Wo-bist-du«-Frage erfüllt. Nikotin ist für das System eines Rauchers die eine Antwort, um Grundbedürfnisse erfüllt zu bekommen. Das Gleiche gilt für übermäßiges Essen, Drogenkonsum, Alkohol, aber auch andere negative Verhaltensweisen, wie: immer für andere da sein wollen und sich aufopfern.

Selbstverständlich hören wir erst damit auf, wenn unser Leben bedroht ist oder wir erkennen, dass es auch andere, gesündere Möglichkeiten gibt, um die »Wo-bist-du«-Frage zu beantworten. Vorher bewegen wir uns meist keinen Millimeter.

Veränderung ist deshalb so anstrengend, weil wir alte Gewohnheiten aufgeben müssen, die unsere lebensnotwendige »Wo-bist-du«-Frage bisher beantwortet haben und das fällt uns nachvollziehbar schwer.

Veränderung setzt uns dann in Bewegung, wenn es die Aussicht auf Besserung gibt. Heißt es aber: *»Vielleicht klappt dein Vorhaben, vielleicht aber auch nicht«*, braucht es enorm viel Willenskraft, unserem Gehirn das Neue schmackhaft zu machen. Denn von selbst kommt es nicht auf die Idee, uns dazu zu bewegen. Das Gehirn liebt das Bekannte, Gewohnte und vor allem all das, was seinen Wirt überleben lässt. Wenn du dich auf deinen Traumjob beworben hast, du diesen aber nur bekommst, wenn du nach New York ziehst, dann wird dein Gehirn nur dann sagen: »*Go for it baby. Wir ziehen um!*«, wenn auch alle anderen Grundbedürfnisse, die dir wichtig sind, mit dem Umzug abgedeckt sind. Ist dir beispielsweise die Nähe zur Familie wichtiger, wirst du den Job vermutlich absagen oder alles daransetzen, dass deine wichtigsten Bezugspersonen mitkommen können.

Wir sind nicht, wie angenommen, so komplizierte und undurchsichtige Wesen, sondern, um das ganz platt, aber durchaus liebevoll zu sagen: ziemlich einfach gestrickt. Auch wenn wir uns grundsätzlich für sehr smart und weit entwickelt halten und das evolutionstechnisch auch sind, tickt unser Gehirn doch noch relativ simpel.

Grundbedürfnisse erfüllt – Veränderung willkommen. Grundbedürfnisse nicht erfüllt – Veränderung unerwünscht. SO SIMPEL TICKEN WIR.

Wenn wir eine Entscheidung treffen müssen, dann wäre es sinnvoll sich anzusehen, welche Grundbedürfnisse dadurch abgedeckt werden. Häufig machen wir Pro- und Contra-Listen und »steuern« unbewusst die Entscheidung. Wir haben natürlich in der Hand, was genau wir auf welche Seite schreiben und als Vor- oder Nachteil ansehen und was nicht. Würden wir uns während einer Entscheidungsfindung stattdessen Folgendes notieren, kämen wir dem »Besten« für uns deutlich näher als jede Pro- und Contra-Liste je hergeben kann.

- Welche Bedürfnisse werden durch die eine, welche durch die andere Entscheidung befriedigt?
- Ist es womöglich, mit der Zeit eine neue Gewichtung zu finden?

Wenn uns Sicherheit und die Nähe zur Familie wichtig sind, werden wir den Job in New York nicht annehmen. Stehen wir hingegen auf Abenteuer, Wachstum und neue Erfahrungen, entscheiden wir uns definitiv für den Umzug. Schon allein der Prozess, der in Gang gesetzt wird, sobald wir uns aktiv mit unseren Grundbedürfnissen befassen, hilft dabei, eine Änderung in den bisherigen Prioritäten vorzunehmen.

So kann es passieren, dass wir uns sagen: »*Moment, klar lebt hier meine Familie, aber sie könnte mich doch auch besuchen!*« oder »*Natürlich ist mir hier alles bekannt und vertraut, aber womöglich lerne ich mich und die Welt auf eine völlig neue, faszinierende Weise kennen, wenn ich mich auf dieses neue Wagnis einlasse!*«

Veränderungen passieren, wenn wir uns ansehen, was für uns außerhalb des Gewohnten noch alles so drin ist.

Angst – Killer der Veränderung?

Wenn wir etwas verändern wollen, haben wir oft Angst, weil die Zukunft, die mit der Veränderung auf uns zukommt, meist nicht *gesichert*, sondern eben *unsicher* ist. Wir wissen nicht, wie unser Leben aussehen wird, wenn wir uns von negativen Gewohnheiten oder Menschen trennen. Wir können zwar darüber spekulieren oder uns andere zum Vorbild nehmen, um Orientierung zu finden, aber wie es in unserem individuellen Leben aussieht, sobald etwas bisher so Gewohntes plötzlich nicht mehr da ist, ist unbekannt.

Diese Angst ist völlig verständlich, aber eben nicht immer hilfreich. Es dauert und braucht Zeit, bis wir uns auf neue Situationen und neue Umstände einlassen können, ähnlich einem Trauerprozess. Viele Menschen denken, dass wir nur dann trauern dürfen, wenn ein geliebter Mensch verstorben ist, aber wir müssen einander Trauer auch zugestehen, wenn wir etwas Gewohntes hinter uns lassen müssen.

Jedes Abschiednehmen unterliegt gewissen Phasen, die wir erst durchlaufen müssen, ehe sich eine Veränderung wirklich dauerhaft einstellen kann.

Da wir uns die Zeit dafür selten nehmen und die wenigsten darüber Bescheid wissen, gelingen auch nur den wenigsten Neujahrsvorsätze. Es ist hart, auf die geliebte Schokolade abends auf dem Sofa vor Netflix verzichten zu müssen, immerhin gab sie so viel von dem, was wir brauchten: Sicherheit, es schmeckt, die vergnügliche Abwechslung und Entspannung vom Stress des Alltages und das Gefühl der Geborgenheit und Vertrautheit. Lassen wir sie von jetzt auf gleich weg, kann das zu einem inneren Supergau werden. Nicht weil wir zu undiszipliniert sind oder uns so wenig im Griff haben, sondern weil wir einerseits den Abschied nicht ausreichend betrauern und folglich keinen gesunden Ersatz für sie finden. Mit dem Rohkostteller die »Wo-bist-du«-Frage zu beantworten, braucht deshalb ausreichend Zeit, weil unser Gehirn bisher die Antwort eben nur in der Schokolade fand.

Wir Menschen lieben Sicherheit, Vorausschaubarkeit und Regeln deshalb so, weil sie uns Angst nehmen. Je gewisser etwas ist, desto entspannter sind wir. Verlassen wir dieses sichere Terrain, auch wenn die Sicherheit nur vermeintlich war, nehmen wir im Grunde Abschied. Dieser Abschied muss betrauert werden und hier durchlaufen wir unterschiedliche Phasen, ehe wir die Vergangenheit bewältigen und eine neue Zukunft einläuten können. Sobald wir feststellen, dass uns etwas nicht mehr dienlich ist und uns etwas bisher so Gewohntes nicht guttut, stehen wir unter einer Art Schock. Wie kann das sein, dass diese unschuldige und liebreizende Schokolade (ersetze sie mit einer negativen Gewohnheit von dir) plötzlich ein Feind sein soll? Wir wollen nicht wahrhaben, dass vergangene Gewohnheiten, Umstände oder Einstellungen uns schaden und hindern, und versuchen genau deshalb so zu tun, als wäre die Veränderung nicht notwendig. *»Das bisschen Schokolade schadet doch nicht, meine Güte!«*, sagen wir uns für eine Weile.

Bis wir womöglich nicht mehr in die geliebte Jeans passen oder der Arzt uns etwas von Diabetes oder Cholesterin erzählt. Vielleicht teilt uns der Partner aber auch mit, dass er sich von uns nicht mehr sexuell angezogen fühlt und eine Veränderung will, vielleicht trennst du dich in Folge von ihm, oder der Schokolade. Wir alle haben andere Hebel, um Altes loszulassen.

Danach empfinden wir meist Wut und Zorn darüber, dass der Abschied in irgendeiner Form offenbar unumgänglich wird, und klammern uns daran, Möglichkeiten zu finden, das Alte festzuhalten. Wir kämpfen um die alten Strukturen, Gewohnheiten und Verhaltensmuster, ja auch um die Tyrannen der Vergangenheit und tun alles, um so weiterzuleben wie bisher. Nach dem Kampf stellt sich die Trauer ein, manches Mal auch die Depression, doch an diesem Punkt angekommen, klopft das Loslassen, Annehmen und Akzeptieren bereits an die Tür. Bleiben wir in der Depression hängen, dann meist deshalb, weil wir im Gestern noch nach Antworten für das Morgen suchen, sie aber dort nicht finden können. Es braucht eben eine Veränderung.

Die Veränderung ist nicht nur die Brücke zwischen einer alten und neuen Gewohnheit, sondern auch zwischen dem Gestern und dem Morgen.

Wissen wir über diese Phasen Bescheid, fällt es uns deutlich leichter, uns selbst und einander zu begleiten, ohne zu verurteilen.

Kurt erzählt: *»Ich wurde als Kind geschlagen und verteidigte meinen Vater, bis ich 40 war. Ich sagte: ›Prügel gehören eben zum Leben dazu.‹ Erst als mich meine Frau mit den gemeinsamen Kindern verließ, fing ich an zu begreifen, dass es auch ein anderes Leben gibt. Ich hatte aber solche*

Angst davor, dass dieses Leben mir verwehrt bleiben könnte, dass ich am alten festhielt. Ich war wütend, kämpfte, verteidigte, so lange bis ich nicht mehr konnte und zusammenbrach. Katharina sagte dann einen Satz, der alles änderte: ›Sie dürfen betrauern, was ihnen passierte und gleichzeitig auch hoffen, dass sich ab nun alles ändern kann.‹ Ich habe seither nie wieder jemanden geschlagen.«

In der Regel ist es so, dass bestehende Verhaltensweisen uns zumindest die Sicherheit der möglichen Beantwortung der »Wo-bist-du«-Frage geben. Ob sie Sinn machen, schaden, verletzen oder nicht, ist zunächst zweitrangig. Deshalb hält unser Gehirn neue Verhaltensweisen und Ideen auch prinzipiell erst mal für gefährlich und rät uns davon ab. Es braucht schon viel Überzeugungsarbeit und »Beweise«, dass die Veränderung tatsächlich eine Besserung bringt, ehe unser System uns dabei unterstützt.

Das Bestehende hingegen ist gesichert, da kennen wir uns aus. Wir bleiben in miesen Situationen nicht, weil wir masochistisch veranlagt sind, sondern weil die Angst vor einer unsicheren Zukunft einfach überwiegt.

In unserer Welt ist es normal geworden, vor allem Möglichen Angst zu haben. Viele unserer Ängste sind im Grunde weder real noch erklärbar und nur ein extrem schlechtes Management unserer eigenen Gedanken, fern der Realität. *»Ich traue mich nicht, meinen gewalttätigen Mann zu verlassen, wer weiß, ob mich überhaupt noch mal einer nimmt?«* oder *»Ich kann mit dem Rauchen nicht aufhören, was soll ich denn dann mit meiner Freizeit anfangen?«* oder *»Ich bin traumatisiert, ein Leben lang, ich kann doch nicht einfach so tun, als wäre nichts geschehen?«*

Wir nehmen oft den Impuls von Flucht, Angriff oder Starre als Ausrede für so vieles im Leben. In Wahrheit aber haben wir einfach nur die Hosen voll, etwas Neues zu lernen. Angst treibt uns häufiger, als wir denken, dazu an, an der Vergangenheit festzuhalten. Denn dort, so denken wir, waren wir sicher. Wir müssen demnach erst mal begreifen, was Angst wirklich ist, um sie überwinden zu können und notwendige Veränderungen zuzulassen. Angst ist ein starkes Gefühl, das alle Menschen und viele Tierarten kennen. Wir empfinden Angst, wenn wir uns bedroht fühlen und wenn wir glauben, dass etwas Schlimmes passiert. Manchmal ist eine tatsächliche Bedrohung in der Nähe, manches Mal findet diese aber nur im Kopf statt. Die Kunst ist, den Unterschied herauszufinden und das am besten so schnell wie möglich.

Es gibt zahlreiche Möglichkeiten, sich selbst zu regulieren, wenn die Angst zu dominieren droht. Indem wir uns bewegen, beispielsweise laufen, klatschen, tanzen, einen Hampelmann machen oder eine Faust ballen und tief und bewusst atmen, bauen wir rasch Stress ab, aber auch indem wir summen, laut singen oder uns fragen: »*Was könnte schlimmstenfalls passieren und wäre das wirklich so schlimm, dass mein Leben davon bedroht ist?*« Manchen hilft, an Lavendel oder Baldrian zu riechen, anderen eine kurze, kalte Dusche, das Schnuppern an einer Blume oder einfach ein Gespräch mit einem verständnisvollen Menschen.

Die Angst vor einer Veränderung bedeutet auch häufig die Angst vor der Verantwortung, die sie mit sich bringt.

Fühlen wir zum Beispiel intuitiv, dass es an der Zeit ist, endlich für uns selbst einzustehen, beklemmt die Vorstellung daran erst mal. Immerhin bedeutet das auch, dass wir den einen oder anderen Konflikt, den wir bisher gescheut haben, endlich austragen müssen. Waren Konflikte für uns bisher mit beängstigenden und negativen Konsequenzen, vielleicht sogar mit körperlichen und seelischen Schmerzen verbunden, werden wir sie verständlicherweise scheuen und bei dem Gefühl, für uns selbst einzustehen, Angst bekommen.

Psychologisch gesehen können und wollen wir uns meist nicht mit dem Preis konfrontieren, den eine Veränderung mit sich bringen kann. Vielfach ist er einfach zu hoch, zu ungewiss und deshalb auch riskant. Die Angst warnt uns vor diesem Risiko und suggeriert: *»Lass es, bleibe beim Alten, verlass dich auf deine vergangenen Erfahrungen und riskiere besser nichts Neues.«*

Angst hält uns also im Alten, im Dort und Drüben, nur die Zuversicht und Hoffnung führt uns über die Brücke der Veränderung in eine neue Zukunft. Selbstverständlich könnten wir dabei auch scheitern und laufen Gefahr zu denken, dass die alte Verhaltensweise doch die bessere Alternative war. Deshalb müssen wir uns gegenseitig immer und immer wieder mitteilen:

»Wenn du am Weg zum Neuen Angst bekommst, dann ist das erst mal völlig natürlich und normal, und wenn du auf diesem Weg scheiterst, dann nicht, weil es Zeit ist umzukehren, sondern weil es an der Zeit ist, dir Unterstützung zu holen, und zwar so lange, bis du ankommst.«

Vielleicht magst du dich erst mal nur gedanklich auf ein kleines Experiment einlassen und dich fragen:

- Welches vergangene Muster möchte ich hinter mir lassen?
- Welchen Nutzen hatte das Muster bisher für mich?
- Warum will ich es hinter mir lassen?
- Welche Ängste oder Sorgen habe ich diesbezüglich?
- Welchen Preis bin ich bereit, dafür zu bezahlen, und welchen nicht?
- Welche Opfer bin ich bereit, dafür zu bringen, und welche nicht?

Erst wenn du den Preis, den die Veränderung mit sich bringt, klar benennst und eine Ahnung davon hast, warum dir das Muster bisher gedient hat, wirst du dich bewusst dafür oder dagegen entscheiden können und die Angst als einen natürlichen Wegbegleiter, aber nicht als Blockierer akzeptieren können. Jedes Muster diente grundsätzlich dem eigenen Überleben, deshalb ist es so schwer, es einfach mal hinter sich lassen zu können. Wir müssen unserem inneren System einen akzeptablen Ersatz anbieten, nur dann unterstützt es uns auch.

Ein Preis, den wir für die Veränderung bezahlen, ist Sicherheit – etwas, das wir bekanntlich sehr schätzen.

Denn wir wissen erst mal nicht, ob sich unser Einsatz lohnt. Veränderung ist immer ein gewisses Wagnis und nicht mit einer klaren Entscheidung und einem vorausschauenden und berechenbaren Ergebnis verbunden. Wir wissen nicht, ob wir nach einer schlechten Ehe jemand Besseres finden. Wir wissen auch nicht, ob wir in New York, fern unserer Familie, noch andere Wegbegleiter finden werden, mit denen es sich so gut die Mittagspause oder abends in der Bar Zeit verbringen lässt und genauso wenig, wer wir ohne die Dauerschleife der Traumata in unserem Kopf sind. Beziehungen können sich verändern, sie sind dynamisch und gerade deshalb legen wir Verhaltensmuster aus der Vergangenheit, die mit Menschen in Verbindung stehen, auch so schwer ab.

Gleichzeitig ist es notwendig, uns weiterzuentwickeln und nicht von der Vergangenheit und unseren Tyrannen, wie der Angst, lähmen zu lassen. Das fühlen wir tief in uns, wie einen inneren Konflikt. Als würde die eine Stimme in uns gegen eine andere Stimme sprechen und wir stehen mittendrin.

Wir sind an manchen Stellen im Leben dazu aufgefordert, trotz der Angst, trotz des Schmerzes und trotz des

Leids neugierig weiterzugehen, ohne zu wissen, was kommt. Manches Mal gelingt das besser, andere Male hadern wir, blieben stehen und wissen nicht, wie es weitergehen soll.

Vielleicht hilft dir folgendes Beispiel: Ein Kind, das unglaublich Angst davor hat, zum Zahnarzt zu gehen, wird sich auf Biegen und Brechen dagegen wehren und lieber Karies in Kauf nehmen, als freiwillig den Mund zu öffnen. Hier sind feinfühlige Erwachsene gefragt, die dem Kind die Sicherheit vermitteln können, dass ein Besuch beim Zahnarzt zwar beängstigend sein kann, aber gleichzeitig auch sinnvoll und wichtig ist.

Wenn wir uns als Erwachsener metaphorisch gesehen ähnlich verhalten, ist es an der Zeit, mit dem Kind in uns in einen Dialog zu treten und ihm der Elternteil zu sein, den ein Kind braucht, um seine Angst loszulassen:

»Hey, ich sehe dich und ich nehme deine Ängste wahr. Du bist in dieser Situation nicht alleine, ich bin die Große und sorge dafür, dass wir das meistern. Ich verstehe, dass du Angst hast und du kannst mir gerne alle deine Bedenken mitteilen. So wie ich dir mein Ohr schenke. Ich verspreche dir, ich passe auf dich auf und das, was dir in der Kindheit widerfahren ist, wird dir nun nicht mehr passieren. Weil ich da bin und ich sehe, höre und fühle dich. Es wird dir nichts Schlimmes geschehen, wenn wir unser Leben an dem einen oder anderen Punkt ändern, im Gegenteil, unser Leben wird vermutlich eine Zeitlang etwas chaotisch, aber auf lange Sicht deutlich besser.

Gleichzeitig will ich dir sagen: ›Du kannst mich bitte mal – einfach leben lassen. Es ist Zeit. Ich will wieder Herrin meines Verstandes und Herzens und vor allem meiner Gegenwart sein. Kooperiere mit mir, dann geht es uns deutlich besser und leichter.‹«

Es kann jederzeit ein Ziegel vom Dach fallen, sobald wir das Haus verlassen, aber trotz dieser Gefahr gehen wir raus und bleiben nicht drin.

Nur weil etwas in deinem Leben passiert ist, das dir Angst machte, heißt das nicht, dass das weitere Leben auch voller Gefahren ist. Trau dir selbst zu, in deinem Tempo und mit den von dir gewählten Begleitern neue Erfahrungen zu machen. Sag dir immer und immer wieder: *»Ja, ich habe richtig die Hosen voll, aber das ist okay, trotzdem werde ich weitermachen.«*

Meine Mama, eine wunderbare Psychotherapeutin, die viele Jahre im Hochsicherheitstrakt mit Schwerverbrechern arbeitete, sagte immer: *»Wir dürfen uns immer eine Windel anziehen, während wir was Neues lernen. Hauptsache wir gehen weiter.«*

Angst zu haben, ist in Ordnung, sich von ihr lähmen und blockieren zu lassen, nicht.

Je mehr wir verstehen, warum wir sind, wie wir sind, desto mehr Selbstvertrauen entwickeln wir. Je mehr wir uns selbst und die Welt verstehen, desto besser können wir mit etwas, das uns passiert, umgehen. Objektives und realistisches Wissen führt dazu, dass wir nicht länger frustriert sind und meinen, in Angst und Schrecken festhängen zu müssen, bis dass der Tod uns von ihr scheidet. Wir sind keine Ehe mit der Angst eingegangen, auch wenn sie uns womöglich schon lange begleitet, wir dürfen uns, ohne Wenn und Aber, von ihr lösen und das wird uns gelingen, wenn wir so weit sind. Das »So-weit-Sein« hat weder mit Intelligenz noch Karma oder Reflexionsfähigkeit zu tun, sondern mit deinem individuellen Tempo.

Du legst fest, wann es Zeit ist, alte Gefilde zu verlassen, und du wirst eines Morgens aufwachen und die Kraft fühlen, die dich nach vorne drängt. Ähnlich einem Baby, das bereit ist, geboren zu werden. Wenn es uns gelingt, dem

Leben und unserem eigenen Rhythmus wieder mehr Vertrauen zu schenken, können wir damit aufhören, uns in irgendeine Richtung zu dränge, und wer weiß, vielleicht sogar die Angst wie einen Freund in den Arm nehmen und sagen: *»Hey, danke, dass du da bist, bitte lass mich ein wenig ausprobieren und neugierig aufs Leben zugehen, damit ich wieder etwas Neues lernen kann.«*

»Das Kind in mir kann mich mal« bedeutet auch: *»Ich gehe bewusst ins Ungewisse, auch wenn ich nicht weiß, was passiert. Ich vertraue meiner Fähigkeit, eine Lösung zu finden. Ich weiß nicht wie, aber ich werde alles herausfinden, was ich brauche, um mein Leben zu verändern. Ich lasse mein Bedürfnis nach Perfektion und Sicherheit los, weil ich diese verdammte Veränderung nicht nur will, sondern auch brauche!«*

Wenn wir über diesen Punkt der Angst hinauskommen, dann beginnt sich ein neues Rad zu bewegen, und zwar in genau die Richtung, in die wir gehen wollen und nicht mehr länger in jene, die wir als in Stein gemeißelten Weg betrachtet haben.

Das Gehirn braucht Sicherheit, bei allem, was wir tun. Aber das Leben beinhaltet eben auch Veränderung, Spontanität und das Ungewisse. Es kann nicht alles perfekt gescripted sein. Wir machen nur Fortschritte, wenn wir nach und nach über diesen Schritt der Sicherheit hinauswachsen und willig sind, in die Ungewissheit einzusteigen.

Ein Neugeborenes fühlt sich am wohlsten in den Armen eines vertrauten und liebevollen Menschen, doch eines Tages kommt der Entdeckerdrang und es will raus in die Welt. Das geht am besten, indem es weiß: *»Die vertrauten Arme werden bleiben, auch wenn ich mich von ihnen entferne.«* Deshalb ist es dringend notwendig, dass wir uns, sobald eine Veränderung notwendig wird, um vertraute Arme kümmern. Was diese genau bedeuten, müssen wir uns bewusst fragen, denn für jeden wird die Antwort eine andere sein.

Wenn wir beispielsweise endlich unser eigenes Unternehmen gründen wollen, wäre ein vertrauter Arm beispielsweise eine gewisse Sparsumme als Backup. Trennen wir uns vom Partner, wäre der sichere Arm vermutlich ein vertrautes Umfeld, ein neuer Job oder eine Wohnung, die wir uns leisten können. Hören wir mit dem Rauchen auf, kann der sichere Arm eine Hypnosetherapie, ein Dampfgerät oder der Gang zum Fitnesscenter sein. Manches Mal ist der sichere Arm auch vorübergehend die abendliche Tafel Schokolade. Was auch immer dein sicherer Arm ist, du wirst erst dann entspannt auf das Neue zugehen können, wenn du ihn kennst und dafür sorgst, dass er in deiner Nähe ist. Im besten Fall ist sichere Arm für und nicht gegen dich.

Die Vergangenheit, mit all ihren negativen Mustern, zu bewältigen, bedeutet die Bereitschaft, sich selbst neu kennenzulernen.

Wenn wir uns selbst zu einem Vertrauten geworden sind, ist meine Erfahrung, dass die Vergangenheit auch nicht mehr so doll an uns zieht, als ob sie sagen würde: *»Hey, schau dich an, denn nur so findest du heraus, wer du bist.«* Der Tyrann namens Vergangenheit kann von uns ablassen, weil wir antworten können: *»Ich sehe dich und nehme mir, was ich brauche, um ein gutes, wahres und schönes Leben führen zu können. Danke dir.«*

Unser Gehirn, alte Muster und die Vergangenheit sind nicht nur da, um zu blockieren, sondern auch, um Lösungen zu finden, sobald wir Ja zur Veränderung sagen. Wenn wir uns in eine neue Situation bringen, wird das System Mensch auch kreativ. Es findet Lösungen, weil wir ihm eine gewisse Sicherheit gelassen haben – einen vertrauten Arm.

Steine auf dem Weg zur Veränderung und das Ding namens: Brett vorm Kopf

Wenn du etwas verändern willst, hörst du vielleicht von deinem Umfeld: *»Warum kannst du nicht einfach glücklich sein mit dem, was du hast?«* oder *»Wer denkst du, dass du bist, dass du das einfach so ändern könntest?«* Vielleicht hörst du aber auch Stimmen in deinem Kopf, die flüstern: *»Das schaffst du nicht!«*

Solche Aussagen können bremsen, irritieren und verunsichern, selbst wenn es von deinem Umfeld gar nicht auf diese Art gemeint ist. Häufig wollen vertraute Menschen dich einfach schützen. So wie die Stimme in deinem Kopf auch. Sich Sorgen zu machen, ist in unserer Gesellschaft zu einer Art Liebesbeweis geworden, vor allem in der Kindererziehung. Eltern, die sich »Sorgen machen«, gelten nach wie vor als Eltern, die sich fürs Kind interessieren. Dass das Sorgen-Machen aber auch daran hindert, Selbstvertrauen zu entwickeln und den eigenen Weg vertrauensvoll gehen zu können, ist vielen noch unbekannt.

In dem folgenden Kinderlied wird das sehr eindrucksvoll geschildert: *»Hänschen klein, ging allein, in die weite Welt hinein. Stock und Hut stehn ihm gut, ist gar wohlgemut. Aber Mutter weinet sehr, hat ja nun kein Hänschen mehr …«*

Veränderung bedeutet einerseits Verlust, andererseits aber auch eine Chance, das eigene Leben beginnen zu können.

Die Bedenken Dritter passen grundsätzlich nicht in das Neue, denn diese beziehen sich auf alte Erfahrungen, die bekanntlich in der Vergangenheit liegen. Freunde und Familie werden uns nicht die Zukunft voraussagen können, sondern müssen sich auf Beispiele aus dem Gestern beziehen, um uns vor möglichen Enttäuschungen zu warnen. Das Kind in uns tendiert gewiss dazu, sich von den warnenden Worten hinreißen zu lassen, vielleicht rebelliert es aber auch und ignoriert wichtige Hinweise, indem es stur »sein Ding durchzieht«, Denn Bedenken Dritter sind natürlich nicht immer nur blockierend, sondern auch wertvolle Hinweisgeber, die uns zwar vom Weg nicht immer abbringen, aber bestenfalls vor unnötigen Fehler bewahren können. Um den eigenen Weg beschreiten zu können, braucht es häufig Mut und Tapferkeit, aber auch die Fähigkeit, an der einen oder anderen Stelle auf Durchzug zu schalten und dem Gegenüber mitteilen zu können: *»Danke für deine Meinung. Ich schätze dich sehr und weiß, du willst mich nur beschützen. Ich möchte dich an dieser Stelle damit beruhigen, dass ich mich sehr ausgiebig mit dem Thema befasst habe und mir darüber im Klaren bin, was es an Chancen und Risiken mit sich bringen kann. Bitte hab Vertrauen, dass ich den Weg meistern werde und ich dich wissen lasse, sobald ich deine Unterstützung benötige, für die ich sehr dankbar bin.«*

Es herrscht eine gewisse gesellschaftliche Angst vor Veränderungen, die sich auch auf uns übertragen kann. Möchten wir aber etwas verändern, ist es zunächst wichtig, das eigene und persönliche Bild einer neuen Zukunft zu bewahren und trotz Irritationen oder Bewertung aufrechtzuerhalten. Denn Veränderung hat auch immer etwas mit der Zukunft zu tun. Du würdest keine Veränderung initiieren, wenn du nicht zumindest einen Funken an Ahnung von einer besseren Zukunft in dir trägst. Manches Mal muss dieser Funken auf unser Gegenüber erst überspringen, das kann eine gewisse Zeit benötigen, denn nicht jeder kann sich vorstellen, dass die Zukunft auch Besserung bringen kann. Vor allem Menschen, die selbst auf negative Erfahrungen zurückblicken.

Wer du bist, hat nichts mit deiner Vergangenheit zu tun.

Du zeigst der Welt jeden Tag aufs Neue, wer du bist. In Form der Entscheidungen, die du triffst, der Beziehungen, die du führst und der Werte, die du lebst. Manches Mal orientierst du dich an anderen, andere Male gehst du deinen Weg. Aber immer repräsentierst du dich. Jetzt kann es passieren, dass du eines Tages aufwachst und das Gefühl hast, dass du dich ein wenig zu stark an anderen, anstatt an dir selbst orientiert hast. Im Grunde tun wir das alle in gewisser Weise, weil wir voneinander lernen können, aber auch, weil ziemlich viel auf uns einprasselt. Aber gerade, wenn wir als Kind dominante Kindheitsbegleiter hatten, die manipulativ auf uns einwirken oder psychisch krank waren oder an einer Sucht litten, tendieren wir dazu, vermehrt auf das zu achten, was die Umgebung denkt, fühlt und tut und uns dabei ein Stück weit zu verlieren. Wir haben sehr früh überlebenswichtige Antennen dafür entwickelt, genau zu wissen, was das Umfeld von uns verlangt. Da ist es nur logisch, zumindest aus Sicht des eigenen Systems, dieses Muster aufrechtzuerhalten, um die weitere Sicherheit zu garantieren. Eine Ablehnung kann bedrohlich sein, deshalb dient die Orientierung am Umfeld nicht nur dem eigenen Wachstum, sondern auch der Vermeidung eines möglichen Ausschlusses aus dem Rudel. Diese gewisse Art der Sensibilität entwickeln wir, um innerhalb dieses Umfeldes überleben zu können. Ein Teil dessen ist die Anpassung. Darüber habe ich bereits geschrieben. An dieser Stelle will ich die Anpassung in Verbindung mit der Fähigkeit, negative Verhaltensweisen abzulegen und ein positives Bild der Zukunft zu kreieren, bringen.

Oft heißt es nämlich: *»Es ist deine Entscheidung, wie du ab sofort in die Welt gehst. Du wählst, wie du mit den Angelegenheiten in deinem Leben umgehst.«* Aber genau das ist ein großes Problem, wenn du schon früh gelernt hast, mehr auf andere als auf dich selbst zu achten. Vielfach wissen wir gar nicht, was wir möchten und was nicht und stellen uns eines Tages die Frage: *»Wer bin ich eigentlich wirklich?«* und *»Will ich das alles überhaupt?«*

Diese Fragen können schnell in einem inneren schwarzen Loch enden, vor allem wenn wir feststellen, dass wir in der Vergangenheit tatsächlich mehr auf die Stimme anderer als auf unsere eigene gehört haben. Der erste Impuls, auf diese Feststellung zu reagieren, wäre vermutlich: *»Ach du lieber Himmel, wie furchtbar, ich weiß nicht einmal, wer ich wirklich bin, was ich will und was nicht!«* Dieser Impuls kann uns wie ein Tyrann von hinten packen und mit sich in die Tiefen der Seelensuche ziehen. Ich würde eher empfehlen, ihm deshalb nicht nachzugeben und ihn, wie eine dunkle Wolke erst mal an uns vorüberziehen zu lassen, ohne gleich von der Terrasse aufzuspringen und hinein ins Haus zu laufen.

Trotz dieser Wolke »sitzen zu bleiben«, bedeutet, dass wir uns ähnlich einem Menschen, der Gaslighting betreibt, indem er extrem manipulativ auf uns einwirkt und die eigene Wahrnehmung stets abspricht, erst mal sagen: *»Nein danke, auf dieses Gedankendrama habe ich jetzt keine Lust.«* Folglich wird sich ein Leerraum in unseren Gedanken einstellen können, weil wir ein bisher bekanntes Muster brechen, nämlich das, auf alles und jeden in unserem Umfeld direkt einzugehen. Besser ist deshalb, Folgendes zu sagen: *»Oh, offensichtlich bin ich gerade an einem Punkt in meinem Leben angelangt, an dem mir bewusst wird, dass ich mir durch mein Umfeld antrainiert habe, genau zu wissen, was andere brauchen. Das ist prinzipiell nicht falsch, sondern hat auch sehr viel Gutes. Nun ist die Zeit gekommen, in der ich lerne, meine Antennen auch darauf zu trainieren, zu schauen, was ich selbst brauche. Ich begebe mich auf eine Abenteuerreise, in der ich mich selbst näher kennenlernen werde und herausfinde, was ich wirklich will und was nicht. Das ist gut. Dafür bin ich dankbar.«*

Wenn wir lernen, sanfter mit den Erkenntnissen über uns und unser Leben umzugehen, eröffnen sich neue Chancen und Tore, und damit auch die Möglichkeit auf eine neue Zukunft.

Wer weiß, vielleicht stellen wir auf dieser Reise fest, dass uns gerade die Kombination aus alten und neuen Mustern das Gefühl von einer Ich-Vertrautheit ermöglicht, die wir ohne die Erfahrungen der Vergangenheit gar nicht erlebt hätten. Mich persönlich hat das Leben bisher gelehrt, dass sich aus jedem Mist Dünger für neue Pflanzen machen lässt. Aber dieser Mist braucht Zeit, um zum Dünger zu werden und einen Gärtner, der weiß, wozu Mist noch gut sein kann.

Es gibt einige Ängste, die uns daran hindern, Veränderungen zu initiieren und dadurch die Vergangenheit loszulassen.

Wir haben Angst, zu verlieren, was uns bisher wichtig war: unseren Job, unsere Identität, unsere Beziehung, unsere Vorteile, unser Geld.

Je mehr wir über die Veränderung nachdenken, desto mehr wird uns diese Art der Verlustangst auch bewusst. *»Wenn ich mit den Netflix-Serien aufhöre, verliere ich womöglich das Gefühl, für wenige Minuten keinen Stress zu haben – was dann?« »Wenn ich damit aufhöre, ständig an meinem Partner zu nörgeln, worüber sprechen wir dann noch?«*

Wir haben außerdem Angst davor, nicht zu wissen, wie es weitergeht, was andere über uns denken, aber vor allem: zu scheitern und durch Fehler abgelehnt zu werden. Die Angst, abgelehnt zu werden, treibt viele unserer Entscheidungen an. Es ist in irgendeiner Form in unserer DNA verankert, ein Teil der Gruppe zu sein. Von ihr abgelehnt und abgewiesen zu werden, nagt an uns und löst tiefe Existenzängste aus. Alles, was deshalb riskiert, dass wir wie ein Narr vor anderen aussehen oder nicht mehr geliebt werden könnten, werden wir erst mal nicht tun wollen.

Wir können uns, sobald wir merken, von der Angst gelähmt zu werden, bewusst hinsetzen und lernen, über sie nachzudenken, sie zu benennen und auszusprechen.

Diese Fragen helfen uns dabei:

- »Habe ich Angst vor Zurückweisung?«
- »Habe ich Angst, von jemand Bestimmtem kritisiert oder ausgegrenzt zu werden?«
- »Habe ich Angst davor, etwas mir Wichtiges zu verlieren?«
- »Habe ich Angst davor, die Konsequenzen zu tragen?«

Trotz dieser Ängste ist es wichtig zu lernen, integer uns selbst gegenüber zu bleiben und trotzdem das zu tun, was für uns *jetzt* wichtig ist. Uns ist bedauerlicherweise häufig gar nicht bewusst, wie harmoniesüchtig wir sind oder wie viel wir von uns geben, nur um nicht abgelehnt zu werden. Oft hängen wir an der Vergangenheit fest, weil wir das Risiko nicht eingehen wollen, zurückgewiesen zu werden. Wir sagen nicht zu den Eltern: *»Hey, ich habe ganz schön an meiner Kindheit zu knabbern und würde das gern mit euch klären.«* Aus Sorge, als ungeliebtes Kind verstoßen zu werden. Wir haben Sorge, jemanden, der uns geschadet hat, damit zu konfrontieren, aus Angst, nicht ernst genommen zu werden. Diese Ängste sind natürlich und normal, sie sind aber nicht da, um zu schweigen, runterzuschlucken oder ein Leben lang so zu tun, als wäre alles in Ordnung, wenn es das nicht ist.

Wenn uns bewusst ist, wie wichtig uns die Klärung der Vergangenheit, aber eben auch die Meinung anderer ist, dann könnten wir vielleicht folgende Frage an uns selbst stellen: *»Was müsste ich tun oder sein lassen, um das nächste Level an Liebe, Zugehörigkeit zu bekommen – von den Menschen, die mir wirklich wichtig sind, aber vor allem von mir selbst?«*

Vielleicht ist die Antwort, dass du ein Hobby beginnst, auf Reisen gehst, endlich dein eigenes Buch zu schreiben beginnst oder auch das Gespräch suchst und feststellst, dass dein Gegenüber deine Verletzungen tatsächlich ernst nimmt. Vielleicht ist das Ergebnis aber auch, dass du feststellst, wie wenig dein Gegenüber dich respektiert und erneut herabspielt, was passiert ist, ohne die Verantwortung dafür zu übernehmen. Dann könntest du womöglich deinen Seelenfrieden finden, indem du dir nun endlich selbst gestattest, dich von diesem Menschen, so nah er dir auch stand, zu entfernen. Ohne Drama, einfach den eigenen Weg weitergehen. Deshalb, weil du erkannt hast, dass du Besseres verdient hast und diese Erkenntnis allein schon den größten Schritt der Veränderung darstellt.

Wir haben aber auch Angst davor, ruiniert zu sein, sobald wir uns verändern. Wir denken nicht an das Wachstum, an die Chancen, an das Lernen und Weiterkommen, sondern werden häufig von der Angst zurückgehalten, unser eigenes oder das Leben eines geliebten Menschen zu ruinieren. Deshalb kann es im allerschlimmsten Fall sogar passieren, dass wir niemals darüber sprechen, was uns widerfahren ist oder wie es uns wirklich geht und im Grunde dadurch sogar die Täter schützen und das eigene Wohlbefinden opfern. Das Schweigen wiederum kann dazu führen, dass wir vermeintlich denken, den inneren Seelenfrieden durch das »Schwamm-drüber«-Prinzip finden zu können.

- »Wenn ich den Job wechsle, könnte das meinen finanziellen Ruin bedeuten.«
- »Wenn ich meinen Mann verlasse, könnte das meine Finanzen oder das Wohl meiner Kinder ruinieren.«
- »Wenn ich sie oder ihn mit seinen Taten konfrontiere, könnten mein Ruf und meine Beziehung ruiniert werden.«

Die Angst vor dem Ruin hält uns in Wahrheit in alten Mustern gefangen. Eine mögliche Antwort, ihr entgegenzutreten, wäre: *»Hallo Angst vor dem Ruin. Du bist keine Option für mich. Mehr gibt es nicht zu sagen.«*

Die Wahrheit ist: Es gibt immer einen Ausweg, schon alleine deshalb, weil wir nun erwachsen sind und aktiv um Hilfe bitten können.

Die Angst vor einem möglichen Ruin sollte uns nicht stoppen, sondern ist vielmehr eine Einladung, neue Lösungen zu finden.

Oft fürchten wir uns davor, etwas, das wir getan haben, zu bereuen. Wir bereuen die Vergangenheit vor allem dann, wenn wir etwas gemacht haben oder uns widerfahren ist, das uns nicht gutgetan hat. Aber auch wenn wir etwas tun hätten sollen und die Gelegenheit verpasst haben. Das Gefühl des Bereuens stellt sich vorwiegend deshalb ein, wenn wir seither nicht gelernt haben zu erkennen, was uns guttut und dafür auf gesunde Weise einzustehen.

Schuldgefühle sind deshalb der Zwilling von Reue. Wir haben Schuldgefühle, wenn wir bemerken, unser eigenes Leben nicht so gelebt zu haben, wie wir es eigentlich gewollt hätten. Aber auch sobald wir bemerken, dass wir etwas anders hätten handhaben sollen, um die Vergangenheit zu verhindern. Schuld und Reue sind unangenehme Weggesellen und häufige Motivatoren dafür, dass Vergangenes wie Kaugummi auf den Sohlen festhängt.

Der einfachste Weg aus dieser Falle ist Vergebung und Akzeptanz.

Beides bedeutet: *»Ich bin bereit, den Schmerz der Vergangenheit loszulassen und mir selbst dafür zu verzeihen, dass ich nicht wusste, was zu tun war. Jetzt weiß ich es und werde besser für mich sorgen als damals.«*

Vergebung und Akzeptanz bedeuten nicht, dass wir das, was passiert ist, gutheißen oder vergessen. Es bedeutet lediglich, dass wir keine Lust mehr auf den Schmerz, die Schuldgefühle und das Leid haben und bereit sind, ein neues Kapitel im Leben aufzumachen. Eines, in dem Gefühle eine Rolle spielen, die uns guttun, die wir bewusst wählen und denen wir nicht mehr hilflos ausgeliefert sind. Sobald wir dafür bereit sind, werden wir hilfreiche Menschen erkennen können, Gelegenheiten wahrnehmen und in Anspruch nehmen und fühlen, wie das Leben auch sein kann: wahr, gut und schön ... Trotz allem, was uns einst passierte.

Als mein Papa starb, wurde mir wieder einmal bewusst, wie kostbar jeder einzelne Tag auf dieser Erde ist. Vor allem wenn ich ihm erlaube, es für mich zu werden. Jeder Tag wurde zu einem, der der letzte sein könnte, und ich wollte ihn mit einem Gefühl der Entspannung und Wertschätzung und nicht länger mit dem Tyrannen an der Hand starten. Ich weiß nicht, wie lange dies in mir anhalten wird, vermutlich wird sich der Alltag wieder einschleichen und die Tyrannen werden erneut versuchen, sich an meinen Tisch zu setzen und meine Gesellschaft einfordern. Aber ich glaube, ich werde sie als das erkennen können, was sie sind: Tyrannen aus vergangenen Tagen, nicht mehr und auch nicht weniger.

Vergeben, aber nicht vergessen – wenn Loslassen zum Hafen wird

Ich sitze da und schaue erneut auf das Meer. So gern würde ich einfach hinausschwimmen, auf einen Zettel schreiben, was ich loslassen möchte und dabei zusehen, wie der Groll, die Unsicherheit und der Schmerz sich einfach auflösen. Ich hadere. Wer von mir bleibt übrig, wenn ich all das loslasse, was mich schon so lange bewegt? Was füllt danach den leeren Raum, wenn nichts mehr von dem übrig ist, was so lange schon mein Leben beherrscht? Ich habe Angst. Angst, zu verlieren, wovon ich glaube, dass es zu mir gehört. Doch dann rufst du mich. Ich stehe auf und tauche meine Zehen in deine Wogen. Langsam wage ich es und tauche in dich ein – du Meer der Vergebung. Kurz gehe ich unter, aber dann tauche ich aus dir hervor und fühle mich endlich wieder – ich bin weit mehr als der Schmerz der Vergangenheit. Viel, viel mehr.

Vergebung ist nie einfach und kann beängstigen. Du fragst dich womöglich: »*Was, wenn ich durch die Vergebung gutheiße, was passierte oder dem Bösen dadurch noch mehr Raum gebe? Was, wenn ich sie einfach nicht verdiene? Was, wenn ich mich dadurch selbst verrate?*«

Die Sorge, durch die Vergebung das Gute, Wahre und Schöne zu verraten, führt häufig dazu, dass wir uns sowohl der Vergebung als auch dem Guten, Wahren und Schönen verwehren. So paradox das auch klingen mag, aber das Festhalten kann als ein vermeintlicher Anker gesehen werden, der uns irgendwann jedoch in die Tiefen zieht, ohne uns jemals wieder freizugeben.

Wir können die Last von so vielem nicht in eine neue Zukunft mitschleppen, deshalb müssen wir diese Tyrannen loslassen lernen. Aber genau das ist unfassbar schwer und gerade, wenn uns Unrecht widerfuhr, beinahe undenkbar. Loslassen kann zu einer Mission Impossible werden, vor allem wenn etwas noch ungeklärt blieb. Offene Fragen führen häufig zu einer endlos scheinenden Gedankenspirale, die sich mit uns im Kreis dreht. Deshalb ist es wichtig, irgendwann mal einen Punkt zu setzen und sagen zu können: *»Ich weiß einfach nicht, warum das geschah, und je mehr ich mich im Kreis drehe, desto weniger werde ich im Leben meinen Halt finden. Deshalb muss ich aufhören, eine Antwort auf diese Frage zu suchen.«*

Die Vergangenheit ist zwar ein Teil von uns, den wir akzeptieren lernen können, aber die nicht verdrängt und vergessen werden sollte – das bedeutet aber nicht: *»Ich darf der Vergangenheit nicht vergeben«*, sondern vielmehr: *»Vergeben heißt nicht vergessen und auch nicht gutheißen. Vergeben heißt nur, ich bin nicht mehr bereit, aufgrund ihrer Existenz Schmerz und Leid zu empfinden und mich dem Guten, Wahren und Schönen zu verwehren.«* Groll auf das, was passierte oder eben nicht passierte, verblendet die Sicht, zieht hinab in erschreckende Gefilde und lässt uns starr am Grund versinken. Deshalb gibt es in Wahrheit nur eine Option: die Vergebung. Denn sie bringt uns zurück an die Oberfläche, zurück ins Leben und zurück in all das Gute, Wahre und Schöne, das uns auch umgibt, unentwegt, trotz allem.

Vergib gestern. Denn nur das Heute liegt noch in deinen Händen.

Wir können uns nur vor den Spiegel stellen und immer wieder aufs Neue sagen: *»Du hast so weise gehandelt, wie du nun mal konntest. Mehr war zu diesem Zeitpunkt nicht drin und es war nicht deine Schuld. Du hast heute die Chance zu erkennen, was du heute neu und anders machen kannst. Das Gestern bleibt vergangen und kann nicht mehr geändert werden. Nur deine Rückschau kann es verändern. Schaue auf dich so sanft und so liebevoll als irgend möglich zurück, denn das ist, was du verdient hast und brauchst.«*

Wenn wir uns in den Moment verlieben können, mit all seinen Gelegenheiten, die er mit sich bringt, benötigen wir die Schuldgefühle von gestern nicht mehr. Es gibt ein Morgen und das Morgen wartet auf dich.

Was würde das Leben bringen ohne die Geschichte der Schuld, die wir uns einst erzählt haben?

Die Verantwortung zu übernehmen bedeutet: *Ich bin in Verantwortung über mein Leben.* Das wiederum heißt: *Ich gebe dem Leben eine Antwort.* Im besten Fall nicht nur irgendeine, sondern eine, die mir und anderen dienlich sein kann.

Diese Antwort können wir uns, vor allem wenn es um Schicksalsschläge oder schwere Herausforderungen geht, erarbeiten. Meine Erfahrung ist, dass wir sie nicht einfach erwarten und annehmen dürfen, sondern sinnvoll hinterfragen und für uns bewusst finden müssen. Wir können nicht immer darüber entscheiden, was passiert, wie wir damit umgehen aber liegt immer in unseren Händen

Es gibt vieles, das im Leben einfach passiert, ohne dass wir es uns erklären oder verstehen können. Es ist nachvollziehbar, dass das unerklärliche Angst macht und wir deshalb alles daransetzen, es uns irgendwie erklären zu können. Die skurrilsten Ideen treiben die Menschheit seit Jahrhunderten dazu an, sich das Unerklärliche zu erklären. Religionen, New-Age-Ideologien und alltägliche Ideen über das Leben prägen uns. Der Glaube an etwas kann unser Schicksal lenken, in die eine oder die andere Richtung. Die Erklärung, die wir finden, sorgt dafür, dass wir uns besser fühlen und nach möglichen Ressourcen und Lösungen suchen, oder in der Schuldfrage steckenbleiben.

Die New-Age-Szene beispielsweise versucht, sich Schicksalsschläge, ja sogar Krankheiten so zu erklären: »*Alles, was passiert, beruht auf universellen Gesetzen. Menschen, die diese kennen, werden vor Schicksalsschlägen, Armut und negativen Erlebnisse, Energien und Menschen bewahrt. Jene aber, die nicht ›eingeweiht‹ oder ›bereit‹ dafür sind, werden von Krankheiten und negativen Ereignissen heimgesucht werden.*« Die Welt wird also in »gut« und »böse« eingeteilt. Diese These hinterlässt eine große Bürde an Schuld, Vorwürfen, Anklagen und den Gefühl der Wertlosigkeit. Sie spaltet und distanziert Menschen voneinander, anstatt die so dringend notwendige und heilsame Empathie füreinander und das Wahrhaftige miteinander zu fördern.

Luise und Thomas erzählen: »*Wir waren da in so einer Gruppe, die Manifestation und das ›Law of Attraction‹ praktizierte. Wir lernten dort, uns mit positiven Vibes zu umgeben und alle negativen Energien und Gefühle zu eliminieren. Alle waren plötzlich so glücklich, lächelten unentwegt, sprachen mit sanfter Stimme, bereisten ihr inneres Kind und posteten nur noch gute Sachen. Sie feierten sich dafür, dass sie an Geld kamen, ohne etwas dafür zu tun, einige flogen nur noch mit Privatjets, um zu demonstrieren, dass Fülle für jeden da ist, wenn man sich nur an die Gesetze des Universums hält. Jeder lächelte und lebte sein Traumleben. Als dann aber unsere kleine Tochter bei der Geburt verstarb und wir zu Tode bestürzt und alles andere als fröhlich und ›positiv‹ waren, gab es keinen Halt aus dieser Gruppe. Es hieß: ›Wir sollen ihren Tod akzeptieren und glücklich darüber sein, dass sie zumindest die Schwangerschaft über bei uns blieb. Wenn wir trauerten, wären wir noch nicht so weit, ihren Willen und unser Karma zu ak-*

zeptieren und sollten besser noch mehr an uns und unserer Energie arbeiten.‹ Es war furchtbar, grausam und schrecklich, wie mit uns umgegangen wurde. Niemand ›zieht‹ so etwas in sein Leben, und kein Elternteil auf dieser Welt ist dafür verantwortlich, wenn das eigene Kind so tragisch verstirbt. Es dauerte, bis wir nicht nur über den Tod unseres Engels, sondern auch über den schrecklichen Umgang mit uns hinwegkamen.« Thomas fügte hinzu: »*Ich brauchte sicherlich ein Jahr, bis ich mir verzeihen konnte, jemals an so einen Schwachsinn geglaubt zu haben. Ich will trauern dürfen und zugleich wissen, dass ich ein guter Mensch bin und das Leben weiterhin, trotz Schicksalsschlag, gut zu uns ist, einfach deshalb, weil wir gut zueinander sind und nicht, weil wir so tun, als wären wir jemand, der wir nicht sind oder es gäbe da draußen eine Macht, die sich überlisten ließe, durch Dauergrinserei. Sowas den Menschen zu erzählen, ist gefährlich. Es fördert Schuldgefühle und Verurteilung, es trennt und zerstört den letzten Funken Glauben.«*

Im Leben gibt es kein »Durchgefallen«, auch kein »gib dir Mühe, dann passiert dir nur Gutes«. Erinnere dich an die Aussage von Viktor Frankl, der sagte: »*Es kann dir alles genommen werden, außer deine Fähigkeit, deinem Leben einen Sinn zu geben.«*

Eine Lehrerin erzählte: »*Das erste Jahr, in dem ich unterrichtete, war ein Traum. Ich hatte liebe Schüler und große Freude an meinem Beruf. Aber im zweiten Jahr kam dieser eine Junge neu in meine Klasse und brachte alles durcheinander. Er war laut, machte unentwegt Unsinn, schlug andere und trieb mich in beinahe allen Varianten in den Wahnsinn. Eines Tages so sehr, dass mir die Hutschnur platzte. Ich lief auf ihn zu und wollte ihm eine knallen! Gott sei Dank entwich er meiner Hand und rannte aus der Klasse, sodass ich ihn nicht erwischte. Noch nie zuvor hat es jemand geschafft, so eine Reaktion aus mir herauszukitzeln. Ich brach in Tränen aus und lief zum Direktor. Ich war ent-*

setzt von mir und hatte das Gefühl, mich in ein Monster verwandelt zu haben. Mit zittriger Stimme sagte ich: ›So geht es nicht mehr weiter! Entweder er geht oder ich!‹ Der Direktor war ein kluger Mann und antwortete: ›Sie sind der Schlüssel zu seiner Tür, Sie beide werden bleiben.‹«

Sie nahm sich eine Woche frei und dachte über diesen Satz nach. Zuerst fühlte sie sich verloren, danach war sie richtig wütend, dann fühlte sie große Angst, sich nicht mehr in den Griff zu bekommen, aber nach einigen Tagen erkannte sie: Der Rektor hatte recht. Dieser kleine Junge hatte jemanden in ihr zum Vorschein gebracht, in den sie sich niemals wieder verwandeln wollte. Diesem inneren Tyrannen, der aus dem Keller hervorkroch, konnte sie nicht dadurch entfliehen, indem sie die vermeintlichen »Störfaktoren« eliminierte. Sie musste einen Weg finden, trotz der Umstände, bei sich zu bleiben.

Sie kaufte sich ein Lehrbuch nach dem anderen, um etwas über verhaltensauffällige Kinder zu lernen. Sie erfuhr darin zum ersten Mal etwas über Traumata, was dazu führte, dass sie eine Therapie begann und anfing, über ihre eigene Geschichte zu reflektieren und langsam begann, den Tyrannen, der in ihr wohnte, zu verstehen. Sie lehnte bis zu diesem Vorfall den Teil in sich ab, der überlastet und überfordert war und vermied bisher, ihn mit notwendigen Ressourcen zu füttern, die ihn zähmen konnten, wodurch er natürlich immer größer wurde. Im Laufe der Zeit fand sie Verständnis und Mitgefühl für die Not ihres eigenen inneren Kindes und anschließend für die Not dieses kleinen Jungen in ihrer Klasse. Dadurch wurde sie nicht nur zu einem Schlüssel, der seine Türen öffnete, sondern konnte auch den eigenen Tyrannen zähmen. Sie kehrte zurück in die Schule und war dem kleinen Jungen die Lehrerin, die er brauchte, um sich in der Welt wieder sicher und wohlzufühlen. Viele Jahre später besuchte er sie. Er hatte seine kleine Tochter, mit einem großen Lächeln, auf dem Arm und sagte: *»Sie haben mich* *nicht aufgegeben, dafür danke ich Ihnen für immer. Durch Sie wurde ich zu einem besseren Menschen und jetzt Vater.«* Sie stand auf, umarmte ihn und sagte: *»Nein, ich muss dir danken. Durch dich wurde ich die Lehrerin, die ich wirklich immer sein wollte.«*

Manches Mal sind Menschen, die uns begegnen, Wegweiser zur Heilung einer längst vergessenen Vergangenheit, und manchmal, wenn wir das erkennen, können dadurch kleine Wunder entstehen.

Ich bin davon überzeugt, dass drei Elemente dazu beitragen, die Vergangenheit und vor allem Angst zu überwinden.

1. *Perspektivwechsel:* Was bewegte den anderen oder mich selbst wirklich dazu, etwas zu tun oder nicht zu tun? (Die »Wo-bist-du«-Frage führt zu Empathie und diese zu Punkt zwei, dem Verständnis.)
2. *Verständnis:* Ich sehe dich in deiner Not und mich in meiner eigenen. Ich heiße nicht für gut, was passierte oder eben nicht, aber ich versuche, zu erkennen, dass es auch eine andere Seite des Schicksals gibt, die nicht automatisch heißt: Die Welt und die Menschen darin sind schlecht und gegen mich. (Verständnis führt zur Einsicht und diese zu Punkt drei, Verzeihen.)
3. *Verzeihen:* Indem ich erlaube, dir und mir selbst zu verzeihen, sage ich Ja zum Leben und Nein zum Schmerz. Das heißt nicht, dass ich gut finde, was du getan hast. Das heißt nur: Ich habe meinen Frieden verdient.

Jeder von uns hat das Potenzial, im Leben zu scheitern, aber auch daran zu wachsen und glücklich weiterzuleben.

So entlarvst du blockierende Glaubenssätze, die dich noch in der Vergangenheit halten:

Schreibe die Namen von Menschen oder Dingen auf, die dich belasten. Zum Beispiel:

- GELD
- MEINE ARBEIT
- HERBERT

Notiere für die einzelnen Buchstaben, aus denen sich das Wort zusammensetzt, die negativen Assoziationen, die dir spontan durch den Kopf gehen,

Hier ein Beispiel: Anita hatte Schwierigkeiten, ausreichend Geld zu haben. Immer wieder musste sie Freunde um Hilfe bitten oder es drohten Inkassoverfahren. Es war ihr ein Rätsel, warum sie immer wieder in solche Situationen geriet. Sie meinte: *»Das war schon immer so. Seit ich ein Teenager bin, pumpte ich mir das Geld von anderen und hatte nie welches, keine Ahnung warum. Aber es belastet mich enorm. Sogar mein Mann hat mich letzte Woche deshalb verlassen.«*

Als ich sie bat, diese Übung zu machen, kam Folgendes dabei heraus:

- GELD – *G*ier *E*lite *L*ügen *D*ummheit

Anita assoziierte mit Geld vier Begriffe, die weniger erbaulich waren. Als sie diese sah, fing sie an zu weinen und sagte: *»Neben unserem Haus damals wohnte eine Familie, die richtig viel Geld hatte. Ich wollte so gern bei ihnen spielen, weil ich die Tochter eigentlich sehr mochte. Aber ihr Vater sagte zu ihr, dass man sich nicht mit so armen Leuten wie uns abgeben sollte, man würde sonst auch so dumm werden und sollte besser unter seinesgleichen bleiben. Deshalb spielte sie nie mit mir.«*

Anita wurde bewusst, dass sie sich selbst seit ihrer Kindheit davor zurückhielt, Geld zu besitzen, aus Angst, sie könnte dadurch genauso arrogant und unreflektiert wie der Vater ihrer damaligen Kindheitsfreundin werden. Sie hatte Angst, eines Tages auch so zu werden wie der Vater der damaligen Freundin, und wollte nicht zu dieser vermeintlichen Elite gehören, deshalb verwehrte und sabotierte sie das Behalten von Geld. Sie war sehr bewegt, als sie herausfand, welche alte Geschichte hinter ihrer aktuellen Lebenslage steckt und wie sehr sie von dieser tyrannisiert wurde.

Im zweiten Schritt bat ich Anita, alle positiven Assoziationen mit Geld aufzuschreiben. Dabei benötigte sie etwas Hilfe:

- GELD – *G*öttliche *E*nergie *L*iebt *D*ich

Anita war gläubig und mein Vorschlag unterstützte sie dabei zu erkennen, dass Geld an sich neutral ist und nur das verstärkt, was man bereits ist oder woran man glaubt. Mit der neuen positiven Assoziation gelang es ihr, folgenden neuen Glaubenssatz zu formulieren und dadurch ihre negativen Verhaltensmuster weitgehend abzulegen: *»Ich bin ein guter Mensch und tue mit Geld Gutes, für mich und andere. Es darf bei mir bleiben, weil ich dieser gute Mensch bleiben werde.«*

Ein Jahr später traf ich Anita wieder. Sie hatte zwar einige Monate noch mit den alten Verhaltensmustern zu tun und musste ihrem Tyrannen mehrfach die Stirn bieten, aber es sei ihr gelungen, ein Plus auf dem Konto aufzubauen, ihre Schulden zurückzubezahlen und einen liebevollen neuen Partner zu finden. Ihre Einstellung zu Geld habe sich grundsätzlich geändert.

Versuche, diese Übung dann zu machen, wenn du immer wieder in Situationen steckst, die du dir nicht erklären kannst.

Notiere zuerst das Wort oder die Menschen, die du mit dieser Situation assoziierst. Danach schreibe Buchstabe für Buchstabe alle negativen Assoziationen auf und vielleicht erinnerst du dich parallel auch an eine Situation von früher, die dazu geführt haben könnte.

Anschließend schreibe alle neuen, positiven Assoziationen auf und formuliere einen neuen, bestärkenden und positiven Glaubenssatz. Diesen kannst du dir immer und immer wieder sagen – er ist der Satz, der den Goliath von damals besiegt.

Die verborgenen Glaubenssätze in uns können unser Leben sehr lange prägen, aber jederzeit überwunden werden, vor allem durch ein bewusstes Hinsehen.

Niemand von uns, davon bin ich zutiefst überzeugt, ist kaputt und niemand von uns muss repariert werden, nur weil etwas im Leben nicht so lief, wie es laufen sollte. Wir benötigen lediglich einen Perspektivwechsel, der unseren Blick wieder in die Richtung lenkt, die uns wachsen lässt. Manchmal helfen uns andere dabei, indem sie an uns glauben und uns die Hand reichen.

Um gut für uns selbst sorgen zu können, brauchen wir nicht nur Selbstfürsorge, sondern auch die Erfahrung, dass auch andere sich das Gute, Wahre und Schöne für uns wünschen, deshalb bedingt das eine das andere.

Wir können ab einem bestimmten Zeitpunkt im Leben frei wählen, ob der Schmerz oder die Freude zu unserem Mentor wird. Das zu verinnerlichen wiederum ist die größte emotionale Freiheit, die wir uns selbst zum Geschenk machen können.

Vom Verzeihen, Leugnen und dem gesunden »Leck-mich-am-Arsch«-Prinzip

Bedauerlicherweise gehen die meisten von uns viele Jahre ihres Lebens davon aus, dass das Leben durch harte Lektionen die wertvollsten Erkenntnisse bringt und wir das irgendwie »aushalten müssen«, um stärker zu werden.

Dieser Gedanke beruht unter anderem auf der »schwarzen Pädagogik«, die das Prinzip des Schmerzes an oberster Stelle trug. *»Ein Kind lernt nur, wenn es auch hart rangenommen wird«*, war die Devise.

Die schwarze Pädagogik wird als negativ wertende Bezeichnung einer gewaltvollen, unterdrückenden Erziehung bezeichnet. Sie wurde erst in den 1970er-Jahren durch das gleichnamige Buch von Katharina Rutschky entwickelt und später von Alice Miller in »Am Anfang war Erziehung« weitergeführt. Die Mittel der Erziehung der schwarzen Pädagogik waren vorwiegend repressiv. Darunter fallen intentionale Handlungen, mit denen ein Kind unter Einsatz seelischer oder körperlicher Gewalt zu einem bestimmten Verhalten gebracht werden soll.

Viele Generationen wurden auf Basis dieses verheerenden Irrtums großgezogen. Konfrontiert man Eltern beispielsweise damit, dass sie früher ihre Kinder schlugen und das falsch war, leugnen diese das nicht selten, meist aus Angst, sich eingestehen zu müssen, dass die eigenen Taten Schaden angerichtet haben, oft aber auch aus der Überzeugung, dass Gewalt der richtige Weg ist, um ein Kind zu erziehen.

Ein Eingestehen von Fehlern würde aber auch bedeuten, dass die Verantwortung der Eltern für ihre Taten an den eigenen Kindern und deren Leid übernommen werden muss, was wiederum vielen schwerfällt.

Sie sagen deshalb womöglich:

- »Das ist doch gar nicht wahr!«
- »Prügel haben noch niemandem geschadet!«
- »Das ist doch schon so lange her, mach mal einen Schwamm drüber!«
- »Stell dich doch nicht so an!«
- »Aus dir ist doch was geworden, beschwer dich nicht!«
- »Sieh dir die verweichlichte Jugend von heute doch an! Das hätte es damals nicht gegeben!«

Teile der älteren Generation sind davon überzeugt, dass sie alles richtig gemacht haben, sodass sie gar nicht in Betracht ziehen, sich für ihr Handeln zu entschuldigen. Sehr zum Leidwesen ihrer Nachkommen. Denn es ist eine Sache, nicht anständig behandelt worden zu sein, aber eine nochmals andere, dafür keine aufrichtiges *»Bitte verzeih, mein Tun war falsch«* zu erhalten.

Wenn wir von den Tätern unserer Vergangenheit kein Eingeständnis ihrer Taten erhalten, bleibt ein Teil von uns immer ungelöst und ein Opfer. Das Kind in uns wird, ohne ausreichende Therapie und Reflektion, der Ansicht bleiben *müssen*: *»Ich habe falsch gehandelt, der andere lag richtig.«* Deshalb *müssen*, weil es erst seine innere Ruhe, wenn es mit Sicherheit weiß: *»Ich war hier richtig, der andere lag falsch.«* Wenn wir erwachsen sind und die Übernahme der Verantwortung unserer Eltern durch ihre Taten ausbleibt, suchen wir die Antwort auf die »Wo-bist-du«-Frage viele, viele Jahre im Außen. Wir laufen der Liebe und Anerkennung der Eltern noch lange hinterher, obgleich sie uns schlecht behandelt haben. Wir suchen nach dem »Warum« und einem Grund, woran es lag, dass sie uns so ablehnten und »bestraften«.

Das Eingestehen der eigenen Schuld kann unser Gegenüber auf eine sehr wirksame Weise befreien, und zwar noch viele Jahre nach der Tat. Bleibt dies aus, müssen wir uns, zu den Schmerzen und dem Leid hinaus, noch mühsam erarbeiten, dass wir selbst nichts für die Gewalt, die uns angetan wurde, konnten. Ich kenne Täter und Opfer, die beiderseits bereuen, so lange nichts gesagt zu haben und die Wahrheit in Schuld verschwiegen. Denn es gibt natürlich auch ehemalige Täter, die alles dafür tun würden, um ihr Handeln rückgängig zu machen, aber die Worte fehlen, weil die Schuldgefühle zu groß sind. Am Ende bleiben auf beiden Seiten meist emotional gesehen Verlierer, denn niemand, der eine Last mit sich herumschleppt, wird tief in sich eine Seelenruhe finden können. Erst wenn ausgesprochen und wahrgenommen werden kann, was falsch lief, und wenn die Verantwortung dafür übernommen oder eingefordert werden kann, stellen sich Schuldgefühle nach und nach ein.

Da es in den seltensten Fällen vorkommt, dass Eltern, die die Mittel der schwarzen Pädagogik einsetzten, später für ihre Taten aufrichtig und achtsam um Verzeihung bitten und viele Opfer für immer schweigen, ist der Großteil von uns damit konfrontiert, andere Wege zum inneren Seelenwohl zu finden. Denn allzu oft frieren die Bilder der Vergangenheit in den eigenen Köpfen ein und halten sich somit am Leben. Dadurch lebt die Vergangenheit immer weiter, und wir rechtfertigen all die Traumata und den Verrat, den wir erlebt haben, immer und immer wieder. Je häufiger wir in den alten Bildern leben, desto realer werden sie. Gedanken sind die Sprache des Gehirns und Gefühle die Sprache des Körpers. Wollen wir unsere neuronalen Schaltkreise ändern und uns anders fühlen, müssen wir die alten Bilder im Kopf abändern. Eine wertvolle Methode hierfür möchte ich dir an dieser Stelle nicht vorenthalten, denn sie half bereits sehr vielen Menschen und ich glaube, es besteht eine Chance, dass sie auch dir dienlich sein könnte.

Stell dir vor, du begegnest dir selbst, viele Jahre in der Zeit zurückgereist, als du noch ein kleines Kind warst und womöglich gerade einer Situation ausgeliefert, in der dir etwas angetan wurde. Stell dir vor, du hast nun, anders als damals, jeden Menschen, Mentor und Helfer, vielleicht sogar Sozialarbeiter, Polizisten, Richter und Anwalt an deiner Seite, die mit dir gemeinsam zurück in diese Situation gehen. Du gehst in deiner Vorstellung zu dem kleinen Kind von damals, nimmst es an die Hand und sagst: »*Das, was dir hier angetan wird, ist falsch. Ich bin dein großes Ich und habe viele Helfer mitgebracht, um dich aus dieser Situation zu befreien. Bitte vertrau mir, nimm meine Hand und komm mit. Das hier wird dir nie wieder passieren, dafür sorge ich. Ich passe ab sofort auf dich auf. Ich verspreche es dir.*« Stell dir vor, dass die gesamte Szene durch die Helfer abgesichert ist, das kleine Kind von damals deine Hand nimmt und du aus dieser Szene, mit ihm an der Hand, in dein neues Leben von heute marschierst.

Manchmal müssen wir uns selbst die Mama und der Papa sein, die wir eigentlich gebraucht hätten und zu jemandem werden, der uns an der Hand nimmt und uns ein besseres Leben zeigt.

Je größer die alten Bilder, desto größer muss das Neue werden und desto mehr müssen wir das Neue »üben«, sodass sich unser System entspannen, abhaken und weitergehen kann. Schreibe deshalb am besten gleich anschließend die negativen Gedanken, Verhaltensweisen, Sprachmuster und Emotionen auf, die du mit dem alten Bild verbindest, aber mit denen du nicht mehr leben willst. Notiere darunter, welche du stattdessen, dank dieser neuen Vorstellung, leben möchtest. Übe jeden Tag und immer wiederkehrend diese neuen Verhaltensweisen und schenke dir vor dem Einschlafen die Imagination, die ich zuvor erwähnt habe, um deinem Gehirn das Bild zu zeigen, das du gern erlebt hättest.

Dein Gehirn kann nicht zwischen Realität und Vorstellung unterscheiden und wird das neue Bild mit der Zeit als Wahrheit akzeptieren können. Dadurch wirst du dich nach und nach immer besser fühlen. Dieser Prozess dauert etwas, mindestens drei Monate, deshalb sei geduldig mit dir. Ab und zu wirst du vielleicht die Flinte ins Korn werfen und sagen: *»Das hat doch alles keinen Sinn!«* Gerade in diesen Momenten ist es notwendig, dich selbst liebevoll in den Arm zu nehmen und zuzuflüstern: *»Ich weiß, du bist müde und erschöpft und möchtest endlich Fortschritte sehen. Bitte bleib am Ball, du machst das großartig, es wird besser werden, hab Vertrauen.«*

Wenn unser Umfeld die Taten leugnet, dann können wir ihm nicht auch noch unsere Zukunft und Gegenwart schenken, indem wir darauf warten, dass es seine Handlungen erkennt und eingesteht. Wenn wir das Schweigen bevorzugen, dürfen wir trotz allem nicht zulassen, dass wir verstummen, und zumindest in unserer Vorstellung alles dafür tun, um dem Frieden in uns endlich etwas näherzukommen.

Die Wege dorthin bleiben uns allen offen. Dabei gibt es weder den einen richtigen oder den einen falschen. Jeder noch so kleine Schritt, den wir gehen, um uns selbst wieder etwas näherzukommen, ist hilfreich. Ab einem gewissen Punkt dürfen wir uns erlauben, den inneren Frieden selbst in die Hand zu nehmen und nicht länger darauf zu warten, dass ihn jemand für uns im Außen macht. Selbst wenn wir das Recht dazu hätten und alles, was wir fordern, uns auch tatsächlich und zu 100 Prozent zustehen würde, dürfen wir uns nicht von dem Entwicklungsstand eines Dritten abhängig machen. Dadurch geben wir dem Außen erneut die Macht. Wenn das Gegenüber nicht einsieht, dass es falsch lag, dann ist das eine Entscheidung, die wir auch nicht durch Wut, Hass, Ablehnung oder Schweigen und Schuldgefühle beeinflussen können. Vielmehr schaden wir uns selbst dadurch nur noch mehr. Das kleine Kind in uns denkt noch in den alten Strukturen von Abhängigkeit, Macht und Schuld. Wir hingegen, als Erwachsene, müssen dem Kind in uns zeigen, dass es auch noch eine andere Seite im Leben gibt.

Aus diesem Grund ist es ein großer Akt der Selbstfürsorge, die innere Seelenruhe in den eigenen Händen zu bewahren. Wenn wir sie damals nicht schützen konnten, dann zumindest jetzt. Niemand auf dieser Welt darf das Recht haben, sie dir zu rauben. Weder durch seine Taten noch sein Nichtstun und auch nicht durch seine mangelnde Fähigkeit der Reflektion.

Menschen, die leugnen, etwas getan wurde, gibt es viele, und die Opfer sind zahlreich. Du bist darin nicht alleine, das wird womöglich nicht alle von euch trösten, aber vielleicht doch den ein oder anderen wissen lassen: *»Ich bin nicht alleine mit meiner Not.«*

Nur weil etwas lange her ist, heißt das nicht, dass es vorbei ist. Die Vergangenheit wirkt sich auf unser Leben aus – umso mehr, wenn die Täter und nicht die Opfer Schutz erhalten.

Auch das macht Vergebung und ein Vorankommen für die Opfer so schwer. Die Tatsache, dass viele Täter niemals zur Rechenschaft gezogen werden, kann einen innerlich zerbrechen. Deshalb ist es wirklich unabdingbar, sich ab einem gewissen Punkt im Leben einem Experten anzuvertrauen, der genau weiß, was zu tun ist und alles daranzusetzen, sofern es nicht anders möglich ist, ohne den Täter und sein Eingeständnis inneren Frieden zu finden.

Aber auch wenn wir selbst weder Gewalt noch Missbrauch erlebt haben, kennen wir das Gefühl, ungerecht behandelt oder verraten worden zu sein.

Erinnere dich an einen Streit in deinem Leben, an dem du das Gefühl hattest, unangemessen den Kürzeren gezogen zu haben oder ungerechtfertigt kritisiert oder schlecht und harsch behandelt worden zu sein. Wie fühlst du dich, wenn dein Gegenüber so tut, als sei es im Recht?

Wie fühlst du dich, wenn dein Gegenüber hingegen einsieht, dir Unrecht getan zu haben?

Es wird so viel davon gesprochen, vergeben zu müssen, um im Leben voranzukommen. Doch Vergebung fällt uns nun mal um einiges leichter, wenn der andere aufrichtig um Verzeihung bittet, weil er seine Fehler eingestanden hat und zugesichert, diese nicht zu wiederholen. Wir fühlen uns im Stich und alleinegelassen, wenn eine Entschuldigung oder ein Eingeständnis ausbleibt. Wir fühlen aber auch große Ohnmacht und Wut und laufen Gefahr, depressiv zu werden, wenn wir keinen Weg finden klarzustellen, was wirklich passiert ist. Eine Klarstellung kann, so bitter das auch ist, nicht immer mit einem Gegenüber erfolgen.

Doch um vergeben zu können, braucht es häufig ein Gegenüber. Das ist ein enormer Konflikt, der unüberwindbar scheint. So sehr, dass Menschen daran zerbrechen, krank werden und nie wieder wirklich Vertrauen fassen können. Wenn der Täter seine Schuld nicht eingesteht, dann können uns andere Menschen dabei unterstützen, die eigene Wahrnehmung trotzdem in Richtung inneren Frieden zu lenken und eventuell auch zu vergeben, nicht derentwillen, sondern unserer selbst willen.

Vergeben bedeutet nicht: *»Ich heiße gut, was du getan hast und füge mich deiner Tat durch meine Vergebung.«* Vergeben bedeutet vielmehr, nicht mehr bereit zu sein, Schmerzen und Leid aufgrund der Taten oder Nicht-Taten des anderen zu empfinden. Dieser Prozess braucht nicht nur viel Kraft und Zeit, sondern auch Geduld und Liebe mit sich selbst.

Floskeln haben uns an dieser Stelle noch nie weitergebracht. Deshalb etwas Praktisches: Du könntest einen Brief verfassen und alles hineinschreiben, was dich belastet. Anschließend könntest du den Brief »auf Eis legen«, indem du ihn im Gefrierfach verstaust. So müssen weder du noch dein Vertrauen und auch nicht dein Glaube an die Menschheit »einfrieren«, sondern stattdessen der Brief, mit deinen Worten.

Manches Mal fällt es Erwachsenen sehr schwer, die eigenen Eltern mit dem Leid von damals zu konfrontieren. Es ist nicht einfach, Altes anzusprechen und wir finden nicht so recht die Worte, die wir aussprechen möchten. Wir schonen die Eltern und tun vielleicht lieber so, als wäre alles paletti gewesen. Das passiert häufig dann, wenn wir eine Zuneigung zu den Eltern entwickeln konnten, weil sie sich im Alter anders als in jungen Jahren verhalten haben. Irgendwie fühlt es sich wie ein Verrat an, wenn man die »alten Geschichten« wieder hochkocht, obgleich die Eltern sich später, anders als damals, so viel Mühe gaben.

Wir reden uns womöglich ein, dass das schon lange her und längst vergessen ist oder doch gar nicht so schlimm war, wie uns die Erinnerung sagt. Insbesondere wenn die Eltern schon gebrechlich, alt und schwach sind und selbst hilfsbedürftig wirken oder in die Opferrolle kippen, jammern oder suggerieren, sie bräuchten uns als Stütze, kann es schwerfallen, sie mit unseren Gefühlen zu konfrontieren. Im Anschluss laufen wir in Gefahr, dass Schuldgefühle und die innere Last noch größer werden.

Wenn wir mit jemandem, der uns Leid angetan hat, aus welchen Gründen auch immer, nicht in realen Leben vorankommen, können wir dieser Person auch im Gedanken oder eben durch einen Brief, den wir nicht absenden, alles, was uns bewegt, mitteilen und anschließend in der Vorstellung, derjenige stünde vor uns, sagen: »*All das hier ist deine Last, deine Angst und deine Schuld. Dein Schmerz wurde zu meinem. Ich gebe dir nun aber all das zurück. Ich darf das, es ist ok.*« Wir könnten einen Stein nehmen, uns vor einen Baum stellen, so tun, als wäre der Baum diese Person und weitersagen: »*Dies ist deine Bürde und dein Schicksal. Ich trag das nicht mehr mit mir herum. Ich kann nichts dafür. Ich bin frei von dieser Schuld. Indem ich dir deine Bürde wieder zurückgebe, gebe ich dir auch die Würde zurück, sie selbst tragen zu können.*«

Eine BÜRDE kann sich in WÜRDE verwandeln, wenn jeder seine Verantwortlichkeiten bei sich behält.

Manchmal passieren Dinge im Leben, die du einfach nicht verzeihen kannst, weil sie zu schlimm sind. Egal, was du tust – das Gefühl, wirklich verzeihen zu können, stellt sich nicht ein. In Folge plagst und quälst du dich, findest weder Schlaf noch ruhige Gedanken, denn sie drehen sich immer und immer wieder um das Geschehene. Du fragst dich:

- »Was soll ich tun, damit mein Leben wieder lebenswert wird?«
- »Was soll ich tun, um DAS vergessen zu können?«
- »Wie soll ich jemals wieder vertrauen können?«

Vielleicht hast du nach dem Lesen dieses Buches zwar viele Erkenntnisse, aber dennoch stellst du dir die Frage, wie du verzeihen kannst.

Wie soll ich das jemals verzeihen können?

Die Antwort ist: Es gibt, so gern ich es auch hätte, kein Patentrezept. Ich weiß beim besten Willen selbst nicht, wie das »einfach« gelingen kann, denn alles, was ich jetzt sagen würde, wird dich noch mehr ins Schneckenhaus bringen.

Ich könnte sagen *»Lass los«*, *»Vergeben heißt nicht vergessen«* oder *»Du musst vergeben, schon alleine aus Selbstliebe«* oder *»Ja, so sind Menschen eben, sie verletzen einander, das musst du respektieren lernen«* Oder *»Da gibt es eine tolle Methode: Hooponoponpono, mach das so lange, bis du vergeben hast.«* Kein weiterer Rat wird dir weiterhelfen können, wenn du das Gefühl hast, zutiefst in deiner Seele verletzt worden zu sein.

Aber eines möchte ich dir mit viel Feingefühl sagen: Wenn du den tiefen Drang, die große Sehnsucht und den immer wiederkehrenden Gedanken hast, verzeihen zu wollen, dann wird dir das Leben dieses Verzeihen schenken. Vielleicht nicht in der Form, wie du dir das gedacht und erwartet hast, aber das Leben wird dich wahrnehmen und anschließend versorgen. So wie es uns mit Luft versorgt, wird es uns auch mit dem einen Moment versorgen, in dem uns das Verzeihen möglich ist. Davon bin ich zutiefst überzeugt. Unser einziger Schritt in diesem Moment ist, ihn auch als solchen wahrzunehmen und anschließend anzuerkennen.

Schluss mit dem Leid, ab jetzt bekommt mein Leben eine andere Richtung!

Meine Mutter arbeitete als Psychotherapeutin im Hochsicherheitstrakt mit Schwerverbrechern zusammen. All jene, die der Großteil von uns nicht mehr draußen sehen will, sah sie. Sie blickte in ihr Inneres, und was sie dort bei einigen entdeckte, war der Wille, sich selbst die eigene Tat verzeihen zu wollen. Sie begleitete viele Jahre Mörder, Vergewaltiger und andere Schwerverbrecher dabei, nicht nur sich selbst verzeihen zu können, sondern auch all jenen, die ihnen in ihrer eigenen Kindheit so großes Leid zugefügt hatten, dass sie dieser Spirale an Leid nicht mehr entfliehen konnten und sie fortsetzten. Sie zogen andere mit in diese Spirale hinein und wollten, an einem Ort, an dem es kein Entrinnen mehr vor den eigenen Tyrannen gibt, lernen zu verzeihen. Manch einer fleht darum, andere weinten bitterlich um das Gefühl des inneren Friedens. Wir wissen von Menschen wie Nelson Mandela und dem Dalai Lama, dass es möglich ist, selbst im Angesicht größten Schreckens zu verzeihen.

Ich glaube, dass das Leben uns alle damit beschenkt, einzig und alleine deshalb, weil wir es uns von Herzen wünschen, aber auch weil es ein Teil davon ist, dass auch die Versöhnung wieder Einzug halten kann. Das Leben nimmt dabei keine Rücksicht auf Herkunft und die Tat, die dahintersteckt, es beschenkt einfach. Das anzuerkennen ist nicht immer einfach. Denn wir lernen von klein auf, dass Fleiß und Anstrengung auch zu einem Ergebnis führen. *»Gib dir mehr Mühe!«* ist ein Satz, den wir, sehr zu unser aller Leidwesen, auch auf das Seelenwohl übertragen haben.

Es ist, als würden wir im Winter gegen einen Baum treten und zornig rufen: *»Wo ist der verdammte Apfel?!«* Wir verzweifeln, weil keiner runterfällt, setzen uns auf den kalten Boden unter dem Baum und denken: *»Ich habe ihn offenbar nicht verdient!«* Doch es gibt für alles eine Zeit. Es gibt die Zeit der Vergebung, der Heilung, der Verletzung und der Trauer. Wir können, solange wir trauern, keine Vergebung erzwingen. Aber dass sie kommen wird, steht außer Frage.

So lange dürfen wir allerdings nicht an unserem Selbst oder dem Leben an sich zweifeln und gegen uns treten. Wir sind ab und an wie ein Baum im Winter. Wir können zu dieser Zeit einfach keinen Apfel abwerfen, auch dann nicht, wenn wir hart zu uns sind.

Meine persönliche Erfahrung ist, dass dir viele, viele kleine Momente des Alltags dabei helfen werden, die scheinbar zerrissenen Teile deiner selbst wieder zusammenzufügen und, dass es vor allem eines braucht: Zeit und Geduld. Genau deshalb sind Sätze wie *»Du solltest doch schon längst darüber hinweg sein«* völliger Unsinn. Menschen, die diesen Rat erteilen, versuchen, im Winter zu ernten und können weder den Frühling noch den Herbst, die zweifelsfrei kommen werden, abwarten. Sie meinen es sicherlich nicht böse, sondern können offensichtlich schwer ertragen, das Schmerzvolle mit anzusehen, aber im Grunde ist das auch für sie eine Gelegenheit, zu wachsen und zu erkennen: *»Höher, schneller, weiter funktioniert vielleicht bei technischen Geräten, aber nicht bei menschlichen Gefühlen.«* Diese Ungeduld miteinander führt lediglich zu weiterer Distanz, unangenehmen Gefühlen und dem Eindruck: *»Erneut darf ich nicht sein, wie ich bin.«*

Zeitgleich ist es notwendig, dass auch du selbst überprüfst, ob du nicht womöglich schon unter einem Baum sitzt, der prächtige Äpfel trägt, diese aber nicht sehen willst, weil du innerlich noch immer im Winter sitzt. Wenn du in dir den Drang fühlst, dich wieder zu spüren und am Leben teilzuhaben, wirst du täglich kleine Schritte gehen können, die sich wieder mehr nach dir anfühlen werden. Du wirst nach und nach wieder Lust darauf haben, zu tun, was dir einst Freude bereitet hat und am Leben teilzunehmen. Doch dazu braucht es dich!

Wenn wir sehr verletzt wurden oder andere verletzt haben und das bereuen, fühlt sich unser Leben nicht mehr nach unserem an. Es ist daher sehr wichtig, nach und nach wieder genau das zu tun, was die Erinnerung an unser Selbst wieder zurückbringt. Manches Mal glauben wir, wir müssten nach einem Schicksalsschlag das Gute, Wahre und Schöne entbehren, wir bezweifeln, dass es uns zustehen darf, dabei ist genau das das Eine, das uns wieder »zurück ins Leben« holt.

Eine Verletzung, auch ein Trauma, kann sehr an unserem Selbst und an unserem Weltbild rütteln. Wertvorstellungen sind plötzlich nicht mehr die, die sie waren, und wir müssen den Scherben irgendwie wieder eine Bedeutung geben.

Das fällt unfassbar schwer, vor allem wenn wir feststellen, dass es nie wieder das alte Bild unserer Vorstellungen ergeben wird.

Und genau deshalb fühlen wir uns oft so verloren, sobald wir erkennen: *»Da wurde mir mehr genommen als ich dachte und andere sich womöglich vorstellen können.«*

Deshalb ist es nicht möglich, »einfach loszulassen« oder »einfach wieder am Alten anzuknüpfen«. Wir können einen Schicksalsschlag mit einem Hausbrand vergleichen. Wenn es bis auf die Grundmauern abbrannte, braucht es einen Neubau. Auch unser Inneres zu Hause braucht schlicht ein neues Fundament. Eines, auf dem wir unser Leben neu aufbauen können. Wir benötigen innerlich neue Leitplanken, um weitermachen zu können. Viele von uns trauern dem Alten so sehr nach, dass sie sich dem notwendigen Neuen verschließen.

Bitte frag dich, wenn du in dir fühlst: *»Ich bin zu enttäuscht, zu verwundet und kann das einfach nicht verzeihen«*, Folgendes:

- Welche neuen Regeln für meine Werte brauche ich, um wieder an das Gute, Wahre und Schöne zu glauben?
- Was genau kann ich tun, um mich selbst täglich ein kleines Stück mehr an das Gute, Wahre und Schöne zu erinnern?
- Wer könnte mir dabei eine Stütze sein?

Wir alle haben Regeln, vor allem unbewusste, wenn es um unser Leben geht. Wenn du deine Werte kennst, etwa »Vertrauen«, dies aber verletzt wurde, dann denkst du womöglich, dass du nie wieder vertrauen kannst. Was aber wirklich hinter diesem Gedanken steckt ist: *»Ich kann unter diesen Umständen nicht vertrauen.«* Deine Regeln in Bezug auf »vertrauen« benötigen ein Update: *»Unter welchen Umständen kann ich vertrauen und mich wieder einlassen?«* ist die notwendige Frage, die dich zu neuen Regeln für deine Werte führen wird.

Halte Ausschau nach »Beweisen« dafür, dass es eine Erfüllbarkeit dieser Regeln gibt. Denn je komplizierte sie sind, desto schwerer sind sie zu erfüllen und desto wahrscheinlicher ist es, dass du wieder enttäuscht wirst.

Ein Beispiel:

Früher könnte deine Regel in Bezug auf Vertrauen womöglich gelautet haben: *»Ich vertraue jedem, der freundlich und nett ist.«* Doch dann hat dich jemand, der eigentlich freundlich und nett war, verletzt. Somit rüttelte diese Person an deinem Weltbild und deiner Definition zu freundlich und nett. Du könntest nun ins Detail gehen und neu definieren:

»Ich vertraue Menschen, die sich durch ihr Verhalten in unterschiedlichen Situationen, vor allem in schwierigen, als ›wahrer‹ Freund erweisen.«

Frag dich gezielter: Was bedeutet »wahrer Freund« für dich? Wir alle haben eine andere Definition.

- Jemand, der durch dick und dünn mit dir geht. (Was genau bedeutet das?)
- Jemand, der nicht nur aufgrund deines Ruhms, deiner Fassade, deines Ansehens bei dir ist, sondern auch dann, wenn du Schwäche zeigst und Fehler machst.
- Jemand, der nicht darauf wartet, bis du einen Fehler machst, um zu zeigen, wie »schwach« du bist und wie toll er selbst ist, sondern jemand, der so lange an deiner Tür steht, bis er reindarf und bleibt – egal, was passiert.

- Jemand, der das Beste von dir annimmt und dich daran erinnert.
- Jemand, mit dem du lachen kannst, auch wenn dir zum Weinen ist – und jemand, mit dem du weinen kannst.

Wenn du deine Ansicht auf Freundschaft oder Partnerschaft, aufgrund deiner Verletzung neu definierst, wirst du dich wieder zuversichtlicher und lebendiger fühlen können und bemerken, dass du deshalb nicht vergeben konntest, weil ein neues Weltbild auf dich gewartet hat!

Das Leben, dein Selbst, ist immer für dich. Es weiß genau, warum es noch an etwas »hängt«.

Lass dich darin nicht von jenen verunsichern, die, auch wenn sich eine Wahrheit darin verbirgt, posaunen: *»Du musst endlich vergeben und loslassen!«*

Dein Selbst weiß genau, was du brauchst, es benötigt einfach nur Hilfe dabei, richtig einzuordnen und richtig zu interpretieren, wonach dir ist. Such dir Menschen, die dich daran erinnern und dabei begleiten – in deinem Tempo, nicht in dem ihrer Vorstellung.

Du bist genau richtig, so wie du bist. Manchmal benötigen wir einfach nur einen Perspektivwechsel.

Reden bringt die Leute zusammen

Luisa, 43, erzählt: »*Lukas hat überhaupt keine Lust mehr auf mich und das seit Wochen! Er schläft nicht mit mir und nimmt sich absolut keine Zeit mehr für uns beide. Seit ich nach der Geburt unserer Tochter nicht abgenommen habe, glaube ich, es liegt daran. Das verletzt mich und löst das Gefühl in mir aus, nicht gut genug zu sein. Dieses Gefühl kenne ich aus meiner Kindheit und ich hasse es. Ich glaube, wir sollten uns trennen, denn ich kann so nicht mehr weiterleben!*«

Lukas, 41, meint: »*Seit unsere Tochter geboren ist, hat Luisa nur noch für sie Augen und Ohren. Ich habe das Gefühl, überflüssig zu sein und finde meinen Platz nicht so richtig. Es ist, als wäre ich das dritte Rad am Wagen. Genauso fühlte ich mich oft als Kind: zu viel und irgendwie auch fehl am Platz. Ich bin der vierte Sohn meiner Eltern, dabei haben sie sich so sehr ein Mädchen gewünscht. Jetzt, wo meine Tochter da ist, kommen diese alten Gefühle wieder hoch und ich weiß nicht, wie ich damit umgehen soll. Ich habe mich zurückgezogen, um eine Lösung für meine seltsamen Gefühle zu finden, weil ich mich dafür schäme.*«

Manchmal fühlen wir uns ungerecht behandelt oder wie Opfer, obgleich die Realität dieser eigenen Wahrnehmung nicht entspricht. Aufgrund von unreflektierten Gefühlen, falschen Konzepten oder nicht hinterfragten Glaubenssätzen treffen wir häufig Entscheidungen in unseren

Beziehungen und kreieren ab und an mal eigene Wahrheiten, die nicht immer sinnvoll sind und dem Miteinander dienen.

Wir sagen beispielsweise zu unserem Partner: *»Du hast gar keine Zeit mehr für mich und bist immer so abweisend«*, weil sich das in diesem Moment für uns so anfühlt. Für den Partner aber ist das völlig aus der Luft gegriffen und er weiß womöglich gar nicht, wie ihm geschieht. Wir gehen davon aus, dass dieser eine Gedanke die Wahrheit ist und können uns in ihn auch so hineinsteigern, bis wir aufhören, ihn zu hinterfragen.

Vielmehr ist es in dem Moment aber nur *eine Wahrheit* und nicht *die Wahrheit*. Besser wäre es deshalb zu sagen: *»Ich möchte mehr Zeit mit dir verbringen und fühle mich einsam. Wie siehst du das?«*

Wenn wir lernen, einander Fragen zu stellen, kann ein Dialog entstehen und das Gefühl, ein Opfer der Umstände zu sein, langsam in einer Selbstermächtigung auslaufen. Wenn wir hingegen, basierend auf unserer eigenen Brille der Realität, Behauptungen aufstellen, riskieren wir nicht nur einen unnötigen Konflikt, sondern auch eine Barriere innerhalb unserer Beziehungen.

Trotzdem kennen wir alle solche Gespräche – eben deshalb, weil sie menschlich sind. Das Gefühl von Einsamkeit und Traurigkeit, Eifersucht oder Verlustangst ist häufig so belastend, dass wir darin feststecken und der Sprung zu einem sinnerfüllten Dialog nicht gelingt. Wir werfen dem Partner vor, er würde zu wenig Interesse an uns haben, uns vielleicht sogar auch nicht mehr lieben und dafür verantwortlich sein, dass es uns nicht gut geht.

Anschließend denken wir womöglich sogar: *»Es war schon immer so. Seit ich klein bin, interessiert sich niemand für mich!«*

Es macht in Beziehungen einen Unterschied, ob ich mich traurig und verlassen oder glücklich und willkommen fühle.

Es macht auch einen Unterschied, ob ich mich für ängstlich und melancholisch oder lebensbejahend und motiviert halte.

Bei Ersterem werde ich mich anderen Menschen gegenüber eher verschließen, selbst wenn ich mich unglaublich nach Nähe und Geborgenheit sehne, werde ich misstrauen und denken: *»Das Leben ist nun mal gegen mich.«*

Bei Letzterem werde ich offen auf andere zugehen und die Entscheidung treffen können: *»Ich lass mich auf dich, auf uns, ein. Das Leben ist für mich.«*

Das Leben in Beziehungen ist ein sich ständiger entwickelnder Prozess.

Wir sind im Grunde permanent dabei herauszufinden, was wir wollen und was nicht, was der andere will und was nicht und wie das am besten zusammenpassen könnte. Dass das Wollen synchron läuft, ist eine romantische Vorstellung, die an der Realität häufig scheitert. Genau deshalb ist es wichtig, miteinander zu sprechen, neugierig zu bleiben und sich immer und immer wieder sagen: *»Das Leben ist für und nicht gegen mich.«*

Gefühle dominieren uns so lange, bis wir sie benennen können und wissen, woher sie kommen. Herauszufinden, warum wir uns fühlen, wie wir uns fühlen, braucht aber Zeit und ein bewusstes Sich-seiner-Selbst-Hinwenden. Zeit für uns selbst ist jedoch etwas, das wir uns selten nehmen, weil wir schon sehr früh gelernt haben zu funktionieren. Die eigene Wahrnehmung und Bedürftigkeit wurden dieser Funktion zum Opfer, deshalb müssen wir uns als Erwachsene beibringen, nicht nur Gefühle wahrzunehmen, sondern sie auch zu benennen und in unserem Sinne zu verwerten. Luisa und Lukas wurden durch die Geburt ihrer Tochter und die damit verbundenen neuen Umstände zurück in die alte Gefühlswelt der eigenen Kindheit geschubst. Ihnen war das zwar irgendwie bewusst, aber nicht, wie sehr diese alten Gefühle dominierten und sie gerade dabei waren, ihre Beziehung aufs Spiel zu setzen. Sie konnten nicht benennen, was sie wirklich brauchten und flüchteten stattdessen in den Gedankenkreislauf der alten Zeiten, in denen sie selbst noch Kinder waren.

»Keiner mag mich!«, *»Ich bin nicht erwünscht«*, *»Ich bin zu viel«*, *»Ich werde abgelehnt«* sind Mantren, die tagein tagaus durch ihre Köpfe schwirrten und nach und nach ihr Unheil anrichteten. Erst durch eine gemeinsame Sitzung, in der sie lernten auszusprechen, was sie wirklich brauchten, ließ sie erkennen, dass sie sich sehr wohl liebten, begehrten und auch brauchten. Aber statt dies zu kommunizieren, fielen sie in die alten Muster von damals und kommunizierten durch ihr Verhalten die alten Geschichten aus der Kindheit. Die Mantren, die einander wieder näherbringen könnten, wären also: *»Du magst mich«*, *»Ich bin erwünscht«*, *»Ich bin richtig und wichtig«*, *»Ich werde hier gewollt und gebraucht.«*

Einer der Gründe, warum bedürfnisorientierte Eltern ihrem Kind beibringen, Gefühle zu benennen, ist, dass wir uns dadurch einen Haufen Zeit und Seelenleid ersparen. Denn wenn wir bereits als Kleinkind beigebracht bekommen, unsere Gefühle zu benennen und die Zeit für diesen Prozess geschenkt bekommen, müssen wir das nicht erst als Erwachsene mühsam erlernen.

Wenn ein Kleinkind aus Angst, sein soeben geteiltes Spielzeug nicht mehr zurückzubekommen, weint und sich auf den Boden wirft, sagen diese Eltern: *»Du bist jetzt ängstlich, weil du Sorge hast, dein Spielzeug nicht mehr zurückzubekommen, stimmt's? Das kann ich verstehen. Schau, da ist es – in der Hand von xy, du bekommst es gleich wieder zurück, es bleibt bei dir.«* Durch Benennen und Trost können wir lernen, mit Gefühlen rationaler umzugehen. Dadurch können wir auch lernen, bestimmte Situationen richtig einzuordnen, rational zu bleiben und uns entweder Hilfe zu holen oder klare Grenzen zu setzen und schädliche Situationen zu verlassen. Als Kind gelang es uns aufgrund der Abhängigkeit zu unserem Umfeld nur dann, uns abzugrenzen, um Hilfe zu bitten und schädliche Situationen zu verlassen, wenn es uns beigebracht wurde, dass unsere Bedürfnisse wichtig und richtig sind. Wurden uns diese aber abgesprochen, verlernten wir, unsere Bedürfnisse auszudrücken und Gefühle richtig einzuordnen. Durch den damaligen Erziehungsstil aber lernten wir schon früh, dass andere besser über uns Bescheid wissen als wir selbst. »Die Großen« werden es schon wissen, ich füge mich.

Aber warum fällt uns das als Erwachsene nach wie vor so schwer, gerade dann, wenn es »eng« wird, ein Konflikt entsteht oder wir uns bedroht fühlen, rational zu bleiben?

Um das zu verstehen, müssen wir etwas ausholen und in die früheren Annahmen über Kinder und Emotionen sinnvoll eintauchen, um daraus Ressourcen zu schöpfen.

Früher reagierten Eltern großteils völlig anders auf ein am Boden tobendes Kleinkind. Die einen wurden schroff zurechtgewiesen: *»Lass das, das macht man nicht, benimm dich und steh auf!«* Die anderen wurden vom Boden auf die Beine gestellt und hörten: *»Böses Kind!«* Manche wurden aufs Zimmer geschickt, ohne Spielzeug, andere sogar geschlagen.

Damals herrschte der autoritäre Erziehungsstil, das bedeutet, auf Gefühlsausbrüche von Kindern wurde keine Rücksicht genommen. Im Gegenteil, sie wurden mit allen Mitteln unterbunden. Diese Kinder lernten: *»Meine Gefühle und Bedürfnisse sind falsch, ich darf sie nicht haben, denn dann kommt etwas Schlimmes auf mich zu.«*

Später werden sie vielleicht zu Erwachsenen, die entweder scheinbar sehr großzügig mit ihrem Hab, Gut und ihren Ressourcen umgehen, mit der Gefahr, im Burn-out zu enden, oder vielleicht auch große Angst haben, Wertvolles, sogar das eigene Selbst, zu verlieren und entwickeln Neurosen.

Weil der Erziehungsstil damals einfach ein völlig anderer, ja sogar brutal war, verlernten viele von uns, Gefühle zu benennen und richtig einzuordnen, ergo zu bewältigen. Vielen Mädchen wurde beigebracht, sich anzupassen, Ungerechtigkeit zu erdulden und das Leben im eigenen Schatten und unter den möglichen Potenzialen zu verbringen. Vielen Jungs wurde beigebracht, hart zu sein, sich im Leben durchzubeißen und vor allem, dass Feinfühligkeit und Emotionen »unnötiger Mädchenkram« sind. Das Benennen von Gefühlen, Bedürfnissen oder gar Wünschen wurde dem Großteil schlicht nicht beigebracht oder zumindest abgesprochen. Mit dem Ergebnis, dass viele von uns, insbesondere Männer, im Grunde auf die Frage: *»Wie geht es dir?«* antworten: *»Mhhh, ja eh gut – passt schon – muss, ja«* antworten. Viele Männer sind nach wie vor der Meinung, dass sie durch das offene Zeigen von Emotionen schwach erscheinen. Das gilt vor allem untereinander. Ich habe mich darüber schon häufig mit männlichen Freunden unterhalten, die weniger Probleme hatten, sich mir als Frau zu öffnen, als ihren »besten« Freunden! Auch habe ich schon häufig beobachtet, dass es vielen Männern unangenehm ist, wenn sie einen Film schauen und einen Mann dabei beobachten, wie er offen Emotionen zeigt oder gar über seine Gefühle spricht.

Bei älteren Generationen ist das noch sehr häufig und springt gern auf jüngere über (auch wenn sich das langsam wandelt) – doch hält es gerade die Betroffenen davon ab, sich Hilfe zu suchen, wenn sie welche benötigen würden.

Geht es darum auszudrücken, was wir brauchen und uns guttut oder eben nicht, aber auch darum auszudrücken, dass wir glücklich oder traurig sind, fehlt häufig eine klare und sachliche Kommunikationsform. Die meisten denken: *»Ich muss um das Gute, Wahre und Schöne im Leben kämpfen«* oder *»Wenn ich zu glücklich bin, bin ich hochmü-*

tig« oder *»Wenn ich meine Schwächen äußere oder zugebe, dass ich Hilfe benötige, werden mich andere verachten oder weniger respektieren.«*

Damals dachten Erwachsene, kleine Babys wären emotionslose Wesen. Neugeborene wurden vor 1970 sogar ohne Betäubung operiert, weil davon ausgegangen wurde, sie würden sowieso nichts fühlen. Den Müttern wurde im Zweiten Weltkrieg im Buch von Johanna Haarer »Die Deutsche Mutter und ihr Kind« vermittelt, dass sie ihr Kind bei Körperkontakt verwöhnen würden und so viel als möglich alleine und schreien lassen sollten. Damals wusste und interessierte niemanden, dass Babys, also wir alle, gar nicht dazu in der Lage gewesen sind, uns selbst zu beruhigen oder Denkvorgänge, wie beispielsweise: *»Ich habe Hunger, Mama kommt in drei Stunden, ich warte so lange einfach«* entwickeln konnten. Als Baby hatten wir Hunger (auch nach Liebe und Geborgenheit) und brauchten sofort Nahrung. Nur wenn unsere Bedürfnisse feinfühlig und schnell erfüllt werden, können wir ein gesundes und intaktes Nervensystem entwickeln. Nur dann lernen wir, unsere Gefühle adäquat zu regulieren, und nur dann lernen wir, uns sicher auf die Welt und Menschen einzulassen. Aus diesem Grund haben viele von uns bereits als Baby das Trauma erlebt, sich in gewissen Situationen alleingelassen, ungesehen, ungeliebt und unsicher zu fühlen.

Selbstverständlich prägten sich diese ersten Erlebnisse ein, manches Mal so stark, dass wir uns viele Jahre später ähnlich wie damals fühlen. Ohne ersichtlichen Grund »schreien« wir los, fühlen uns verlassen und sogar »bestraft«. Auch die Fähigkeit, Stress oder Glück »auszuhalten«, entwickelt unser Gehirn recht früh. Es entsteht ein sogenanntes Fenster für Toleranz. Ist es groß, können wir viel Stress und Glück »aushalten«, ist es klein, bringen uns bereits kleine Veränderungen schon durcheinander. Die einen reagieren auf zu viel Stress und Glück mit innerer Anspannung, Unruhe und Nervosität, die anderen mit Müdigkeit, Erschöpfung und Starre. Je nachdem welcher Stress-Typ wir sind, benötigen wir unterschiedliche Regulationen. Werden wir nervös, tun uns Ruhe und Entspannungsübungen oder Meditation gut, werden wir im Angesicht von zu vielen Aufgaben müde und erschöpft und sind zu gar nichts mehr fähig, sollten wir eher auf Meditation verzichten und stattdessen spazieren gehen, Yoga praktizieren oder uns sportlich betätigen, um das innere Stresssystem wieder zu regulieren.

Es gibt kaum etwas, das mehr überfordert als ein starkes, unangenehmes Gefühl, das uns plötzlich wie aus dem Nichts heraus dominiert, ohne zu wissen, woher es kommt und wie es wieder weggehen kann.

Das kann unser Leben unglaublich beeinflussen, vor allem wenn wir nicht wissen, wie wir damit umgehen sollen. Deshalb sind diese kleinen, unscheinbaren Tipps so wertvoll, denn sie lassen sich leicht in den Alltag integrieren und helfen rasch.

Der Urkonflikt liegt aber in folgender Tatsache begründet:

Wir wollen genauso geliebt werden, wie wir sind, haben aber Angst davor, erkannt und deshalb nicht mehr geliebt zu werden.

In einer gesunden Eltern-Kind-Beziehung ist die Wahrscheinlichkeit groß, uns so zeigen zu können, wie wir sind. Der größte Schmerz entsteht aber, wenn wir genau hier erfahren haben, dass wir eben so nicht richtig und erwünscht waren.

Je mehr Ablehnung wir als Kind erfahren haben, desto mehr Selbstfürsorge brauchen wir als Erwachsene.

Wir müssen, um eine Zukunft zu finden, ab und zu »all-in gehen«, und das ist der härteste Einsatz, vor allem weil wir das Blatt nicht kennen. All-in heißt in diesem Fall: »*Das Kind in mir kann mich mal – auch wenn es eine miese Kindheit hatte und viel entbehren musste. Ich werde ihm zeigen, dass das Gute, Wahre und Schöne trotz allem bereitsteht und es ab sofort mit offenen Armen empfangen wird!*«

Im ADAC-Training wird uns eines beigebracht: *Wenn du ins Schleudern gerätst, dann mach nie, nie, nie den Fehler und schaue dahin, wo du nicht hinwillst – auf den Baum. Schau dahin, wohin du willst: zurück auf die sichere Straße. Denn du wirst unbemerkt dein Lenkrad in die Richtung drehen, in die du blickst.* Wenn wir jahrelang in der alten Suppe der Vergangenheit rühren, fahren wir wohin? Zurück in die Vergangenheit – wir bemerken das gar nicht.

Aber wenn wir nach vorne schauen, wo wir hinwollen, und zeitgleich die Lektionen aus der Vergangenheit mitnehmen, empfinden wir eine innere Entspanntheit, nach der wir uns so sehnen.

Denn eines ist sicher: Ausnahmslos jeder Mensch, der hier auf der Welt lebt, möchte im Grunde ein gutes Leben. Jeder versteht darunter etwas anderes, das ist klar, aber uns eint die Sehnsucht, ein gutes Leben verbringen zu können.

Wir geben aber diesem unfassbar einfach gestrickten Kind in uns, das aufgrund seiner Erfahrungen denkt, es hätte nichts Besseres verdient und die Welt wäre kalt, unfair und traurig so sehr die Macht, dass wir völlig außer Augen lassen, welche Macht unser zukünftiges Ich über die Gegenwart hat!

Es gab einige Tage nach meiner Diagnose, nachts, einen Tiefpunkt in meinen Gedanken. Das Kind in mir verfiel in alte Geschichten, Verletzungen und Vorstellungen. Mein jetziges Ich ließ sich davon so sehr leiten, dass es immer demotivierter wurde. Die Stimme der alten Muster wurde immer größer und meinte: »*Das wird nicht mehr gut. Es gibt keine*

Lösung. Das ist das Ende.« In dem Augenblick konnte ich das Kind in mir nur durch meine Achtsamkeit und Fürsorge beruhigen und sagen: *»Ich weiß, du hast Angst, leg dich zu mir, ich bin da für dich. Es wird gut werden, du wirst sehen. Vertrau mir.«*

Eines paar Abende später fuhr ich mit meinem Auto auf einer Straße, die durch einen Wald führte. Plötzlich fühlte ich, so schräg es auch klingt, die Gegenwart einer alten Dame auf dem Beifahrersitz. Diese alte Dame lächelte mich an und sagte: *»Alles wird gut. Vertraue. Entspann dich. Alles wird gut.«*

Sie war ich – nur etwa 40 Jahre später. Ihre Anwesenheit gab mir so viel Kraft und Mut, dass die Stimme des Kindes in mir Ruhe fand. Ich hatte wieder Hoffnung und einen Ankerpunkt in der Zukunft.

Deshalb möchte ich an dieser Stelle eine weitere Lektion, die mich das Leben lehrte, an dich weitergeben:

Das Kind in uns muss auch Zukunft finden.

Der Ausblick in die Zukunft und seine Chancen

Krisen sind auch immer Chancen, und Chancen haben immer etwas mit dem Blick in die Zukunft zu tun. Was wie eine Floskel klingt, beinhaltet viel Wahrheit, aber nur dann, wenn wir uns ihrer auch öffnen und sie als solche annehmen können. Wenn wir in einer Krise stecken, richten wir unseren Blick häufig auf den Schmerz, die verpassten Chancen und Gelegenheiten und vor allem auf die Probleme, die die Krise mit sich bringt.

Krisen können dadurch zu einer Fußfessel werden und wir müssen sehr gut auf uns achtgeben, nicht von ihnen gefangen genommen zu werden. Sobald wir ein Gefangener der Krise oder des Schicksals werden, gelingt häufig eines nicht: der hoffnungsvolle Blick in die Zukunft.

Die Zukunft ist etwas, das meist im Nebel liegt, unbekannt und deshalb auch unkontrollierbar scheint. Gewisse Dinge können wir mit einer gewissen Sicherheit zwar voraussagen, aber wir alle sind uns im Grunde darüber im Klaren, dass zu 100 Prozent sehr wenig davon, was wir als unser persönliches Leben bezeichnen, vorausschaubar ist. Vor allem auch, weil der Tod, das Ende unseres Lebens, nie voraussehbar ist. Niemand von uns weiß, wann es Zeit ist, diese Welt zu verlassen und schon allein aus diesem Grund birgt das Leben etwas Unvorhersehbares. Wir können mit einer sehr großen Wahrscheinlichkeit sagen: *»Morgen früh stehe ich um 8 Uhr auf, um um 9 im Büro zu sein und abends* *zu Hause mit meinen drei Kindern zu Abend zu essen.«* Aber zu 100 Prozent wissen können wir es nicht. Das ist eine Wahrheit, mit der wir alle irgendwie zurechtkommen müssen. Den meisten von uns gelingt das auch. Wir leben unser Leben und genießen vor allem die schönen Momente. Wir planen, welche Urlaubsorte wir noch bereisen möchten, wann wir Kinder möchten und welche Karriereschritte noch vor uns liegen könnten.

Als sehr kleines Kind sind wir dazu in der Lage, voll im Hier und Jetzt des Augenblickes zu leben, weil uns der Ausblick in die Zukunft kognitiv nicht in der Gänze möglich ist wie als erwachsener Mensch. Sobald wir Verantwortlichkeiten für uns und andere übernehmen müssen, schweift der Blick automatisch in die Zukunft. Wir beginnen zu planen, um eine gewisse Berechenbarkeit herzustellen. Schicksalsschläge durchkreuzen diese Pläne häufig und sind genau deshalb auch etwas, das uns aus der Bahn wirft und unser bisheriges Leben durcheinanderbringt. Wir lesen davon lieber in der Zeitung, als selbst davon betroffen zu sein. Nicht, weil wir unmenschlich und empathielos sind, sondern weil wir unberechenbare Monster, die dazu in der Lage sind, unser Leben zu zerstören, verständlicherweise lieber in die Ferne, weg von uns schieben.

Die Zukunft ist und bleibt eine Annahme und keine Gewissheit.

Genau aus diesem Grund fühlen wir uns latent dem Leben gegenüber auf irgendeine Weise auch ausgeliefert und unsicher, vor allem jene unter uns, die Traumata, Verluste, Unfälle, Unberechenbarkeit, Schicksalsschläge oder andere Ereignisse im Leben erlebt haben und dadurch an die Endlichkeit des Lebens erinnert wurde. Vielfach handeln wir anschließend aus Angst, die Zukunft könnte nicht bringen, was wir wünschen und realisieren das im Alltag aber nicht. Wir gehen doch nicht die Ehe ein, immerhin könnten wir betrogen werden. Wir setzen doch kein Kind in die Welt, immerhin könnte sich der Klimawandel katastrophal auswirken. Wir ziehen doch nicht aufs Land, immerhin könnte man auf Dritte angewiesen sein. Wir starten doch nicht die Selbstständigkeit, immerhin könnte der Markt unsicher werden. Es gibt vieles, das wir im Laufe unseres Lebens aus Angst vor der Zukunft entbehren und vermeiden, obgleich wir es uns gewünscht hätten. Menschen, die trotz allem ein Wagnis eingehen, gelten nur dann als mutig, wenn deren Plan aufgeht, bis dahin werden ihre Handlungen eher kopfschüttelnd beäugt. *»Du hast trotz der aktuellen Situation geheiratet, ein Haus am Land gekauft, ein Unternehmen gestartet und ein Kind in die Welt gesetzt? Entweder du bist verrückt oder genial mutig – das wird die Zukunft zeigen.«*

Mutige Menschen, die trotz allem ihren Weg gehen, haben allen anderen meist nur eines voraus: einen zuversichtlichen Blick in die Zukunft. Die Zukunft birgt, neben all der Unberechenbarkeit, auch zahlreiche Chancen in sich. Sie ist eine Medaille mit zwei Seiten und wir entscheiden, auf welche wir den Fokus legen. Wenn es uns gelingt, dem ängstlichen oder gar traumatisierten Kind in uns den Ausblick in die Zukunft zu ermöglichen, fällt es uns deutlich leichter, trotz allem, was uns widerfahren ist, Entscheidungen zu treffen, die unserem Selbst wieder etwas näherkommen, eben deshalb, weil sie unser Zielen, Wünschen und Träumen und nicht unseren Ängsten entsprechen.

»Das Kind in mir kann ich mal« ist auch eine Ermutigung, den Blick in eine Zukunft zu wagen, die Besserung, Trost, Halt, Zuversicht und einen Neustart ermöglichen kann. Wenn wir im Dort und Drüben ängstlich waren, kann das Hier und Jetzt schon Besserung gebracht haben und den Ausblick in eine Zukunft, die eben solche Besserung bringt,

natürlich erleichtern. Es ist hingegen eine Herausforderung, das Morgen als tröstlich empfinden zu können, wenn wir unser gesamtes Leben als schwer erlebten. Es hilft, sich bewusst hinzusetzen und aufzuschreiben, was bisher auch gut verlief. Denn es ist eine Tatsache.

Es gibt im Leben immer Lichtblicke, manches Mal sehen wir sie jedoch nicht, weil der Blick zu trüb ist und alles dunkel scheint. Wenn wir tagsüber vor einem Fenster stehen, das von Vorhängen verdeckt ist, scheint dahinter trotzdem die Sonne. Selbst dann, wenn uns die Kraft zum Öffnen der Vorhänge fehlt, verschwindet das Licht dahinter nicht. Wenn wir in einem dunklen Zimmer sitzen und ein kleines Streichholz anzünden, wird der gesamte Raum heller sein. Manchmal brauchen wir eine Kerze, um dem Streichholz seinen Sinn noch zu verlängern. Es ist unsere Aufgabe, nach dieser Kerze Ausschau zu halten und uns immer wieder an das Licht hinter dem Vorhang zu erinnern. Im Raum des Lebens finden wir beides immer. Zumindest berichten das Menschen, die Schicksalsschläge überwinden konnten, und auch meine Erfahrung als Frau, Mutter und Therapeutin ist, dass es selbst in den ausweglosesten und dunkelsten Augenblicken eine Kerze gibt, die entfacht werden will. Wir müssen nach ihr Ausschau halten und dürfen ihr Dasein nicht länger hinterfragen. Denn der Zweifel hält uns an den Fesseln der alten Tyrannen gefangen. Ich möchte dich sanft daran erinnern, dass es im Grunde nur eine Aufgabe im Leben gibt: *Finde deine Kerzen.*

- Wer tut mir gut?
- Was mache ich gern?
- Wo fühle ich mich wohl?
- Wie will ich wirklich leben?

Der Unterschied zu der Zeit, als der du ein Kind warst, ist, dass du die Antworten nun nicht nur finden, sondern auch umsetzen kannst. Wenn du dich auf deine persönlichen Antworten voll und ganz einlassen kannst, dich ihnen hingibst, wird dir ein hoffnungsvoller Ausblick in die Zukunft gelingen können.

Sei dabei freundlich und geduldig mit dir. Lass dir Zeit.

Dadurch wirst du wieder Hoffnung und Kraft schöpfen können, um Herausforderungen zu meistern. Vielleicht brauchst du dabei Unterstützung. Vergiss nie: Die Welt ist auch voll mit liebevollen und freundlichen Menschen. Gerade die letzten zwei Jahre, mit all ihren Traumata und Krisen, haben der Menschheit rund um den Globus nicht ausschließlich Rückschläge, sondern auch eine Chance für Wachstum, Solidarität, Freundlichkeit und vor allem Veränderung mitgebracht. Wir haben beispielsweise erkannt, dass eine Notwendigkeit besteht, auf eine Veränderung in unserem Miteinander zu reagieren. Wir leben nun in einer Zeit, in der wir definieren dürfen, wie wir individuell und kollektiv, bewusst positive Beziehungen und neue Lebensstrukturen schaffen können, die nicht nur gut für den Menschen, sondern auch für den Planeten sind. Keine andere Zeit hat auf so eindrucksvolle Weise angeschoben, was bereits dringend anstand: eine Veränderung.

Nirvana brachte in den 90ern den Song: »Come as you are« heraus, und ich finde, diese spezielle Textzeile passt wie keine andere auf den Ausblick in eine neue Zukunft.

Eine Zukunft, in der Menschen so sein dürfen, wie sie sind, in der Gewissheit, dabei unterstützt zu werden. Das ist doch im Grunde das, wonach wir uns alle sehnen: So sein zu dürfen, wie wir wahrhaftig sind. Mit allen Höhen und Tiefen.

Einzig und allein deshalb, weil immer mehr Menschen

begriffen haben, dass Freundlichkeit, die eine Tugend ist, die selbst schwere Traumata wieder heil werden lässt, müssen wir auch unserer Vergangenheit freundlich gegenübertreten. Wir können füreinander der größte Fluch, aber eben auch der größte Segen sein. Jeder von uns entscheidet sich immer wieder aufs Neue, mit welcher Intention wir einander, uns selbst und unserer Biografie begegnen. Freundlichkeit darf dabei nicht zu einem Relikt aus alten Romanen werden, sondern zur Brücke zwischen dem Gestern und dem Morgen.

Menschen denken seit zwei Jahren grundlegend anders über ihre Einstellung zur Entscheidungsfreiheit nach. Dabei ist es notwendig, sich auch bewusst zu machen, dass wir jederzeit dazu in der Lage sind, uns für ein Miteinander, Freundlichkeit, Respekt und den Perspektivwechsel zu entscheiden. Unabhängig davon, was in der Vergangenheit geschehen oder nicht geschehen ist, hat jeder von uns, der diese Pandemie überlebte, die Chance bekommen, den Resetknopf zu drücken und das Leben bewusster wahrzunehmen, zu achten und einander zu respektieren.

Menschen haben eine größere Entscheidungsfreiheit darüber erlangt, wie und wo sie ihre Zeit und ihren Fokus verbringen möchten. Die Vereinbarkeit von Beruf und Familie beispielsweise ist nicht mehr etwas, das unmöglich scheint, sondern machbar, einzig und allein der Tatsache geschuldet, dass es nun flächendeckend unterstützt und begrüßt wird. Es gab, trotz allem, auch einen Anstieg an Individualismus und Unabhängigkeit, der große Auswirkungen auf Organisationen, Beziehungen, Firmenkonstrukte und Unternehmen haben wird. Menschen wählen ihre Jobs auf Basis persönlicher Prioritäten und nicht nur noch aufgrund des »Höher-schneller-weiter-Prinzips«. Hier wurde eine Veränderung, ein Wandel, initiiert, großteils durch Schmerz, doch hat er gleichsam auch das Potenzial, mit Freude in eine neue Zukunft zu gelangen.

Wir leben in einer Ära des posttraumatischen Wachstums, der sich auch in einer Offenheit für neue Möglichkeiten des Miteinanders und einem größeren Gefühl für persönliche Stärke, einem Sinn für Spiritualität und tiefe Wertschätzung füreinander und das Leben an sich zeigt. Immer mehr Menschen nutzten ihre Zeit hier auf Erden, um zu hinterfragen, wer sie sind und was ihnen wichtig ist.

»Come as you are« bedeutet: Ich will sein, wer ich bin und dadurch in die Welt tragen, was ich beitragen kann und möchte.

Die meisten von uns fanden mehr Selbstvertrauen, ihre Individualität zu zeigen. Womöglich weil wir alle mit der Endlichkeit konfrontiert waren. Resultierend hat die »Me-over-we« Gesellschaft nachgelassen und zu einem gemeinsamen Nenner gefunden. Berufs- und Privatleben beispielsweise verschmelzen immer mehr miteinander und das Eingeständnis, dass es einem nicht gut geht, ist nicht länger ein Zeichen von Schwäche.

Wir müssen uns nicht mehr zwingend darstellen und so tun, als wäre alles bestens, um respektiert zu werden. Wir erlauben einander, anders zu sein, und das bringt im Grunde die Chance auf eine Nähe, die es weltweit bisher nur selten gab. Wir sind alle ein wenig näher aneinander, aber auch an unser selbst herangerückt – etwas, das in Krisen bestenfalls passiert. Uns eint etwas, nämlich dass es uns allen in diesen vergangenen zwei Jahren nicht gut ging und wir daraus keinen Hehl machten. Wenn es uns nun gelingt, daraus Kraft zu schöpfen und etwas Neues zu kreieren, etwas, das uns das Miteinander erleichtert, hat dieser globale Schicksalsschlag einen Zweck erfüllt, der uns allen dienlich sein kann.

Die Frage ist nicht, warum all das geschah, sondern wozu es geschah. Unser gemeinsamer Job ist, alles dafür zu tun, um all dem einen Sinn zu geben, der für uns, unsere Kinder und unseren Planeten heilsam ist. Wir können die Vergangenheit nicht wieder zurückspulen und dort gut machen, was schieflief.

Wir können erkennen, dass uns das Hier und Jetzt alle Möglichkeiten dazu bietet, um es für unsere Zukunft besser und anders zu machen.

Wenn wir den Ereignissen von damals einen Sinn im Heute geben, können wir hoffnungsvoll ins Morgen blicken.

Eine Begegnung, die alles verändern kann

Die folgende MINDSHIFT-Reise, wie ich sie nenne, hilft dir, eine mögliche Ursache für unangenehme oder verdrängte Gefühle und Situationen herauszufinden. Am besten du suchst dir jemanden, der dich bei dieser emotionalen Reise begleitet, denn es wird vermutlich emotional.
ACHTUNG: Bitte wende sie nur alleine an, wenn du kein unaufgearbeitetes und schweres Trauma erlebt hast und auch nur, wenn du dich seelisch stabil fühlst. Diese Reise dient dazu, Alltagsproblemen auf den Grund zu gehen und das erfordert eine gewisse innere Stabilität.

- Atme tief ein und aus und entspanne dich, indem du kurz deine Muskeln anspannst und danach wieder entspannst.
- Beginne mit deinen Händen, balle sie zu einer Faust und lass sie dann wieder locker. Spanne kurz deinen Nacken an und lass auch ihn wieder los. Wiederhole das Ganze mit deinen Beinen. Spanne die Waden an und lass sie anschließend wieder locker. So bekommst du ein Gefühl dafür, was es bedeutet, sich körperlich zu entspannen. Gerade in Stresssituationen realisieren wir oft gar nicht, wie angespannt sich unser Körper anfühlt.
- Halte die Luft für wenige Augenblicke an und atme dann wieder tief aus. Fühle, wie es sich anfühlt, wenn

du bewusst den Atem anhältst und ihn dann wieder entspannt gehen lässt.
- Schließe, wenn du möchtest, deine Augen. Am besten sorgst du vorab dafür, dich in dem Raum, in dem du dich aufhältst, sicher zu fühlen. Frage dich: Was genau gibt mir ein Gefühl der Geborgenheit und Sicherheit?

Hier ein paar Ideen für dich:

- ein gut durchlüfteter Raum
- eine geschlossene Tür
- das Stummschalten deines Handys
- eine Kerze
- ein Duftöl
- ein Platz, an dem du dich sicher fühlst. Beispielsweise ein bequemer Stuhl, der dich wissen lässt: »Ich lass dich nicht fallen, ich halte und trage dich.«
- Die Vorstellung eines Ortes, wie dem Meer, einem Berg
- warme Socken
- bequeme Kleidung

Fühle, was du brauchst, damit du dich geborgen und sicher fühlst. Du fühlst das, indem du darauf achtest, wie du auf »Duftöl«, »Kerze« oder »Stuhl« reagierst. Ein warmes Gefühl in dir bedeutet vermutlich ja, ein Kopfschütteln oder Knoten im Magen eher ein Nein. Du kannst dadurch nach und nach lernen zu schauen, was dir wirklich guttut und was nicht.

Stell dir nun vor, du bist an einem sicheren und geborgenen Ort. An diesem Ort siehst du ein Tandem. Es sieht fröhlich und einladend aus. So einladend, dass du näher herangehen möchtest. Sobald du diesem Impuls folgst, erkennst du, dass an diesem Fahrrad noch jemand steht. Es ist nicht irgendjemand, vielmehr ein Mentor, dessen Weisheit du vertraust.

Dieser Mentor kann auch ein Wesen sein, wie ein Schutzengel, Jesus, Buddha, Ganesha. Kurzum jemand, bei dem du dich sicher und geborgen fühlst.

Du wirst von ihm/ihr/ihnen herangewunken und dazu eingeladen, am vorderen Fahrradsitz Platz zu nehmen. Du zögerst nicht, weil du fühlst, dass die bevorstehende Reise, die ihr gleich gemeinsam antreten werdet, dein Leben im positiven Sinn verändern wird. Du nimmst also vorne Platz, dein Mentor hinter dir und drückst in die Pedale. Ehe sich das Tandem fortbewegt, machst du dir Folgendes bewusst:

- Welches Problem belastet dich am meisten? Atme tief ein und aus, halte inne und erkläre eine Absicht.
- »Das Problem x (beschreibe es) raubt mir meine Kraft und Lebensfreude. Heute will ich die Ursache für die Blockade nicht nur herausfinden, sondern auch lösen.«

Jetzt, wo deine Absicht erklärt ist, kann es weitergehen.

Das Tandem fängt an, sich ganz sanft zu bewegen und mit dir und deinem Mentor an Bord ganz, ganz klein zu werden. So klein, dass es durch dein eigenes Ohr in deinen Körper hineinfährt. Ihr beide seid dabei sicher.

Du vertraust dem Navi und dem Wissen deines Körpers, dass es dich mitsamt dem Tandem und deinem Passagier, an den Teil in deinem Körper führt, an dem die Ursache deines Problems zu finden ist.

Fühle ausgiebig nach und frage immer wieder, ehe das Tandem stehenbleibt: *Ist das wirklich der richtige Ort? Oder nur eine mögliche Ablenkung?*

Wenn dein System bereit ist, landest du am richtigen Platz – wo auch immer dieser ist.

Es kann in deinem Herzen sein, aber auch in deinem Magen, deinem Hals, deinem Kopf – meist an genau dem Ort, der dir auch physisch Probleme macht. Hast du häufig Kopfschmerzen, wird dein Tandem womöglich dort zum

Stillstand kommen, wo es dich schmerzt. Es kann aber auch sein, dass es ganz woanders innehält. Versuche offen zu bleiben und der Weisheit deines inneren Navigationssystems zu vertrauen.

Endlich angekommen, siehst du eine Taschenlampe vorne im Fahrradkörbchen. Du nimmst sie in deine Hand und steigst gemeinsam mit deinem Begleiter vom Tandem ab.

Du beschreibst nun laut, was du an diesem Ort siehst und wie es sich anfühlt, dort zu sein. Ist es hell, dunkel, leicht, schwer? Ist es eng oder offen? Wie fühlt sich der Boden unter dir an?

Mit diesen Eindrücken gehst du auf die vor dir liegende Landschaft.

Vielleicht bist du in einem Organ gelandet, vielleicht auch in einer Muskelpartie.

Wo auch immer dich letzten Endes dein Gefühl hingeleitet hat, du gehst zuversichtlich und mit deinem Begleiter als Anker durch die Landschaft und nimmst die Eindrücke um dich herum einfach wahr.

Vor dir erkennst du eine Art Fluss mit einem kleinen Lagerfeuer, das Wärme, Sicherheit und Halt spendet. Du wirst davon magisch angezogen und nimmst mit deinem Begleiter dort Platz. Der Fluss symbolisiert die bevorstehende Klarheit und plätschert wohlig vor sich hin, und das Holz im Feuer, das die bevorstehende Transformation mit sich bringt, knistert. Die Atmosphäre erinnert dich an einen lauen Sommertag.

Vielleicht musstest du, um dorthin zu gelangen, zuerst durch eine Tür hindurch oder etwas länger marschieren, in jedem Fall rufen der Fluss und das Feuer nach dir. Der Fluss steht für all das Gute, Wahre und Schöne, das das Leben bisher in dein Leben gespült hat und das Feuer für alles, was du gehen lassen darfst, weil es dir nicht länger dienlich ist. Das Feuer besteht aus reiner Liebe und purer Wahrhaftigkeit, es ist weder bedrohlich noch zerstörerisch. Vielmehr eine Art Helfer, der dir dabei hilft, etwas gehen zu lassen, was du nicht länger benötigst.

Nachdem du am Feuer auf einem Holzhocker Platz genommen hast, bittest du all jene Menschen, die an diesem Ort verweilen, bewusst oder unbewusst, zu dir ans Feuer zu kommen.

Du fragst:

- Wer in mir hat bezüglich des Problems x noch etwas zu heilen und zu klären?
- Wo bist DU, nach dessen Liebe, Sicherheit, Aufmerksamkeit, Verbindung, Nähe und Trost ich noch suche? Oder umgekehrt …

Im Idealfall sitzt dort das Kind in dir, das die Ursache deines heutigen Problems damals nicht befriedigend klären konnte oder eine dringende Korrektur des damaligen Vorfalles benötigt.

Es können auch deine Eltern oder Großeltern hinzukommen. Wenn du eine Zahl in deinem Kopf hast, die plötzlich auftaucht, beispielsweise zwei oder sieben, dann kann das bedeuten, dass jemand aus der zweiten oder siebten Generation vor dir eine Relevanz hat und womöglich noch immer eine Rolle spielt.

Vertraue darauf, dass all jene am Lagerfeuer sitzen, die dort sein sollen und müssen.

Lass das Kind in dir gedanklich am Schoß seines Schutzengels oder eines vertrauten und lieben Erwachsenen, einem liebevollen und achtsamen Behüter, Platz nehmen.

Wenn alle eingetroffen sind, beginnt der *MINDSHIFT*-Dialog.

Du fragst in die Runde der Anwesenden:

Wer möchte etwas sagen? Du wartest die Antwort ab und vor allem die Gefühle, die damit einhergehen.

Du antwortest anschließend, indem du ganz ehrlich und aufrichtig sagst, was gesagt werden muss, womöglich bisher noch nie sonst gesagt wurde …

Was wird dir entgegnet? Wie fühlst du dich damit?

Sinn und Zweck dieses Dialoges ist, aufrichtig und ehrlich auszudrücken, wie es dir geht und zu hören, was der oder die andere dir mitteilen will.

Ab einem gewissen Punkt wird es womöglich verletzend oder es kommen sehr alte Gefühle in dir hoch. Vielleicht Scham, Angst, Panik, Verlassenheit … *MINDSHIFT* macht dich immer wieder sanft darauf aufmerksam, dass du dich an einem Ort der bedingungslosen Liebe, im Kreise deiner Mentoren und Schutzengel befindest.

Du fühlst diese Liebe und Sicherheit – auf eine magische und unerklärliche Weise, sodass du beständig damit fortfahren kannst, an diesem Ort deine Wahrheit auszusprechen.

Wenn der Dialog auf der anderen Seite zu harsch oder ignorant wird, ihr darin feststeckt, gibt es zwei Möglichkeiten:

- Der andere, das Kind in dir oder du selbst, brauchen eine Art Seelen-Mikrofon. Dieses Mikrofon lässt den Träger mutig und mit Weisheit sagen, was aus Sicht der Seele und nicht aus Sicht des Traumas oder Egos gesagt werden muss, um das Problem endlich zu heilen.
- Die Anwesenheit der Schutzengel und des Feuers bewirkt auch, dass getan werden muss, was schon längst getan werden sollte (z. B. eine Umarmung oder Geste der Vergebung, Bürdentausch, Aufstellung oder Eidablösung)

Meist geschieht es, dass einer aus Sicht des Egos nicht dazu in der Lage ist zu sagen oder zu tun, was Heilung bringt. An dieser Stelle ist es wichtig, dir Folgendes bewusst zu machen: *»Ich sehe dich nun aus Sicht der Seele und nicht aus Sicht des Egos und der Angst falscher Programmierungen oder des Leidens deiner Traumata. Bitte antworte mir hier an diesem Ort aus Sicht der Seele und bedingungsloser Liebe.«*

Aus Sicht der Seele findet an diesem Punkt Vergebung statt.

Du fragst so lange: *Hat noch jemand der Anwesenden etwas zu sagen,* bis alles geklärt ist.

Geklärt bedeutet: Alle Beteiligten sind in der Lage, einander zu vergeben.

Vergebung bedeutet: Ich sehe dich und ich sehe mich. Ich sehe uns nicht länger im Schmerz. Ich vergesse nicht und ich heiße auch nicht für gut, was du getan hast, sondern ich bin nicht länger bereit, aufgrund deiner Taten oder Nicht-Taten Schmerzen zu erleiden.

Im Idealfall findet eine Heilung durch Umarmung statt, das Kind in dir nimmt einen Platz in deinem Herzen ein oder läuft an dem Ort, an dem du dich befindest, zu einem Spielplatz, an dem es friedvoll spielt.

Ist es nicht möglich, muss vielleicht noch Folgendes gesagt werden: *»Ich bin ich und du bist du. Ich lebe mein Leben und du das deine. Dies hier (visualisiere eine Last, Stein oder Bürde) ist deine Angst, dein Schicksal, deine Bürde. Ich dachte, ich könnte sie für dich tragen. Dem ist nicht so. Ich gebe sie dir wieder zurück. Indem ich dir deine Bürde wieder zurückgebe, gebe ich dir die Würde wieder zurück, dies selbst zu tun. Ich danke dir.«*

Bestenfalls erhältst du den Segen des anderen.

Frage am Ende noch deine Mentoren, was sie dir sagen möchten. Nimm deren Worte und Gesten in dich auf und erinnere dich daran, dass diese ab sofort anstelle der alten in dir eingespeichert sind.

Schau dich nun um. Erkennst du, wie sich der Ort verändert hat? Beschreibe ihn und deine Gefühle. Bewahre diese in deinem Herzen, deinem System, deiner Erinnerung. Somit sind die alten Erinnerungen überschrieben. Vor allem dann, wenn du die Reise mehr als fünf Mal machst – auch zu ein- und demselben Thema. Wenn alles gesagt und getan ist, kehre zum Tandem zurück.

Am Tandem siehst du zahlreiche Briefchen, mit einer Aufschrift darauf. Sie sind beschriftet mit neuen Ressourcen, die dir nun dabei helfen, gegen jeden Sturm anzuradeln. *Zum Beispiel: Mut, Freude, Lebensfreude. Kraft, Stärke, Liebe, Empathie, Feingefühl …*

Kehre langsam mit deinem Mentor zurück ins Hier und Jetzt.

Steige auf das Tandem und lasse dich hinausbegleiten, mit dem Wissen, dass alles gesagt, getan und geheilt ist und du jederzeit, bei noch offenen Fragen, wieder zurückkehren kannst.

Kehre von nun an bei allen Problemen und Triggern zurück auf dein Tandem, mit dem Wissen, dass alles für dich getan wird, um tiefe Heilung zu finden.

Dein Mantra, während du zurück ins Hier und Jetzt radelst, könnte sein:

Das Kind in mir, das denkt, es wäre falsch, nicht willkommen und kaputt zu sein – das kann mich mal:

- Einfach leben lassen
- Frei von den Tyrannen der Vergangenheit
- Frei von der Leere in mir

- Frei von Konventionen und Vorgaben, wie ich zu sein habe
- Frei von dem Mangel an Liebe
- Frei von dem Hinterherlaufen vergebener Fürsorge
- Frei von dem »Perfekt-sein-wollen«
- Mein jetziges Ich ist mir die Mama und der Papa, die ich eigentlich immer brauchte.

Das Kind in mir …
das kann mich mal …
endlich …
einfach leben lassen.

Das Kind in mir kann mich mal – aber ich liebe es trotzdem

Wenn im Dort und Drüben niemand an dich glaubte, schenk dir im Hier und Jetzt selbst den Glauben.

Wenn dir im Dort und Drüben niemand Schutz bot, biete dir im Hier und Jetzt Schutz.

Wenn dich im Dort und Drüben niemand so liebte, wie es dir zugestanden hätte, liebe dich im Hier und Jetzt so, wie es dir zusteht.

Wenn du etwas im Dort und Drüben nicht bekommen hast, was du eigentlich gebraucht hättest, dann sei dir gewiss, dass das Hier und Jetzt etwas noch Besseres für dich bereithält.

Versuche dir täglich ein kleines Stück von dem zu geben, das du bisher vermisst hast. Ein klein wenig mehr Vertrauen, Zuneigung, Hoffnung, Fürsorge, Nähe, Urteilsvermögen und Liebe.

Ich wünsche dir von ganzem Herzen, dass du das Gefühl hast, eine Bestimmung im Leben zu haben und auch tief in dir drin weißt, dass du von Bedeutung bist.

Ich wünsche dir, dass du tapfer genug bist, du selbst zu sein und dass du Unterstützung von Mitmenschen findest, die dir helfen, selbst dann, wenn sie dich nicht verstehen.

Ich wünsche dir, dass auch du dieser Mitmensch für andere bist und dir diese Zeilen etwas dabei geholfen haben zu erkennen, dass du trotz allem, was in deinem Leben geschehen ist, wertvoll bist und Freundlichkeit und Achtsamkeit verdient hast.

Du bist dein Wunder. Alles, wonach du gesucht hast, war in Wahrheit niemals weg.

Der größte Fehler, den ich in meinem Leben machte, war, nicht an mich zu glauben. Stattdessen wartete ich darauf, dass dies jemand anders an meiner statt macht.

**Die Wahrheit aber ist:
Mir wurde dieses Leben zwar durch andere geschenkt, aber nur durch mich kann es lebenswert werden.**

Niemand sonst trägt die Verantwortung, außer ich selbst. Als ich das erkannte, fing ich an, an mich zu glauben. Unabhängig davon, was in der Vergangenheit passiert war oder auch nicht.

Ich fing endlich damit an, an mich zu glauben und das änderte alles.

… to be continued. In Verbundenheit und Wertschätzung,

deine Katharina

Quellenverzeichnis

Bays, B. (2012). The Journey-Der Highway zur Seele. Erweiterte und überarbeitete Neuausgabe. Allegria: München

Biddulph, S. (1997). Männer auf der Suche. Sieben Schritte zur Befreiung. Beust: München

Frankl, V.E. (1985). Der Mensch vor der Frage nach dem Sinn. Piper Taschenbuch: München

Frankl, V.E. (2018). Trotzdem Ja zum Leben sagen: Ein Psychologe erlebt das Konzentrationslager. Penguin Random House Verlagsgruppe: München

Giglioli, D. (2015). Die Opferfalle: Wie die Vergangenheit die Zukunft fesselt. Matthes & Seitz: Berlin

Guggenbühl-Craig, A. (1992). Vom Guten des Bösen. Spiegel:Zürich.

Hartmann, HP. (1995). Der therapeutische Prozess. Psychoanalytische Theorie und Methode in der Sicht der Selbstpsychologie. Suhrkamp Verlag: Berlin

Heisig, D. (1996). Die Anima. Der Archetyp des Lebendigen. Walter: Düsseldorf und Zürich.

Hillmann, J., und Ventura, M. (1993). Hundert Jahre Psychotherapie und der Welt geht's immer schlechter. Walter: Düsseldorf und Zürich

Jacobi, J. (1992). Die Psychologie von C. G. Jung. Fischer: Frankfurt

Kast, V. (1990). Der Schatten in uns. Die subversive Lebenskraft. Walter:Düsseldorf und Zürich

Kaufmann,R. (1998). Das Gute am Teufel. Eigene Schattenseiten und Abgründen begegnen. Walter: Düsseldorf und Zürich

Obrist, W. (1990).Archetypen. Natur- und Kulturwissenschaften bestätigen C. G. Jung. Walter: Düsseldorf und Zürich

Robertson, R. (1997). Your shadow. Behind the Veil of Consciousness Lurks your Shadow Side. Learn how to engage it and become a whole person. A.R.E. Press: Virginia.

Seidel, C. (2020). Wenn die Seele nicht heilen will: Wie alte Verletzungen zur (Re-)Traumatisierung führen können und wie man sie überwindet. MVG Verlag: München

Stahl, S. (2015). Das Kind in dir muss Heimat finden. Kailash, Randomhouse: München

Stein, ;. (2000). C. G. Jungs Landkarte der Seele. Eine Einführung. Walter: Düsseldorf und Zürich

Wardetzki, B. ((2004). Ohrfeigen für die Seele. Wie wir mit Kränkungen und Zurückweisung besser umgehen können. Deutscher Taschenbuch Verlag: München

Weitere Quellen und Zitationen

https://www.deutschlandfunknova.de/beitrag/entscheidungen-wie-unser-hirn-tickt

https://www.spiegel.de/lebenundlernen/uni/wut-forscher-erklaeren-wie-man-mit-aerger-richtig-umgeht-a-1004733.html

https://gedankenwelt.de/stoerung-der-impulskontrolle-wenn-aus-frust-aggressivitaet-wird/

https://www.roland-weber.ch/wp-content/uploads/2016/01/Zentralschweiz-am-Sonntag_Dez2015_Die-Vergangenheit-aktiv-annehmen.pdf

https://www.spektrum.de/news/unbewusste-entscheidungen-im-gehirn/949689

https://www.krisenpraxis.de/2016/09/na-endlich-die-suche-nach-einem-hoeheren-sinn-als-vermeintliche-voraussetzung-fuer-ein-gelingendes-leben-eruebrigt-sich/

https://www.accenture.com/us-en/insights/interactive/fjord-trends-2022

https://www.google.com/amp/s/www.geo.de/amp/wissen/gesundheit/22098-rtkl-psychologie-es-gibt-keinen-hinweis-dass-ein-unterbewusstsein-existiert

https://www.primal-state.de/verzeihen/
https://psychologie-news.stangl.eu/538/verzeihen-fordert-die-gesundheit

Katharina Pommer und Norman Müller: Vom Umtausch ausgeschlossen Podcast, Mindshift Family, Bundorf
www.mindshift-family.gmbh

Telefon Seelsorge

24 Stunden erreichbar: 0800 1110111

Disclaimer: Sämtliche Berichte von KlientInnen wurden verzerrt dargestellt und anonymisiert, sowie autorisiert, um die Privatsphäre zu gewährleisten.